《蘇州全書》編纂出版委員會 編

# 〔嘉靖〕吳江縣志

# 蘇州全書

甲編

蘇州大學出版社
古吳軒出版社

圖書在版編目（CIP）數據

〔嘉靖〕吳江縣志 /（明）曹一麟等修；（明）徐師曾等纂 -- 蘇州：蘇州大學出版社：古吳軒出版社，2022.12
（蘇州全書）
ISBN 978-7-5672-4233-3

Ⅰ.①嘉… Ⅱ.①曹… ②徐… Ⅲ.①吳江—地方志—明代 Ⅳ.① K295.34

中國版本圖書館 CIP 數據核字（2022）第 244713 號

責任編輯 劉 冉
助理編輯 朱雪斐
裝幀設計 周 晨 李 璇
責任校對 曹曉晴

書 名 〔嘉靖〕吳江縣志
修 者 〔明〕曹一麟等
纂 者 〔明〕徐師曾等
出版發行 蘇州大學出版社
地址：蘇州市十梓街1號 電話：0512-67480030
古吳軒出版社
地址：蘇州市八達街118號蘇州新聞大厦30F 電話：0512-65233679
印 刷 常州市金壇古籍印刷廠有限公司
開 本 889 × 1194 1/16
印 張 89.25
版 次 2022 年 12 月第 1 版
印 次 2022 年 12 月第 1 次印刷
書 號 ISBN 978-7-5672-4233-3
定 價 780.00 元（全二册）

# 《蘇州全書》編纂工程

## 總主編

曹路寶　吳慶文

## 學術顧問

（按姓名筆畫爲序）

王　芳　王　宏　王　堯　王　鍔　王紅蕾　王華寶　王爲松　王衛平
王餘光　王鍾陵　朱棟霖　朱誠如　任　平　全　勤　江慶柏　江澄波
汝　信　阮儀三　杜澤遜　李　捷　吳　格　吳永發　何建明　言恭達
沈坤榮　沈燮元　武秀成　范小青　范金民　茅家琦　周　秦　周少川
周國林　周勛初　周新國　胡可先　胡曉明　姜　濤　姜小青　韋　力
姚伯岳　馬亞中　袁行霈　華人德　莫礪鋒　徐　俊　徐　海　徐　雁
徐惠泉　徐興無　唐力行　陸振嶽　陸儉明　陳子善　陳正宏　陳尚君
陳紅彦　陳廣宏　黃愛平　黃顯功　崔之清　張乃格　張志清　張伯偉
張海鵬　葉繼元　葛劍雄　單霽翔　程章燦　程毅中　喬治忠　鄔書林
賀雲翱　詹福瑞　趙生群　廖可斌　熊月之　樊和平　劉　石　劉躍進
閻曉宏　錢小萍　戴　逸　韓天衡　嚴佐之　顧　薌

# 《蘇州全書》編纂出版委員會

# 前言

中華文明源遠流長，文獻典籍浩如烟海。這些世代累積傳承的文獻典籍，是中華民族生生不息的文脉和根基。蘇州作爲首批國家歷史文化名城，素有『人間天堂』之美譽。自古以來，這裏的人民憑藉勤勞和才智，創造了極爲豐厚的物質財富和精神文化財富，使蘇州不僅成爲令人嚮往的『魚米之鄉』，更是實至名歸的『文獻之邦』，爲中華文明的傳承和發展作出了重要貢獻。

蘇州被稱爲『文獻之邦』由來已久，早在南宋時期，就有『吴門文獻之邦』的記載。宋代朱熹云：『文，典籍也；獻，賢也。』蘇州文獻之邦的地位，是歷代先賢積學修養、劬勤著述的結果。明人歸有光《送王汝康會試序》云：『吴爲人材淵藪，文字之盛，甲於天下。』朱希周《長洲縣重修儒學記》亦云：『吴中素稱文獻之邦，蓋子游之遺風在焉，士之嚮學，固其所也。』《江蘇藝文志·蘇州卷》收録自先秦至民國蘇州作者一萬餘人，著述達三萬二千餘種，均占江蘇全省三分之一强。古往今來，蘇州曾引來無數文人墨客駐足流連，留下了大量與蘇州相關的文獻。時至今日，蘇州仍有約百萬册的古籍留存，入選『國家珍貴古籍名録』的善本已達三百一十九種，位居全國同類城市前列。其中的蘇州鄉邦文獻，歷宋元明清，涵經史子集，寫本刻本，交相輝映。此外，散見於海内外公私藏家的蘇州文獻更是不可勝數。它們載録了數千年傳統文化的精華，也見證了蘇州曾經作爲中國文化中心城市的輝煌。

蘇州文獻之盛得益於崇文重教的社會風尚。春秋時代，常熟人言偃就北上問學，成爲孔子唯一的南方弟子。歸來之後，言偃講學授道，文開吴會，道啓東南，被後人尊爲『南方夫子』。西漢時期，蘇州人朱買臣負薪讀書，穹窿山中至今留有其『讀書臺』遺迹。兩晉六朝，以『顧陸朱張』爲代表的吳郡四姓涌現出大批文士，在不少學科領域都貢獻卓著。及至隋唐，蘇州大儒輩出，《隋書·儒林傳》十四人入傳，其中籍貫吳郡者二人；《舊唐書·儒學傳》三十四人入正傳，其中籍貫吳郡（蘇州）者五人。文風之盛可見一斑。北宋時期，范仲淹在家鄉蘇州首創州學，並延名師胡瑗等人教授生徒，此後縣學、書院、社學、義學等不斷興建，蘇州文化教育日益發展。故明人徐有貞云：『論者謂吾蘇也，郡甲天下之郡，學甲天下之學，人才甲天下之人才，偉哉！』在科舉考試方面，蘇州以鼎甲萃集爲世人矚目，清初汪琬曾自豪地將狀元稱爲蘇州的土産之一，有清一代蘇州狀元多達二十六位，占全國的近四分之一，由此而被譽爲『狀元之鄉』。近現代以來，蘇州在全國較早開辦新學，發展現代教育，涌現出顧頡剛、葉聖陶、費孝通等一批大師巨匠。中華人民共和國成立後，社會主義文化教育事業蓬勃發展，蘇州英才輩出、人文昌盛，文獻著述之富更勝於前。

蘇州文獻之盛受益於藏書文化的發達。蘇州藏書之風舉世聞名，千百年來盛行不衰，具有傳承歷史長、收藏品質高、學術貢獻大的特點，無論是卷帙浩繁的圖書還是各具特色的藏書樓，以及延綿不絕的藏書傳統，都成爲中華文化重要的組成部分。據統計，蘇州歷代藏書家的總數，高居全國城市之首。南朝時期，蘇州就出現了藏書家陸澄，藏書多達萬餘卷。明清兩代，蘇州藏書鼎盛，絳雲樓、汲古閣、傳是樓、百宋一廛、藝芸書舍、鐵琴銅劍樓、過雲樓等藏書樓譽滿海内外，彙聚了大量的珍貴文獻，對古代典籍的收藏保護厥功至偉，亦於文獻校勘、整理裨益甚巨。《舊唐書》自宋至明四百多年間已難以考覓，直至明嘉靖十七年（一五三八），聞人詮在蘇州爲官，搜討舊籍，方從吳縣王延喆家得《舊唐書》『紀』和『志』部分，從長洲張汴家得《舊唐書》『列傳』部分，『遺籍俱出宋時模板，旬月之間，二美璧合』，于是在蘇州府學中槧刊，《舊唐書》自此得以彙而成帙，復行於世。清代嘉道年間，蘇州黄丕烈和顧廣圻均爲當時藏書名家，且善校書，『黄跋顧校』在中國文獻史上影響深遠。

蘇州文獻之盛也獲益於刻書業的繁榮。蘇州是我國刻書業的發祥地之一，早在宋代，蘇州的刻書業已經發展到了相當高的水平，至今流傳的杜甫、李白、韋應物等文學大家的詩文集均以宋代蘇州官刻本爲祖本。宋元之際，蘇州磧砂延聖院還主持刊刻了中國佛教史上著名的《磧砂藏》。明清時期，蘇州成爲全國的刻書中心，所刻典籍以精善享譽四海，明人胡應麟有言：『凡刻之地有三，吴也、越也、閩也。』他認爲『其精，吴爲最』，『其直重，吴爲最』。又云：『余所見當今刻本，蘇常爲上，金陵次之，杭又次之。』清人金埴論及刻書，仍以胡氏所言三地爲主，則謂『吴門爲上，西泠次之，白門爲下』。明代私家刻書最多的汲古閣、清代坊間刻書最多的掃葉山房均爲蘇州人創辦，晚清時期頗有影響的江蘇官書局也設於蘇州。據清人朱彝尊記述，汲古閣主人毛晉『力搜秘册，經史而外，百家九流，下至傳奇小説，廣爲鏤版，由是毛氏鋟本走天下』。由於書坊衆多，蘇州還産生了書坊業的行會組織崇德公所。明清時期，蘇州刻書數量龐大，品質最優，裝幀最爲精良，爲世所公認，國内其他地區不少刊本也都冠以『姑蘇原本』，其傳播遠及海外。

蘇州傳世文獻既積澱着深厚的歷史文化底藴，又具有穿越時空的永恒魅力。從范仲淹的『先天下之憂而憂，後天下之樂而樂』，到顧炎武的『天下興亡，匹夫有責』，這種胸懷天下的家國情懷，早已成爲中華民族精神的重要組成部分，傳世留芳，激勵後人。南朝顧野王的《玉篇》，隋唐陸德明的《經典釋文》、陸淳的《春秋集傳纂例》等均以實證明辨著稱，對後世影響深遠。明清時期，馮夢龍的《喻世明言》《警世通言》《醒世恒言》，在中國文學史上掀起市民文學的熱潮，具有開創之功。吴有性的《温疫論》、葉桂的《温熱論》，開温病學研究之先河。蘇州文獻中藴含的求真求實的嚴謹學風、勇開風氣之先的創新精神，已經成爲一種文化基因，融入了蘇州城市的血脉。不少蘇州文獻仍具有鮮明的現實意義。明代費信的《星槎勝覽》，是記載歷史上中國和海上絲綢之路相關國家交往的重要文獻。鄭若曾的《籌海圖編》和徐葆光的《中山傳信録》，爲釣魚島及其附屬島嶼屬於中國固有領土提供了有力證據。魏良輔的《南詞引正》、嚴澂的《松絃館琴譜》、計成的《園冶》，分别是崑曲、古琴及園林營造的標志性成果，這些藝術形式如今得以名列世界文化遺産，與上述名著的嘉惠滋養密不可分。

維桑與梓，必恭敬止；文獻流傳，後生之責。蘇州先賢向有重視鄉邦文獻整理保護的傳統。方志編修方面，范成大《吴郡志》爲方志創體，其後名志迭出，蘇州府縣志、鄉鎮志、山水志、寺觀志、人物志等數量龐大，構成相對完備的志書系統。地方總集方面，南宋鄭虎臣輯《吴都文粹》、明錢穀輯《吴都文粹續集》、清顧沅輯《吴郡文編》先後相繼，收羅宏富，皇皇可觀。常熟、太倉、崑山、吴江諸邑，周莊、支塘、木瀆、甪直、沙溪、平望、盛澤等鎮，均有地方總集之編。及至近現代，丁祖蔭彙輯《虞山叢刻》《虞陽説苑》，柳亞子等組織『吴江文獻保存會』，爲搜集鄉邦文獻不遺餘力。江蘇省立蘇州圖書館於一九三七年二月舉行的『吴中文獻展覽會』規模空前，展品達四千多件，並彙編出版吴中文獻叢書。然而，由於時代滄桑，圖書保藏不易，蘇州鄉邦文獻中『有目無書』者不在少數。同時，囿於多重因素，蘇州尚未開展過整體性、系統性的文獻整理編纂工作，許多文獻典籍仍處於塵封或散落狀態，没有得到應有的保護與利用，不免令人引以爲憾。

進入新時代，黨和國家大力推動中華優秀傳統文化的創造性轉化和創新性發展。習近平總書記强調，要讓收藏在博物館裏的文物、陳列在廣闊大地上的遺産、書寫在古籍裏的文字都活起來。二〇二二年四月，中共中央辦公廳、國務院辦公廳印發《關於推進新時代古籍工作的意見》，確定了新時代古籍工作的目標方向和主要任務，其中明確要求『加强傳世文獻系統性整理出版』。盛世修典，賡續文脉，蘇州文獻典籍整理編纂正逢其時。二〇二二年七月，中共蘇州市委、蘇州市人民政府作出編纂《蘇州全書》的重大決策，擬通過持續不斷努力，全面系統整理蘇州傳世典籍，着力開拓研究江南歷史文化，編纂出版大型文獻叢書，同步建設全文數據庫及共享平臺，將其打造爲彰顯蘇州優秀傳統文化精神的新陣地，傳承蘇州文明的新標識，展示蘇州形象的新窗口。

『睹喬木而思故家，考文獻而愛舊邦。』編纂出版《蘇州全書》，是蘇州前所未有的大規模文獻整理工程，是不負先賢、澤惠後世的文化盛事。希望藉此系統保存蘇州歷史記憶，讓散落在海内外的蘇州文獻得到挖掘利用，讓珍稀典籍化身千百，成爲認識和瞭解蘇州發展變遷的津梁，並使其中藴含的積極精神得到傳承弘揚。

觀照歷史，明鑒未來。我們沿着來自歷史的川流，承荷各方的期待，自應負起使命，砥礪前行，至誠奉獻，讓文化薪火代代相傳，並在守正創新中發揚光大，爲推進文化自信自强、豐富中國式現代化文化内涵貢獻蘇州力量。

《蘇州全書》編纂出版委員會

二〇二二年十二月

# 凡　例

一、《蘇州全書》（以下簡稱『全書』）旨在全面系統收集整理和保護利用蘇州地方文獻典籍，傳播弘揚蘇州歷史文化，推動中華優秀傳統文化傳承發展。

二、全書收録文獻地域範圍依據蘇州市現有行政區劃，包含蘇州市各區及張家港市、常熟市、太倉市、崑山市。

三、全書着重收録歷代蘇州籍作者的代表性著述，同時適當收録流寓蘇州的人物著述，以及其他以蘇州爲研究對象的專門著述。

四、全書按收録文獻内容分甲、乙、丙三編。每編酌分細類，按類編排。

（一）甲編收録一九一一年及以前的著述。一九一二年至一九四九年間具有傳統裝幀形式的文獻，亦收入此編。按經、史、子、集四部分類編排。

（二）乙編收録一九一二年至二〇二一年間的著述。按哲學社會科學、自然科學、綜合三類編排。

（三）丙編收録就蘇州特定選題而研究編著的原創書籍。按專題研究、文獻輯編、書目整理三類編排。

五、全書出版形式分影印、排印兩種。甲編書籍全部采用繁體豎排；乙編影印類書籍，字體版式與原書一致；乙編排印類書籍和丙編書籍，均采用簡體横排。

六、全書影印文獻每種均撰寫提要或出版説明一篇，介紹作者生平、文獻内容、版本源流、文獻價值等情況。影印底本原有批校、題跋、印鑒等，均予保留。底本有漫漶不清或缺頁者，酌情予以配補。

七、全書所收文獻根據篇幅編排分册，篇幅適中者單獨成册，篇幅較大者分爲序號相連的若干册，篇幅較小者按類型相近原則數種合編一册。數種文獻合編一册以及一種文獻分成若干册的，頁碼均連排。各册按所在各編下屬細類及全書編目順序編排序號。

# 〔嘉靖〕吳江縣志

〔明〕曹一麟等 修 〔明〕徐師曾等 纂

據吳江區圖書館藏明嘉靖刻崇禎重修本影印，配以上海圖書館藏本。

# 提要

《〔嘉靖〕吴江縣志》二十八卷首一卷，明曹一麟等修、徐師曾等纂。

曹一麟，字伯禮。明安丘人。嘉靖三十五年（一五五六）進士，同年任吴江知縣。徐師曾（一五一七—一五八〇），字伯魯，號魯庵。明吴江人。嘉靖三十二年（一五五三）進士，歷兵科、吏科給事中。著有《周易演義》《禮記集注》《湖上集》《文體明辨》等。

曹一麟任吴江縣令後，訪求邑乘，徐師曾所撰志稿被薦。徐師曾以爲其稿尚欠水利、武略二門，遂薦舉邑人沈啓纂水利，周大章纂武略。不數月稿成，合爲一書，嘉靖三十七年（一五五八）刊印。但今本中守令表記事止嘉靖三十八年（一五五九），科第表記事止嘉靖四十年（一五六一），建置記事止崇禎元年（一六二八），可見其後曾有數次增補。

《〔嘉靖〕吴江縣志》二十八卷首一卷。卷首有舊序、吴江縣圖九幅；卷一至卷三地理志，含沿革、疆域（附街市、鄉村）、山水；卷四至卷八建置志，含城池（附敵樓）、橋梁、栅壩、公署、學校、表坊、古蹟、園第、墓域、形勝；卷九至卷十食貨志，含户口、土田、物産、貢賦、徭役；卷十一至卷十六典禮志，含官制、吏額、祀典、風俗、典籍表、祠廟、寺觀；卷十七至卷十八官政志，含守令表、佐幕表、儒官表、屬官表、名宦傳；卷十九至卷二十經略志，含水利、武略；卷二十一至卷二十七人物志，含科第表、貢舉表、名臣傳、儒林傳、卓行傳、烈女傳、文苑傳、隱逸傳、材胥傳、藝術傳、寓賢傳、仙釋傳；卷二十八雜志，含異聞志、叢談志。

本志表、傳各以類附於志，體例井然，記載翔備。卷首録有明以來歷次修志舊序，以明邑乘編修之源流。

水利部分爲沈啓所纂，沈稔知水利，爲此曾乘舟周遊旬月，進行實地考察，故記載尤爲翔實可靠。

本次影印以吴江區圖書館藏明嘉靖刻崇禎重修本爲底本，配以上海圖書館藏本，原書框高十九・五厘米，廣十三・九厘米。

# 新修吳江縣誌序

歲丙辰余釋褐衣無何卽試選
於天曹乃拜
命令吳江吳江江南鉅邑也且當
浙直交會之衝百務繁夥余蒞
仕於茲每苦無緒爰求邑誌於

鄉先生謂誌悉一邑政苟持循以往賡乃不迷耳僉曰邑舊有誌而給諫徐君師曾近爲糾正而新之頗備焉乃訪諸徐君君曰僕不敏嘗勉爲之然非求勝於舊誌而讐之也夫吳江水國

也顧遺水利一科若或政亦近年大事所宜增入者可無傳乎僕竊有志而未就也若吾邑按察副使沈君啓稔知水利鄉進士周君大章嘗從事軍門者共襄僕成之余如其言造二君之

第而請焉周君卽以數年倭夷稔惡顛末及防禦料理之策一一具白於徐君沈君乃偕邑丞白君忠駕輕舟鼓短棹浮水旬日歷四境而還告余曰邑之水吾悉得其源流支派矣遂出其

手摹之圖以示且延徐君而授之徐君携此重上虎丘杜門踰數月而全書於是乎成焉書成持以示余余拜而受之作而歎曰美哉彬彬乎天文地理人事之紀管是矣文獻有徵方幸其

可以信今而傳後而矩矱不遠吾之所恃以不忒於官理者亦或有在於斯乎於是鳩工鋟梓以永其傳用紀一念願治之意云爾若謂黜至時事粉飾太平之觀以自多則吾豈敢

嘉靖戊午一之日

賜進士第吳江縣知縣安丘曹一

麟序

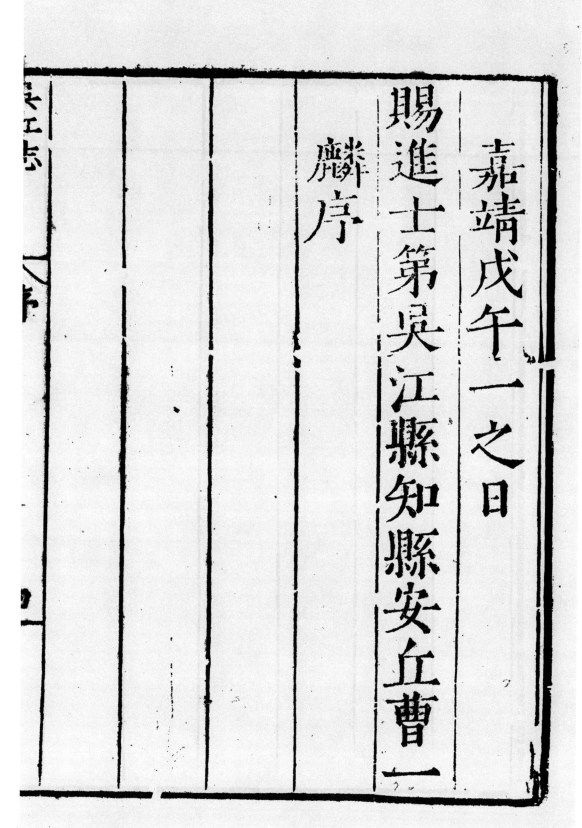

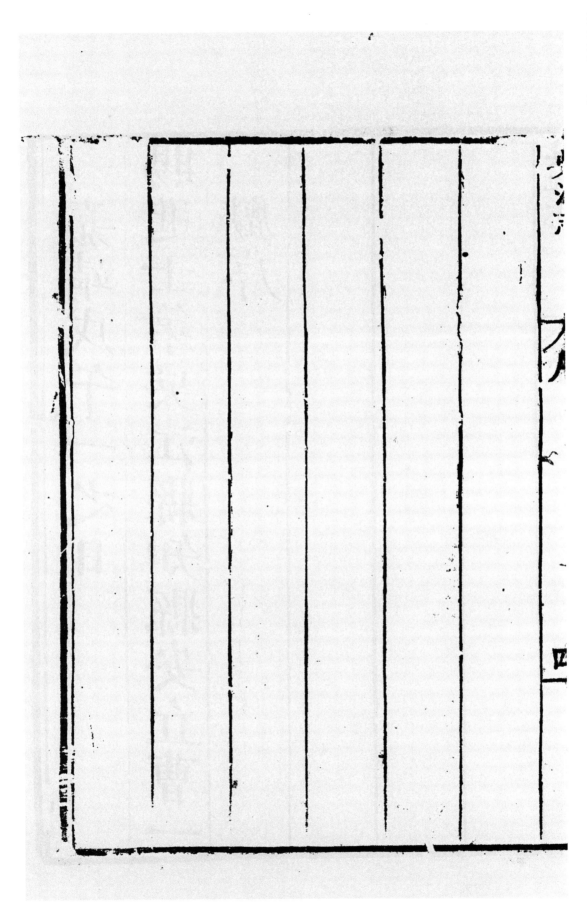

# 新脩吳江縣志序

吳江爲縣當南北之衝左江右湖民殷物阜蓋畿輔一鉅邑也成周之前越在荒服入句吳而人文漸開由漢迄元千五百六十餘年之間或置爲鎮或割爲縣或陞爲州則俗與時移而人文彬彬然盛矣

我
大明肇興定鼎建康改州爲縣遂爲
股肱重地蓋勢使然亦其地足以
當之也縣故有志昉於朱長文之
圖經而元人續之竇公德遠吳公
本又續之至莫公旦而大備然自
莫公以至於今歷七十年闊略不

脩而其書尚闕水利又多蕪詞則
後人之所憾於公者也余幼讀之
即思自効其愚而糜於舉業力不
暇及既壯舉于禮部病不對
制歸取其書芟而續之然訪求考核
又非一人之私力所能爲也故書
雖粗成而未敢出以示人嘉靖丁

巳余自諫垣丁內艱歸適安丘曹侯一麟來知縣事索觀舊志鮮有存者詢諸縉紳僉謂余嘗從事乎此而未就也侯遂卜日緘幣顧余于郡城之寓舍以志爲請余辭不獲則相與推沈憲副公啓而共事焉蓋公博洽精敏名重一時而尤

遂於水學公旣任而不辭余然後
啓敝篋檢舊藁訂故實於父老銓
人物於學校旁搜博採而刪正之
公亦乘舫周遊考究水利明年六
月余藁成而公之書亦至侯遂命
工鋟梓貯諸公藏以傳於後人工
未竣侯以事去又明年巳未李侯

遷梧來代其任取閱數卷謂不可中輟也命畢其事辛酉夏梓人告成問序於余余惟郡縣有志其來久矣周官小史掌邦國之志外史掌四方之志職方掌天下之圖而又有土訓掌地圖地慝誦訓掌方志方慝法甚悉焉夫小史職方土

訓之所掌皆謂諸侯之國外史誦
訓之所掌則諸侯之下邑也及秦
罷侯置守則邦國皆爲郡邑而周
官制度蕩然矣然秦時圖籍尚藏
相府則是官制雖更而職任不廢
故蕭何得以取之亦周之遺意也
厥後西京劉向著郡國之事東漢

南陽撰風俗之編自是蔓延而郡
邑之紀載寔充汗而莫能殫述然
其備一方之事立爲政之準誠有
不可闕者矧我吳江雄冠衆邑而
可使殘腐若此哉顧余謭劣無能
爲役然竊自謂纂脩之餘蕪者以
剔闕者以增而山水一類尤爲特

備是惟憲副公之功而余則未能
也自余初脩以至脫藁凡廿有一
年又四年梓工乃竣中更兩侯歲
月逾邁然余竊有喜焉昔莫公之
爲志也藁成于天順丁丑再成于
弘治戊申凡三十餘年始王侯廸
求以入梓會遷官不果馮侯衡繼

之尋以事去亦不果最後得孫侯
顯鋟事始成嗟夫書之難遇如此
然則余輩之遭逢詎不易歟然聞
莫志之修郡有館食有廩服役有
人而後操管從事茲余三人各就
其家輯之廩餼服役不以煩官則
其難易有自來矣敢并及之以諗

同志而邑之盛衰財之羸詘亦因
以考見云
嘉靖四十年辛酉夏六月二日
賜進士出身從仕郎吏科給事中前
翰林院庶吉士邑人徐師曾序

# 吳江縣志舊序

## 松陵志序

松陵卽吳江係吳泰伯封內域自泰伯來吳吳人被其文化漸沐休風聲教所暨君子出焉由是季札歷聘諸華先王禮樂達於海隅迨夫子胥治吳建倉庾峙兵庫創城郭設守備而蘇州號稱吳城爲東南甲郡吳江迺蘇州之屬邑也距蘇州南四十

五里卽古之笠澤本隸吳縣至梁開平三
年錢鏐奏劃吳縣地置吳江縣太湖環抱
邑西南隅禹貢之震澤也周職方揚州藪
曰具區其水多震而難定卽今之湖翻是
也禹導水源至此故曰震澤底定言底於
定而不震動也距邑西南九十里有橋曰
底定吳越春秋謂范蠡於此乘舟出三江
口其地亦有橋曰思范至今遺跡不泯自

春秋以下秦漢及唐五·皆不至茲境錢鏐保障百餘年納土於宋□民不知兵而庶且富建炎南渡駐蹕錢塘茲邑廼爲宋京畿供給之地爲上縣元朝丙子丞相伯顏率師渡江時有武將寗玉駐兵鎮守民皆賴之元貞間戶口繁夥遂陞中州至正丙申張氏兵入據始築城障之　本朝丙午冬十有一月　天戈東下克湖州自太湖

直抵吴江駐兵邑西石里時統兵徐相國諭父老以恩信兹邑遂歸附焉相國即單騎入城安堵如故洪武二年仍改州爲縣民阜物豐山川勝槩疆域之廣古跡之多顧志不可不輯乃攬衆説采摭遺事纂成是書目之曰松陵志使一邑之内千載之間其事可按書而索之俟後之覽者取前人之成憲以爲法將見道德興而習俗美

松陵之區與鄒魯無異則是書有關於世
不亦大乎洪武六年七月既望禮部主客
郎中竇德遠序

## 增輯松陵志序

松陵志余家藏之久矣數年之間余亦究
心焉欲求他本一校竟不可得其原本所
類古跡土産人物異聞具少余取圖經及
郡志諸書凡繫松陵者則采摭增入用廣

其書以便觀覽集既成又苦無繕寫者余於窓間復摩挲三月始獲脫藁嗚呼松陵風景人物自吳越春秋迨今不知幾百年矣余今所錄使後人一覽而得之亦將有繫於政哉第未審此書傳去吾子孫彰潭謂何如耶故臨風三歎而叙其卷末以識歲月云時正統七年龍集壬戌律值夷則既望雲岡吳本謹書

# 松陵志序

古者有版有圖版則戶口之數圖則四方阨塞要害之所關也藏諸盟府非職方者無由得見他如方輿志山海經寰宇記等作又皆畧而未詳簡而未備故天下郡邑皆得修志書以詳其所有之事焉吳江古松陵鎮也爲州爲邑餘數百年而志猶闕非所以裨益世教而昭示將來也舊有圖

經一編莫詳創始而紀載弗經我　朝洪武永樂中雖有修者惜乎舊無刻本而傳寫舛訛人亦罕能遍觀盡識歲甲戌秋嘗奉文修纂意其迫於期限之嚴未能詳備覽者病之且生斯長斯忝育庠序因不自揣於暇日編而輯之重立例目參以郡志詢諸故老述諸見聞損益補訂越一載始克成編爲卷二十爲類二十有七類各有

序名曰松陵志於是質諸掌教陳廷用先生先生爲之許可以爲有功世教宜梓行之而貳尹季公仕進輩捐俸樂助謂且宜有序嗚呼且寡聞陋識荒辭淺學豈敢以是而邀譽哉重以松陵父母之邦而志書政化之首故拳拳爲之計者如此然未免管窺蠡測掛一漏萬適足貽譏於多聞而取議於廣見也然而較諸前志似覺粗備

雖未足擬於古之版圖諸作其於檢閱之資庶或有助於一二續而筆之尚有望於後之君子天順元年丁丑春三月既望邑人莫旦景周書

吳江志序

昔　大明一統志之纂也　朝廷先期遣使采天下事實吳江縣奉文集耆儒開局於聖壽寺時旦與今致仕何訓導昇俱爲

邑庠生爲掌教陳先生實所命往總其事稿成上郡郡又類進于 朝時景泰甲戌也後旦二人私相與議曰奉文纂修者乃天下之書其法當畧至其一邑之中亦自有書其紀宜詳今畧者就緒而詳者可遂已乎況吳江爲南畿重地迭爲州縣餘五百年而志書未聞有板行者其疆域山川風俗人才戸口田賦學校科名牧守政治

與夫城池坊市官宇橋梁及詩文著述之類忍使其日就泯滅乎泯滅無聞後人興慨非吾輩責乎何君曰然於是訪得舊圖經一册紀載皆　國朝以前事而簡畧無文既又得洪武戊午與永樂戊戌奉文修纂者凡二册而傳寫舛訛視前益畧然亦爲之喜曰得此三者書不患其不成也未幾何君以舉業不暇辭去且獨不渝初志

謬加筆削合而成書凡十卷時嘉禾士人懷悅見之遂爲捐貲鋟梓以傳焉天順丁丑也已而家君在任聞之以書來曰古人著書多在暮年如孔子年六十餘方定六經汝爲此書何行之驟也且始悔之遂停其板成化乙酉忝科名待次數年因暇再加編輯重立例目參以郡志諸書於凡殘碑斷碣無不搜剔遺編故紙無不檢閱貽

背鯢齒無不訪問手録心思至忘寢食於是聞者致譏見者竊笑以爲迂謬且亦自笑其愚者屢矣日積月累總成二十二卷比前加詳會提學陳御史選行文立鄉賢祠時王尹廸詢謀於衆得前輩之學行卓異者十五人爲之立祠且以入志方欲梓行而王以遷去不果繼爲丘守霽取以參修郡志未成而丘去官稿亦隨失丙申秦

教新昌重録成書而馮尹衡得之鋭意欲
刊馮亦以事去官又不果乙巳以内艱解
官而還女壻趙員外寬書來且曰吾邑新
尹孫侯顯陜之華州人早歲登高科有治
材其來志書之獲遇也必矣幸畱意焉且
因掇拾舊稿益以新聞新見再纂成書已
而侯至卽捐俸梓行而邑人好義者咸樂
相焉謂且宜有序因竊歎曰嗟乎天下之

事爲不爲者人也而遇不遇者時也雖曰遇之有時然亦不貴於成之之速焉始旦之爲是書也少年氣鋭每有不遇時之歎屢起屢仆展轉三十五年始有遇於吾侯使吳江千百年之事一旦顯然傳之不朽夫豈偶然者哉寬可謂知人而侯可謂達於政體者矣然則前日之所以不遇者蓋天使有待於今日也不然安得若是之粗

備哉至此而家君昔日之言方驗矣
遇矣竊念德不加修學無寸進安知後之
視今不猶今之視昔乎續而筆之尚有望
於後之君子弘治元年戊申春正月既望
莫旦序

## 刻莫氏吴江志序

紀載之書不可無也尚矣一方有一方之
事一時有一時之事一人有一人之事苟

無紀載之書則人將何所考信哉然必秉筆者得其人然後事覈言信而可以久傳不然則亦覆瓿而已耳吳江姑蘇大邑也其山川風俗之美戶口賦稅之繁衣冠文物之盛實甲於江南而紀載獨無全書非缺典歟余奉　命出宰茲邑三年矣嘗有意於此未暇也適秋官員外郎邑人趙君粟夫　賜告歸省詢及之乃曰外舅莫先

生纂而成書三十餘年矣余不覺驚喜遂即先生求而得焉閱之累日見其敘事詳允筆力簡健不溢美不蔓辭深得紀事纂言之體方議梓行而邑士大夫皆力贊焉乃與縣丞銅仁盧君金濟南張君源陝右張君瑚主簿香河孫君祥典史東廣葉君叢英各捐俸爲倡而邑人好事者皆樂爲助遂命工繡梓秋官君謂余宜有序嗟夫

自有天下即有此邑上下數千百年之間其事之泯没而無傳者豈可勝道哉今此書一出使吳江一邑之事遠播廣傳而凡生於斯仕於斯遊於斯者亦得有所考信而興起焉先生可謂有功於吳江有裨於名教者哉先生名旦字景周博雅好古早以明經發解鄉闈爲一方師表所作又有新昌志貞孝録鱸鄉集云弘治元年戊申

三月朔日吳江縣知縣華州孫顯序

吳江續志序

余友莫先生景周昔在庠序時嘗纂吳江志二十二卷垂三十年縣尹華州孫君顯始刻以傳今又二十年先生以南京國子學正致仕家居再閱前志謂舊事有失收者新事有未備者宜加續入方欲舉筆適太守四會林公思紹聘纂　孝宗敬皇帝

實録實録既弋乃取事蹟有關於吳江者爲續志三卷新舊畢録可謂備矣余嗣子山以鄉舉待年於家謂不可以不刻也乃請於學諭柘城梁君桀畧加校正而邑之好義者咸樂然貲助遂命工鋟梓與前志並行焉山以書來　京師請文爲序蓋吳江爲姑蘇大縣數千百年之事得以遠播而廣傳者皆吾學正先生之功也然此特

其著述之一耳此外又有大明一統賦學業須知等作蓋已名重士林久矣今也年躋八旬老而彌健書曰天壽平格豈虛言哉余與先生交游幾四十年相知最深故僭言如此以爲序云正德二年丁卯春王正月人日　賜進士出身嘉議大夫工部右侍郎邑人吴洪書

讀陳氏吴江志

嘉靖丁酉余遘痽凢五六十作而後瘳病中不敢讀他書僅讀莫氏吳江志謂宜改作時方從事舉業未暇及也越十年丁未叨舉於春官以疾乞歸思畢前志聞陳君明氏一嘗修之未就而卒余雖及見其人而書則恨未覩也會其孫從余問易持稿見示余受而卒業焉其書視莫氏刪者過半增者半中間所録亦或不盡可人甚哉

秉筆之難也又聞余里人陳獻可亦嘗屬草獻可署教曹邑卒於官余就其家求之稿已佚矣則幸君明之書尚存余得取之以參校也然獻可有曹縣志已鋟諸梓覩彼亦足以識此矣戊申十月九日徐師曾識

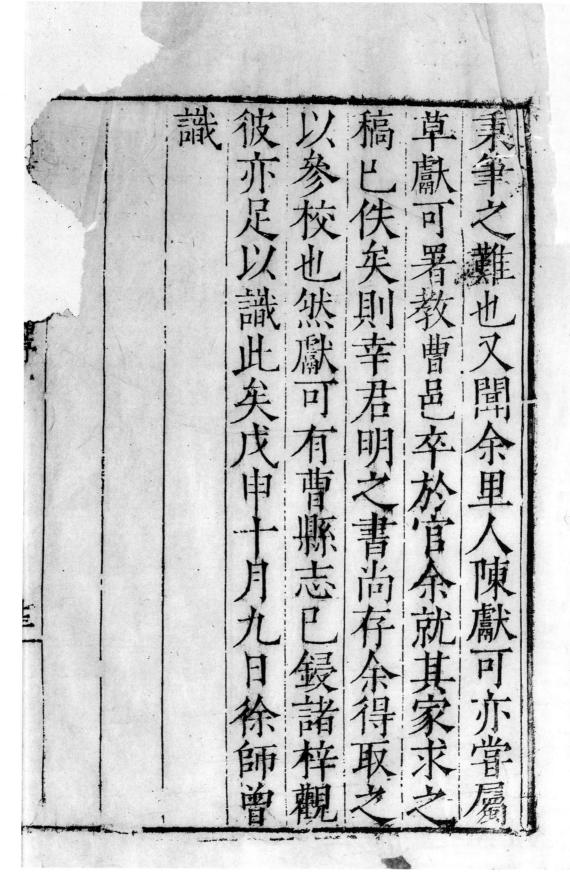

吳江縣志目録

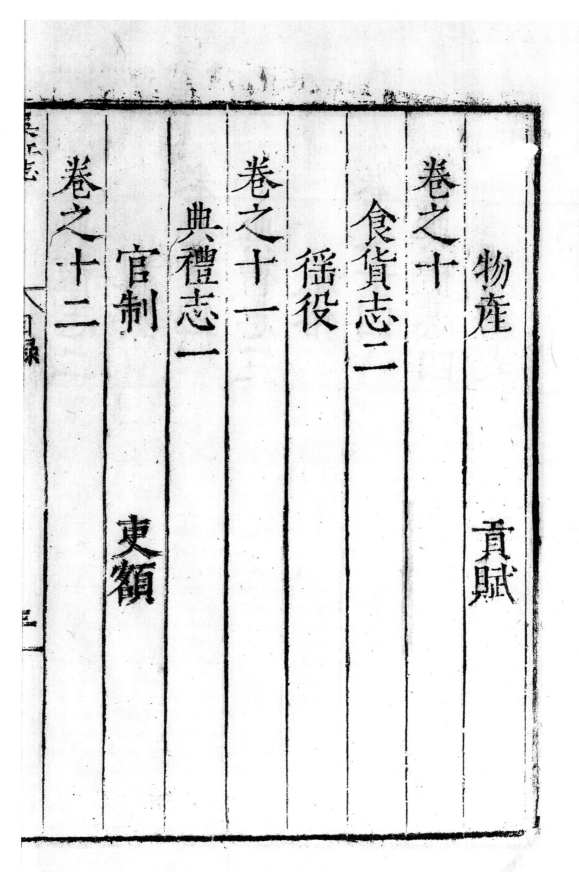

吳江縣志目録

# 修志名氏

纂修

湖廣等處提刑按察司副使邑人沈　啓　修

兵科給事中前翰林院庶吉士邑人徐師曾總修

提調

直隸蘇州府吳江縣知縣安丘曹一麟

採訪

安丘李遷梧

吳江縣縣丞

臨朐許　衢

泰安白　忠

山陰趙德寬

長興李　鶴

錢塘王良慶

縉雲樊文光

任丘楊天祐

主簿

臨川張　汰

夏邑李應祥
遂昌葉　恩

校勘
吴江縣儒學教諭德清沈朝臣
貴州莫期尹
訓導龍游徐　瑞
永新尹　奎
平湖魯　烈

連江林仕杲

蘇州府陰陽學候缺正術邑人孫　鳳督刊

郡人陳　南　謄

邑人趙重文繪圖

邑人董漢策　刊

修志名氏　畢

# 繪圖目録

縣境圖
北至長洲縣界
同里鎮
巡司
稅局
九里湖
二十七都
二十五都
二十六都
姚城江
三都東
二十八都
三都西
黎里鎮
汾湖巡司
汾湖
二十九都
平望驛巡司
長老鋪
二十三都西
東至松江府華亭縣金澤界
東南至浙江嘉興府秀水縣王江涇界
南至浙江嘉興府

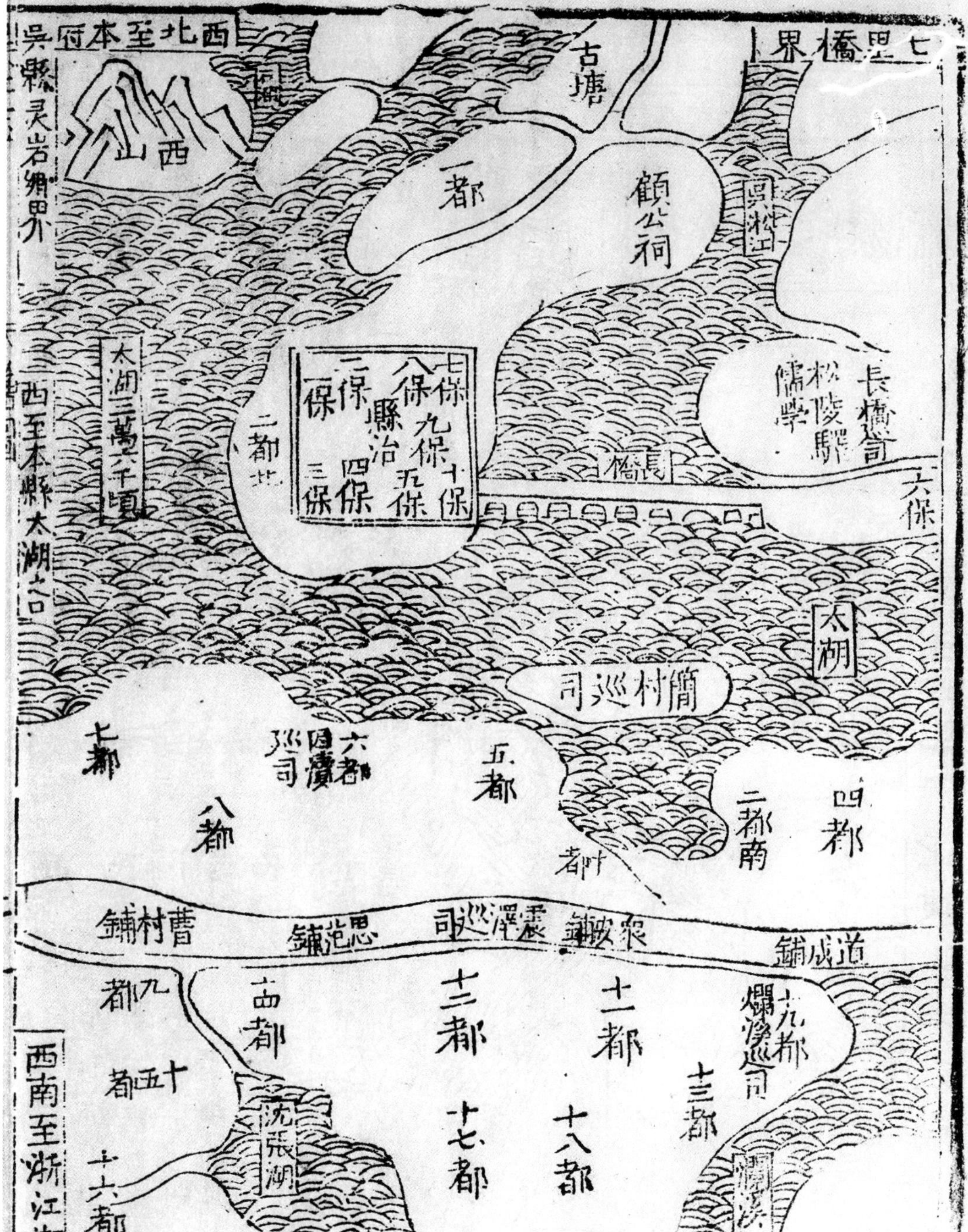
西北至本府吳縣靈岩鄉界
七里橋界
西山
古塘
一都
顧公祠
吳淞江
太湖三萬六千頃
西至本縣太湖
七保
八保
九保
十保
二保
縣治
五保
四保
三保
二都北
長橋
長橋巡司
松陵驛
儒學
六保
太湖
簡村巡司
七都
六都
五都
八都
四都
二都南
曹村鋪
思范鋪
震澤巡司
衆安鋪
道成鋪
九都
十四都
十二都
十一都
十九都
爛溪巡司
十五都
十三都
十七都
十八都
沈張湖
十六都
爛溪
西南至浙江湖州府烏程縣烏鎮界
嘉興縣楊橋界

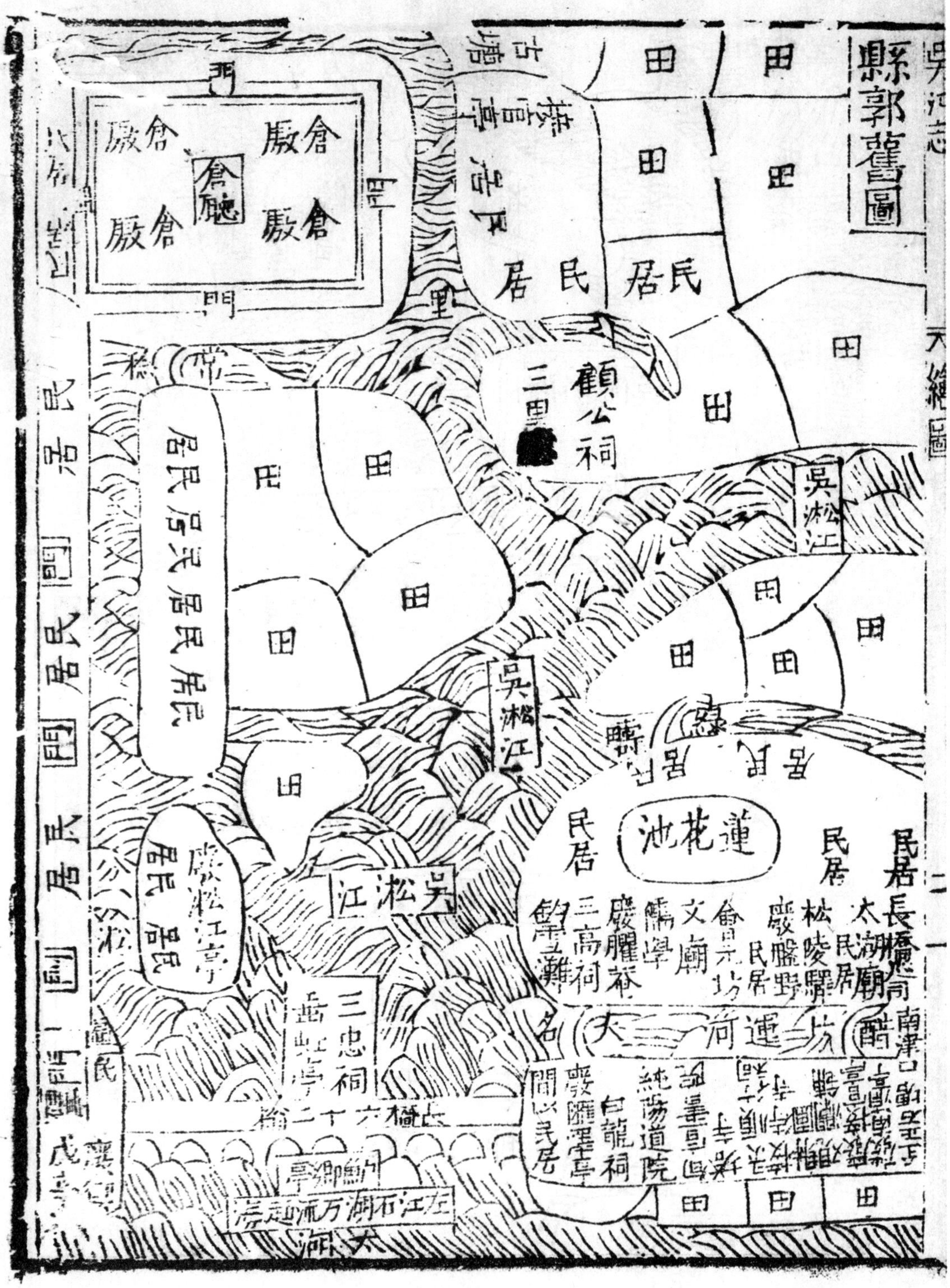
縣郭舊圖
吳松江
吳松江
江淞吳
蓮花池
顧公祠
三忠祠
民居
田
倉廒
運河
太湖

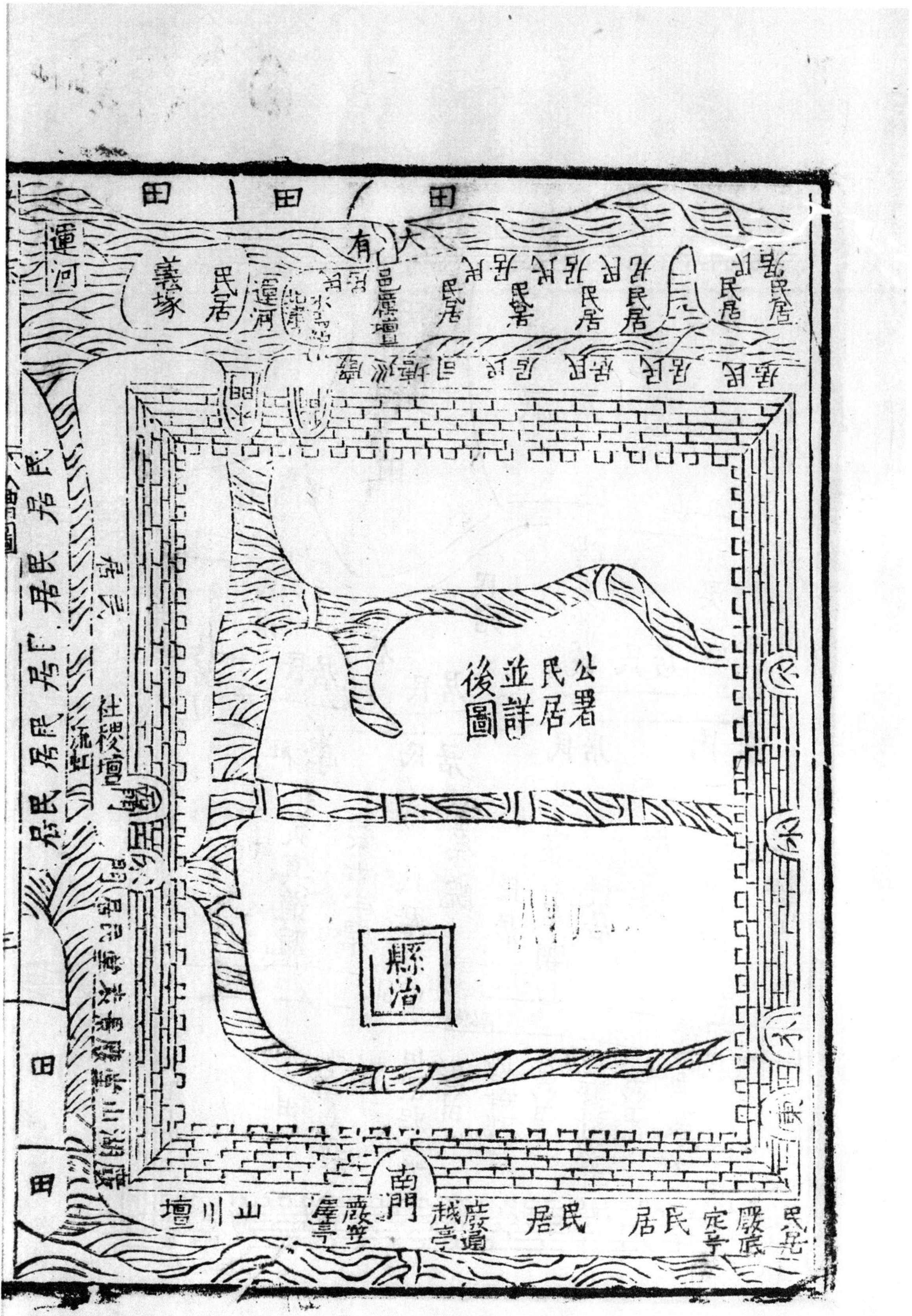
田
運河
義塚
民居
大有
邑厲壇
公署並民居詳後圖
社稷壇
縣治
南門
山川壇
民居

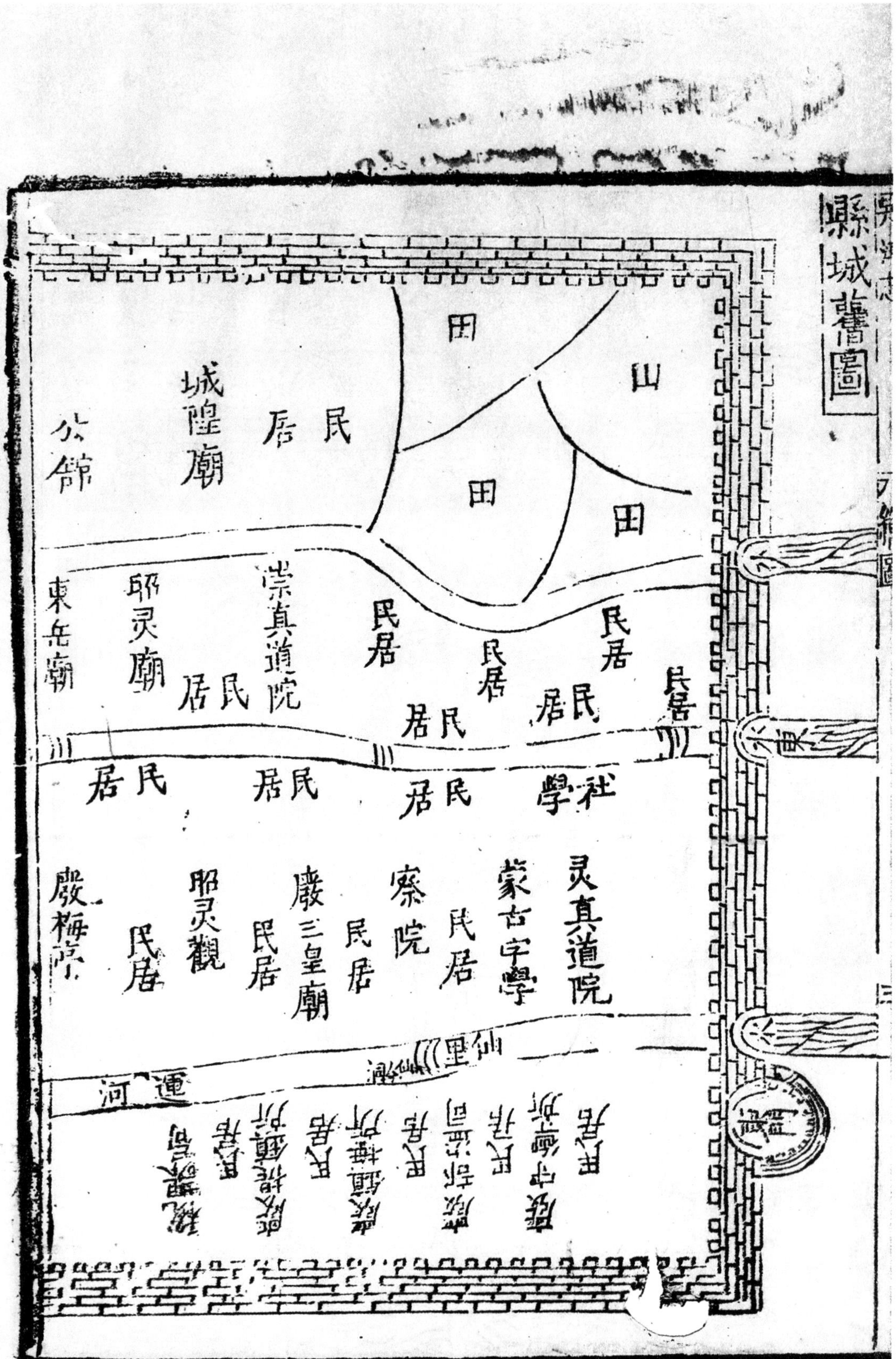
縣城舊圖
田
山
田
田
民居
城隍廟
公館
東岳廟
昭灵廟
崇真道院
民居
民居
民居
民居
民居
民居
民居
民居
民居
社學
灵真道院
蒙古字學
民居
察院
民居
三皇廟
民居
昭灵觀
民居
運河

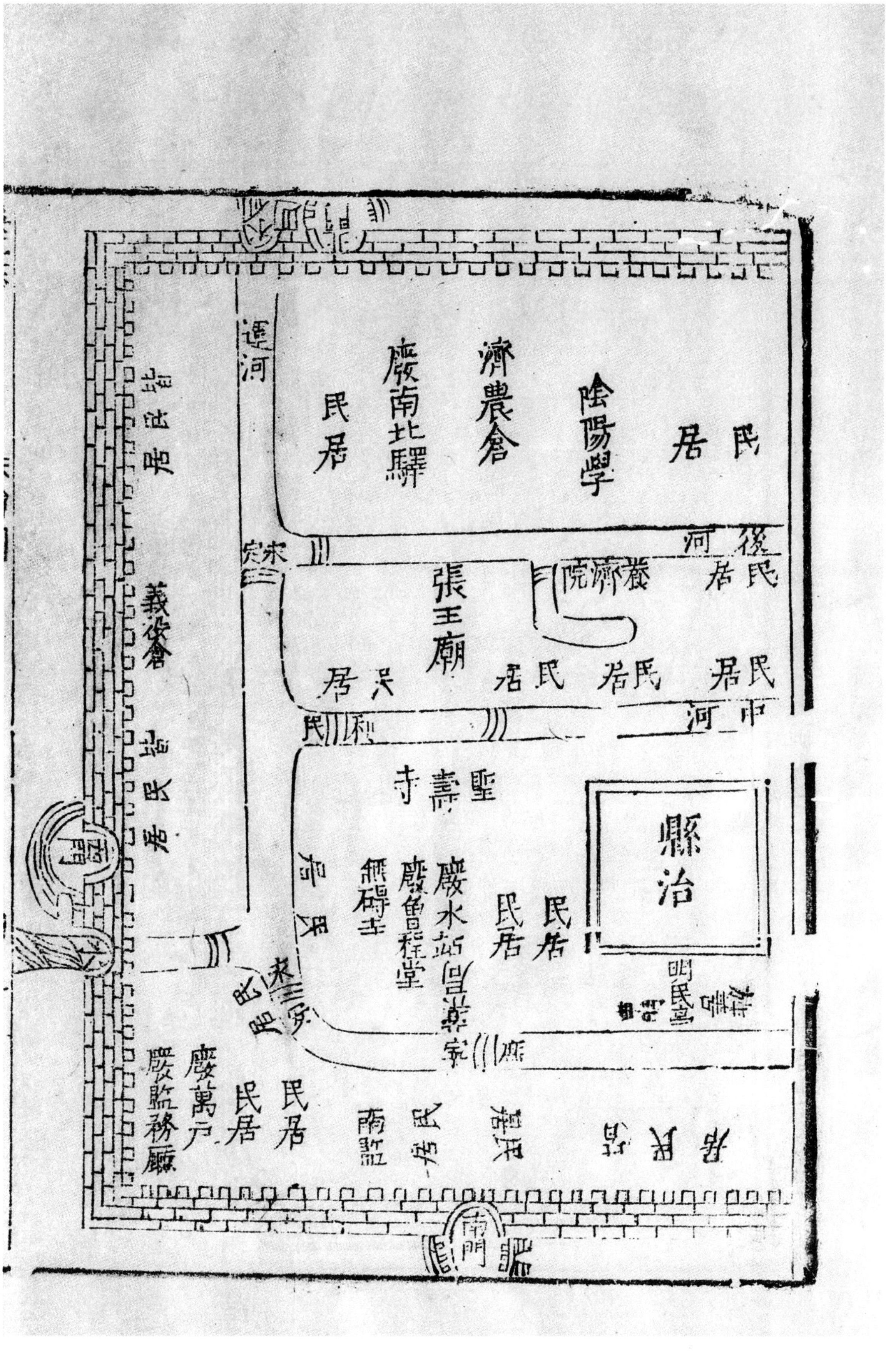
運河
廢南北驛
濟農倉
陰陽學
民居
後河
養濟院
張王廟
義役倉
市河
聖壽寺
縣治
廢水站
廢魯程堂
廢萬戶
廢監務廳
南監
南門

# 縣城新圖

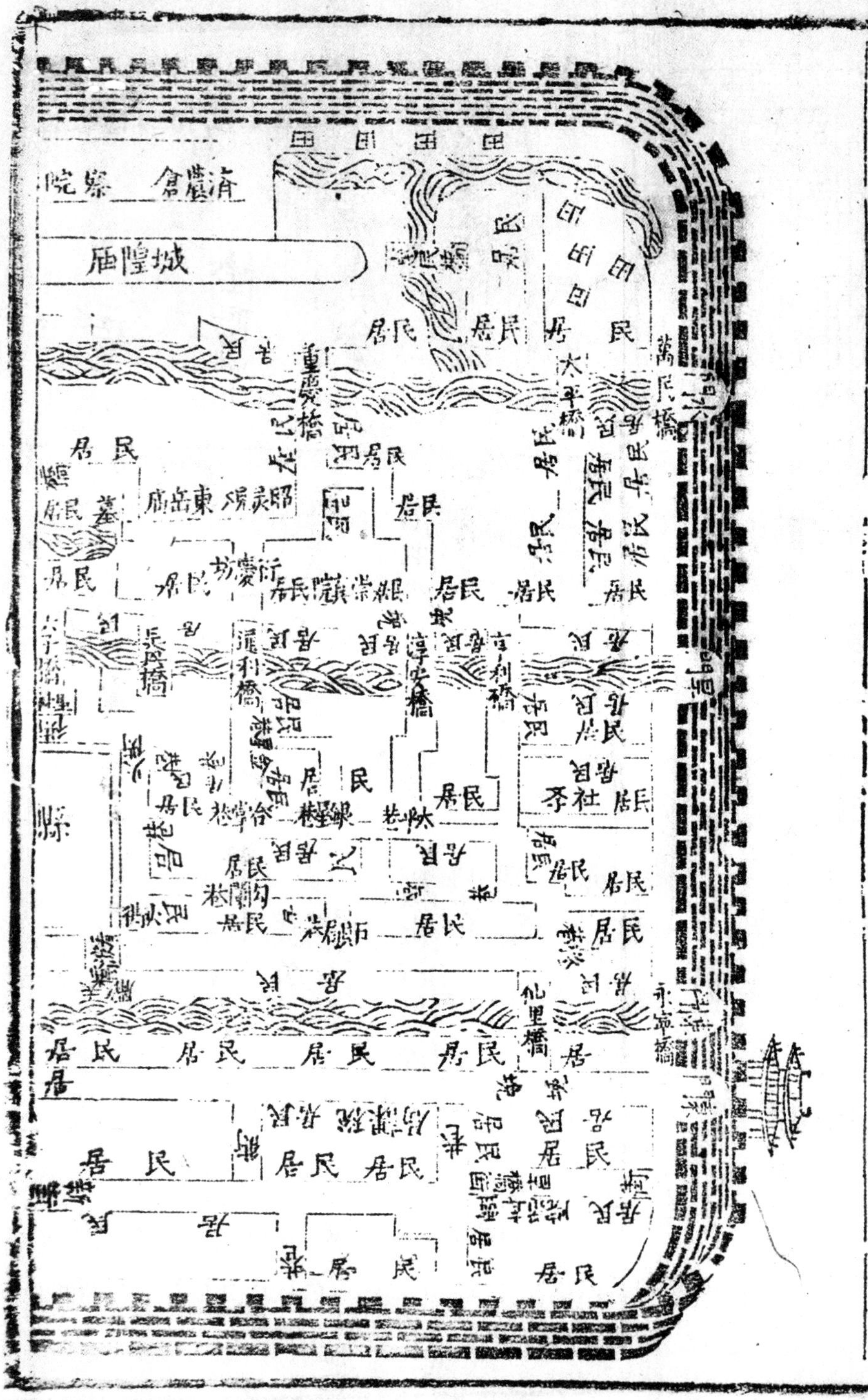

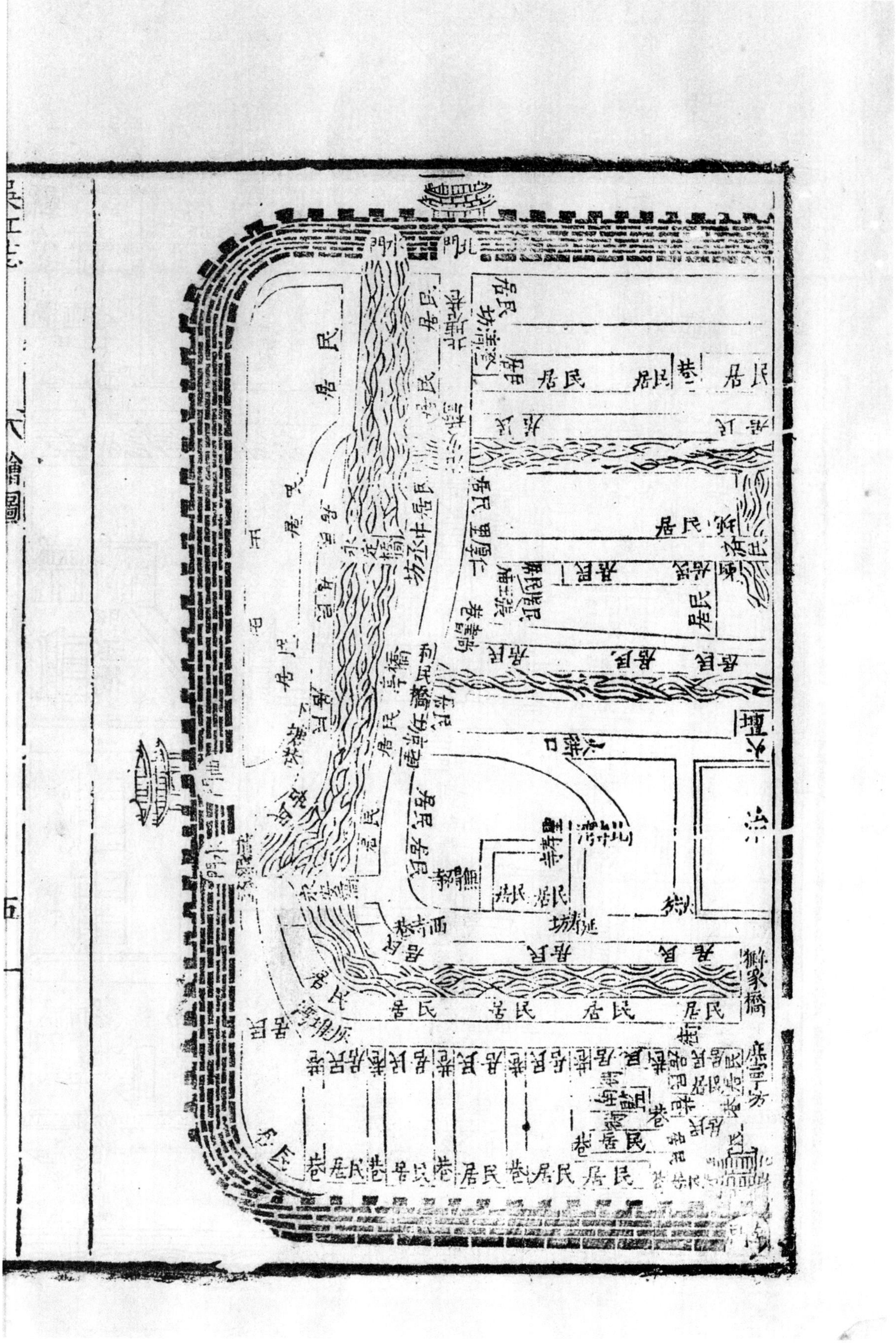

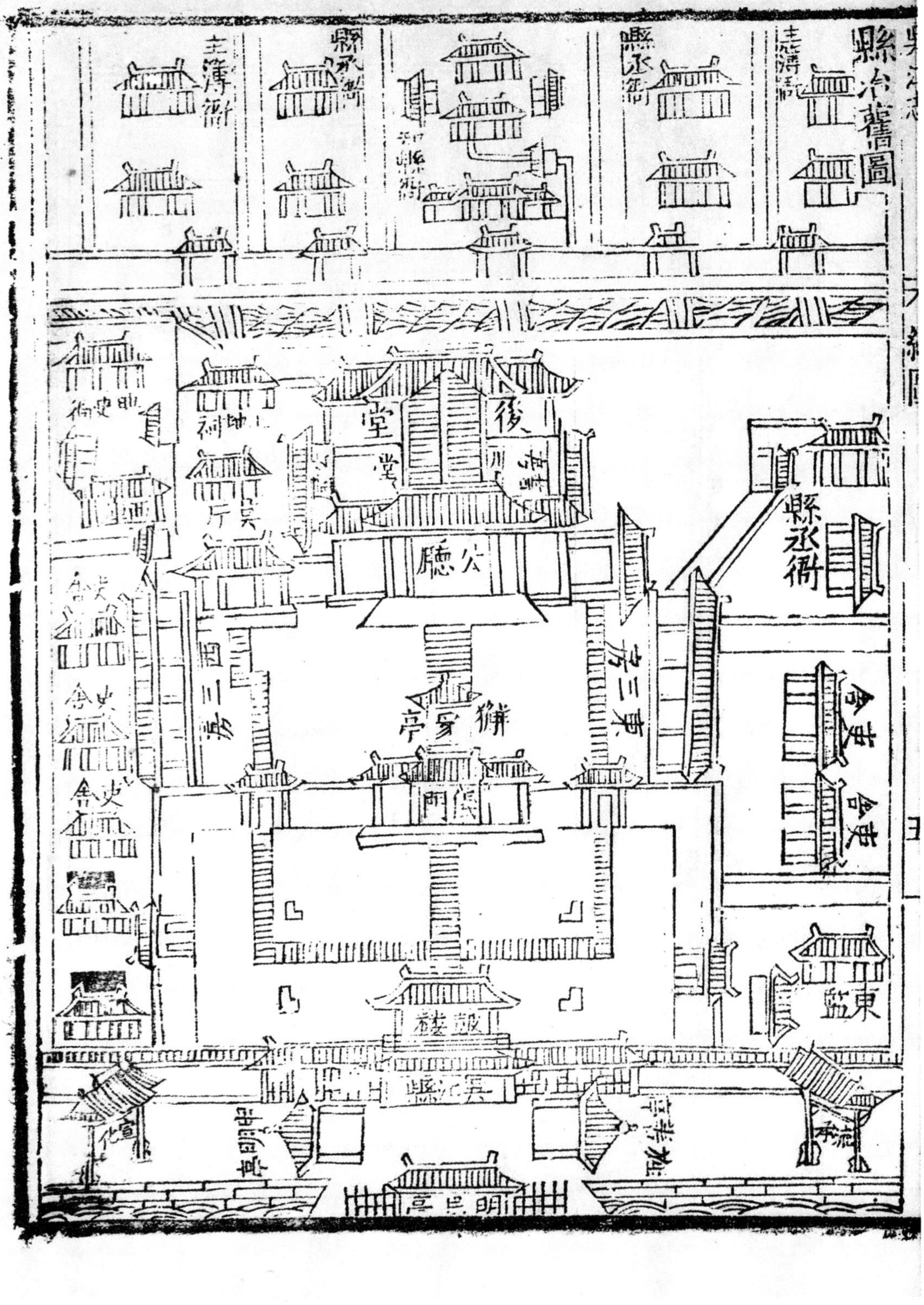
縣治舊圖
主簿衙
縣丞衙
知縣衙
縣丞衙
主簿衙
後堂
公廳
獬豸亭
東三房
儀門
縣丞衙
吏舍
鼓樓
東監
吳縣
申明亭
旌善亭
宣化
承流

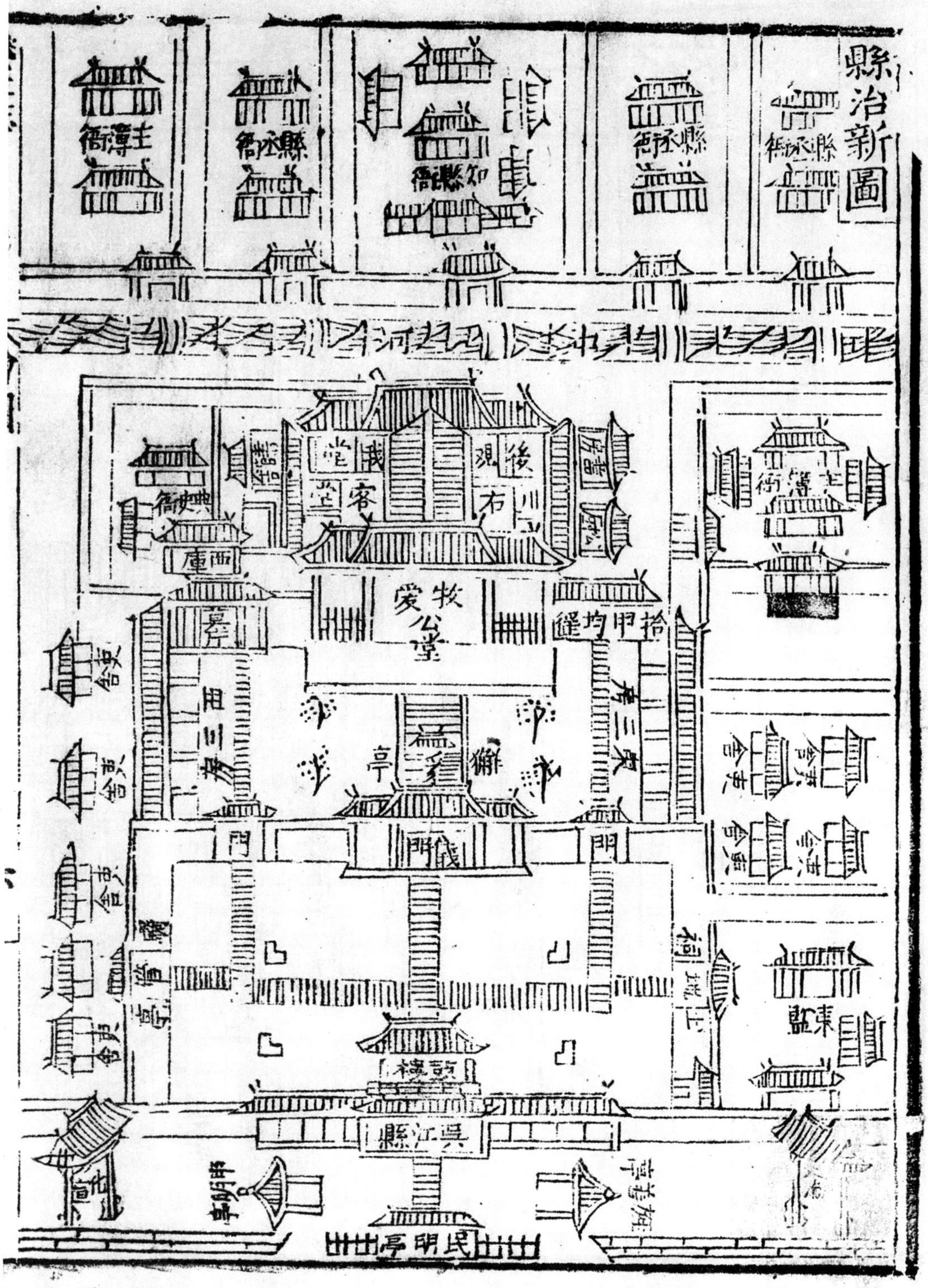
縣治新圖
主簿衙
縣丞衙
知縣衙
縣丞衙
主簿衙
典史衙
後堂
客座
西庫
幕廳
牧愛公堂
儀門
吳江縣
申明亭
旌善亭

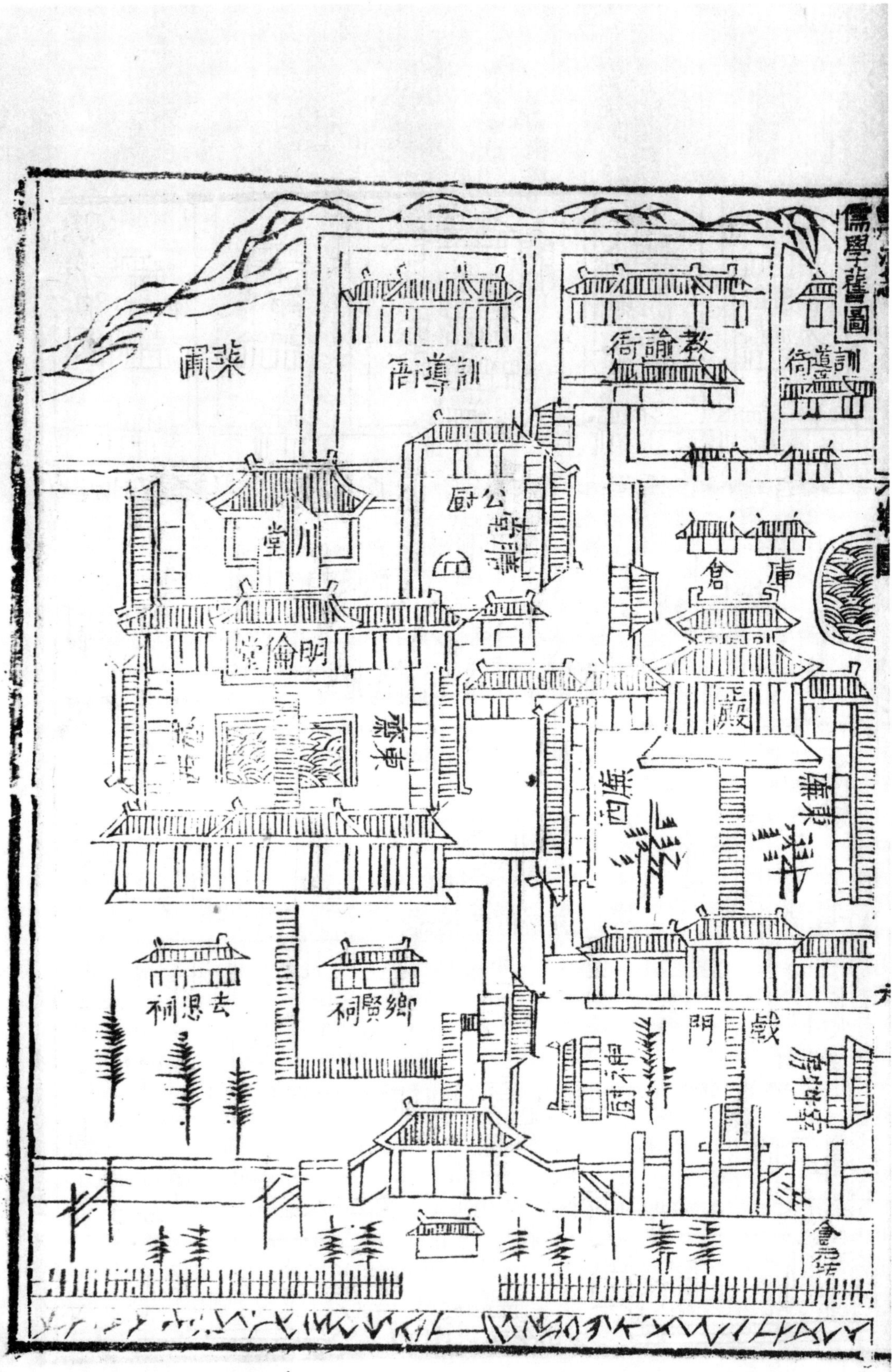
儒學舊圖
訓導衙
教諭衙
訓導衙
菜圃
公厨
明倫堂
東齋
倉
庫
戟門
鄉賢祠
去思祠

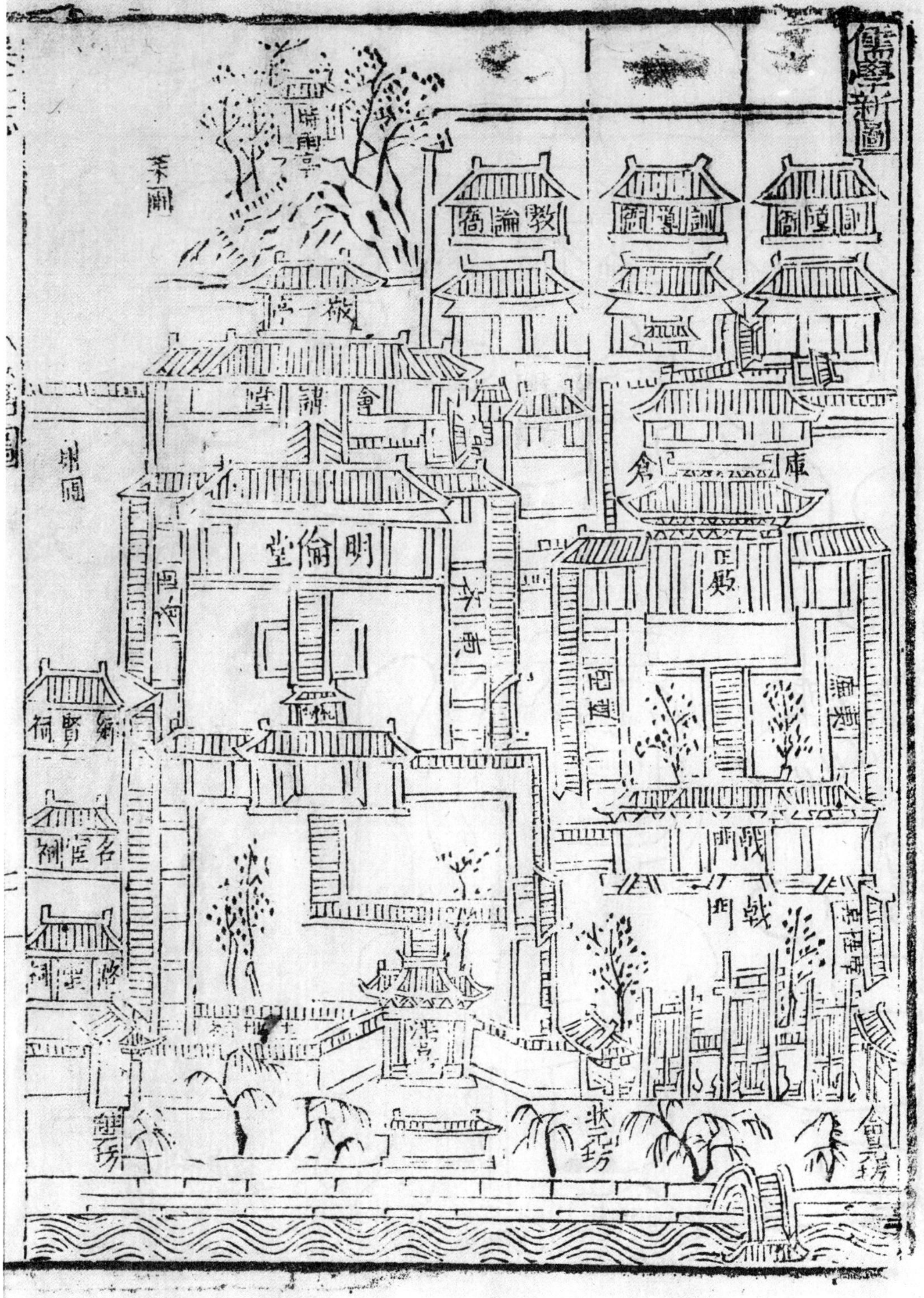
儒學新圖
教諭衙
明倫堂
戟門
鄉賢祠
名宦祠

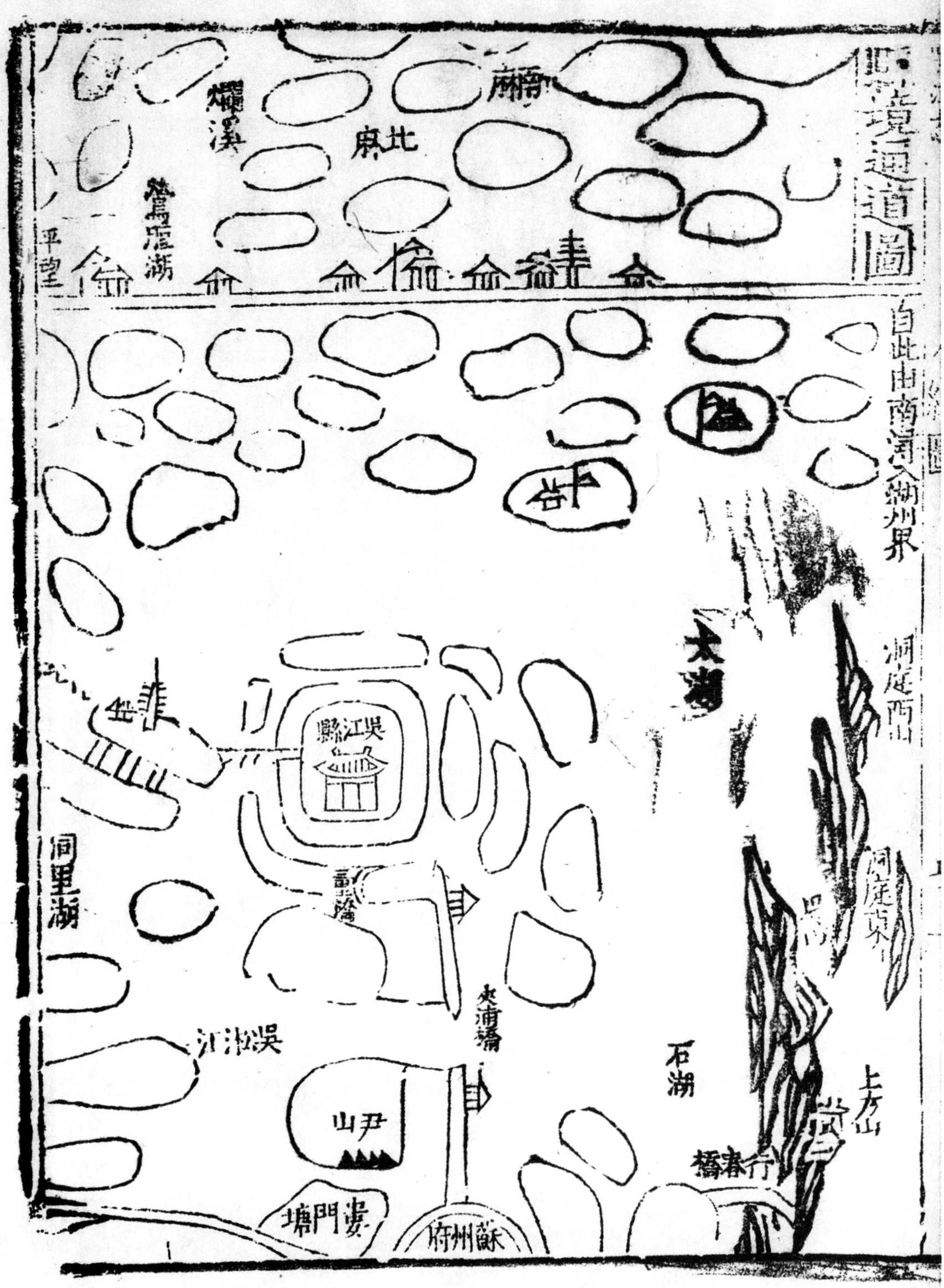
爛溪
北厍
鶯脰湖
平望
自此由南河入湖州界
太湖
洞庭西山
洞庭東山
吳江縣
同里湖
吳淞江
夾浦橋
石湖
上方山
尹山
行春橋
婁門塘
蘇州府

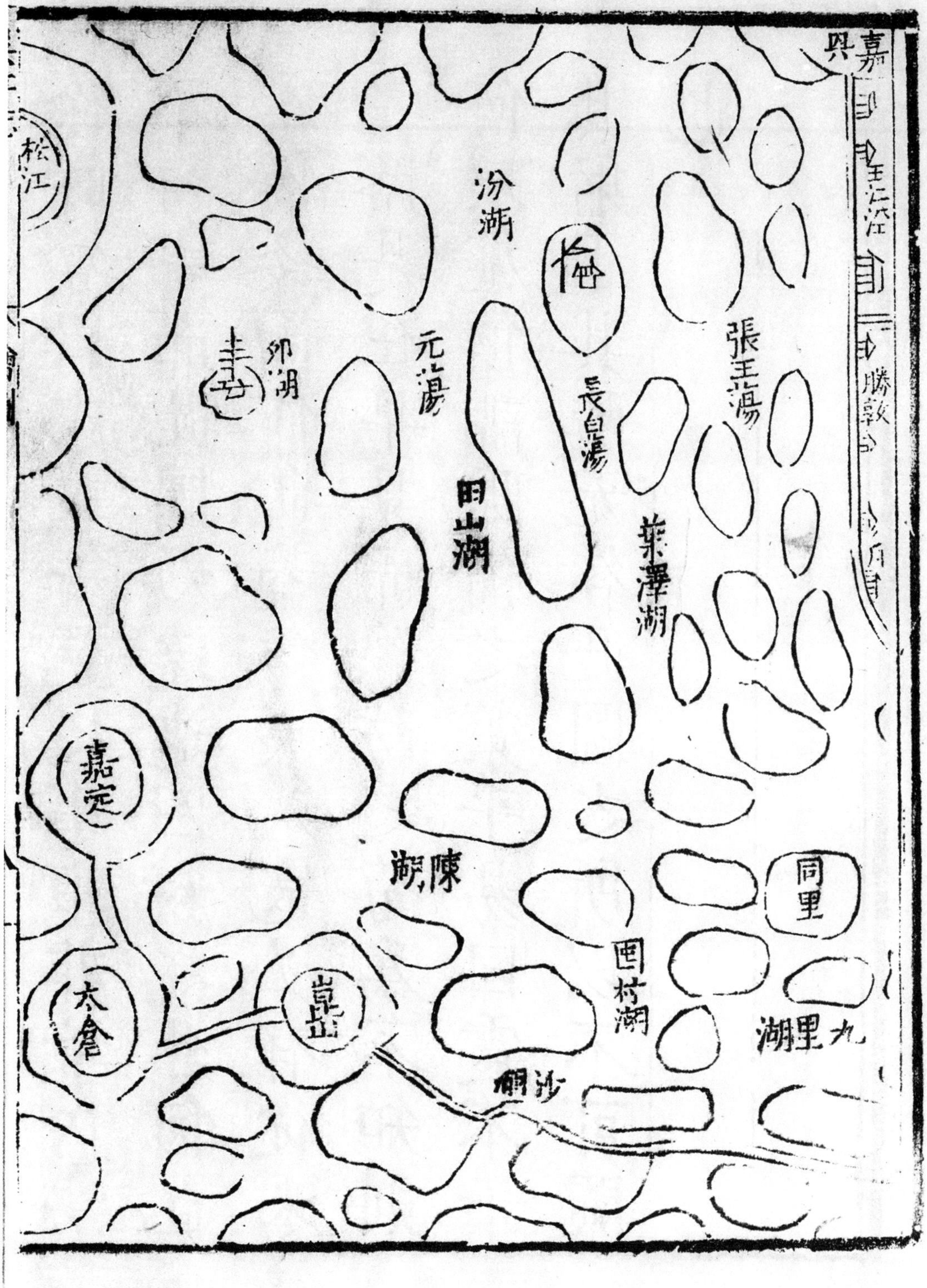
松江
汾湖
元蕩
長白蕩
張王蕩
葉澤湖
嘉定
陳湖
同里
太倉
崑山
九里湖
沙湖

徐師曾曰志載一邑之事事非境内法不得書而此圖乃遠逮四封之外何也爲備倭而作也葢倭夷入寇必有從來之路是在早見而豫防之苟爲不知則何以施偵諜隄備之策乎易曰震不于其躬于其鄰无咎此圖之所以不可闕也

# 吳江縣志卷之一

按此書舊名松陵志後名吳江不著縣以其迭爲州縣恐偏漏也愚謂我朝置縣則遵今制爲是故定名吳江縣志云

## 地理志一

### 沿革

吳江古荆蠻之地在禹貢屬揚州爲天文星紀牛女之分野當殷商時越在荒服自周太王之子泰伯仲雍自號勾吳於梅里

在無錫縣而立爲君長後封爲子吳江在其境内漸習禮讓之事然未與中國通也周元王元年是爲吳王壽夢之二年楚之亡大夫申公巫臣自晉使吳導吳伐楚於是始通中國三年越克吳追奔吳兵入于江陽松陵即此地也後百三十九年楚威王伐越盡取故吳地於是吳江入越秦始皇帝二十五年併天下以吳越地爲會稽郡遂

屬會稽漢高皇帝元年始以其地置松陵鎮屬吳縣順帝永建四年改屬吳郡三國孫吳時屬吳興郡晉及南北朝並屬吳郡梁元帝承聖元年侯瑱追侯景于松江進擊敗之擒斬彭儁等松江即吳江也隋文帝開皇二年屬蘇州煬帝大業六年更屬吳州唐興復屬蘇州玄宗時屬吳郡肅宗時仍屬蘇州僖宗光啓二年陷于徐約昭

宗天祐元年屬吳越錢氏五代梁太祖開平元年屬蘇州三年吳越王錢鏐請割吳縣松陵鎮置吳江縣縣之建自梁始也唐莊宗時屬中吳軍宋太祖開寶八年屬平江軍縣皆仍舊徽宗時屬平江府高宗建炎二年車駕南遷駐長橋命張浚率兵八千戍之既都臨安以爲皇畿供給之地稱上縣四年二月大衊于金兵元世祖至元

十二年丞相伯顔渡江命千户甯玉戍長
橋十八年屬平江路成宗元貞二年陞爲
州順帝至正十六年淮東張士誠據其地
而以屬隆平府二十六年十一月莫志作十二月
我　大明兵克湖州相國徐公達由太湖
直抵吳江頓兵石里村而單騎入城諭降
知州楊彝率衆歸附吳元年屬蘇州府州
仍舊洪武二年改州爲縣仍屬蘇州府直

隸南京莫氏曰吳江古來稱名不一曰青草灘曰松陵曰笠澤曰松江曰江上曰楓江曰鱸鄉考其所稱厥有來自曰青草灘者祥符圖經云吳赤烏初命上大夫倪讓等分析地界建渭作田自青草灘築塞至野和溪是也曰松陵者漢置松陵鎮以其地在松江上稍高如陵故名舊經謂越攻吳兵入江陽松栢險隘故稱松陵者非也曰笠澤者左傳云越伐吳吳子禦之于笠澤是也曰松江江上者因其地有松江故名赤壁賦中載有松江之鱸者是也元割松江以南地爲松江府於是不稱松江而稱江上云曰楓江鱸鄉者唐崔信民詩有楓落吳江冷宋陳堯佐詩有秋風斜日鱸魚鄉之句好事者因摘其語以目之也陳氏曰吳江何以名弁名之也漢置

松陵鎮屬吳縣而其地則在松江上
故節去松字而并名其地爲吳江云

## 疆域

吳江縣境廣一百七十三里袤一百六十二里周四百六十六里東抵華亭縣金澤村界八十里西抵太湖口十五里南抵嘉興縣楊橋界五十四里北抵長洲縣七里橋界七里東南抵秀水縣王江涇舊名陶莊界七十里西南抵烏程縣烏鎮界九十里東

北抵長洲縣姚城江界三十里西北抵吳縣靈巖鄉界三十里自縣治西北至府治四十五里至南京六百三十五里至　京師三千八百二十五里限四十九日外水程三月爲鄉六宋有七鄉曰徽君曰感化曰大名寶志作明曰澄源曰震澤曰范隅曰久詠寶志作詠景德三年勅併四鄉廢徽君感化大名三鄉而祥符圖經僅載澄源震澤感化久詠五鄉入我　大明分范隅澄源爲上下總定爲六鄉云按郡志載鐵尉巷在積善鄉北而寶志亦載積善坊不知鄉名起於何時意者因坊名積善而誤以爲鄉

敷然不可攷矣爲都二十有九編戶今五百六十六里在郭曰保在野曰啚洪武二年五百三十里天順六年五百四十九里成化十八年五百五十里二十二年五百六十四里弘治五年五百六十三里正德元年五百五十九里按官制云五百六十里郡志云五百六十二里不知其據何時也曰范隅上鄉領一都十八啚二都北十二保十五啚二都南六啚三都東十五啚三都西十三啚四都二十啚二十三都東二十啚二十三都西十五啚凡一百三十四里曰范隅下鄉

領二十四都十九啚二十五都二十二啚二十六都二十七啚凡六十八里曰澄源上鄉領十二都五啚十八都十九啚十九都二十四啚二十都十三啚二十一都八啚二十二都八啚凡七十七里曰澄源下鄉領十三都十五啚十四都十啚十五都十四啚十六都十三啚十七都十八啚凡七十里曰震澤鄉領五都二十二啚六都十八啚七都十二啚八都十四啚九都十二啚十都二十啚十

一都（二十三圖）凡一百一十一里曰久詠鄉領二十七都（二十一圖）二十八都（四十二圖）二十九都（三十三圖）凡九十六里縣中通衢以坊名者八以巷名者十七以里名者一以街名者二帶郭東郊有觀瀾坊（宣德三年知縣賈忠立）迤西自華嚴寺至仙里橋爲通學巷北過仙里橋東抵城下爲冬米巷西至縣治左爲崇陰巷自縣治右至無碍寺（即西寺）爲絃歌巷寺

西北爲西寺巷東北爲延壽坊永樂十年縣丞蘇厚立俗呼北寺巷經聖壽寺卽北寺稍東轉北迤西爲望京坊並抵北門爲北塘巷出北門過永濟橋折而東經邑厲壇東行爲外場街北行經迎恩坊折而東爲三里橋中折而北過大有橋巡撫行臺在焉　自仙里橋北稍西折而北爲鐵局巷相傳元時有鐵作局故名一云巷西有惠民藥局故巷曰貼

局鐵作貼今扁從之未知孰是西北爲勾欄巷舊有妓樂故名今廢稍東轉北折而東北爲太平巷西北爲[illegible]星巷爲合掌巷折而東爲金星巷直北爲衍慶坊永樂二十年知縣周昱立又北稍西經衍慶昭靈觀轉西稍北爲仁厚里出北塘巷　自衍慶坊南折而西爲尚書巷又名宮保坊亦出北塘巷　自[illegible]治東稍北爲看波巷循墻而西爲縣後巷

出望京坊　自東門經仙里橋南西行至
康寧橋即州橋南爲仙里坊永樂二十年知縣周晃立又
西至西門爲聽琴巷曲折至北水門爲下
塘巷中折而東過永定橋即倉橋爲中丞坊
與仁厚里相峙出北塘巷　北塘巷内自
仁厚里而北轉東城隍廟在焉又北轉東
察院濟農倉在焉　自縣治西南至南門
爲康寧坊永樂十一年知縣邢寬立中折而東爲新街

轉北出仙里坊稍北轉東曲折出東門舊有安濟坊龔明之云在縣治東宋崇寧中建平易坊元志云在州治東莫志云在縣治東永樂十一年知縣邢寬重立里仁坊元志云在仙里橋北莫志云在縣治東永樂二十年知縣周晃重立顯德坊元志云在運河南莫志云永樂十一年知縣邢寬重立安寧坊元志云在長橋北懷德坊出實志莫志云在縣治南永樂十一年知縣邢寬重立積善坊郡志云在縣治東莫志云在縣治西永樂二十年知縣周晃立未知孰是常樂坊莫志云在縣治東永樂十一年知縣邢寬立惠民坊甘棠

坊莫志並云在縣治西永樂十年縣丞蘇厚立　迎恩坊莫志云在縣治南永樂十一年知縣邢寬立　今皆未詳其處以塘名者

五自觀瀾鋪至徹浦鋪凡九里曰石塘吳江右無陸地自唐元和五年蘇州刺史王仲舒始擁土爲之宋祥符五年轉運使徐奭奏置開江營兵千二百人修而守之慶曆八年知縣李問尉王庭堅又大築之治平五年攝知縣事孫覺始易以石南渡後開江兵廢塘亦寖壞紹定五年郡守吳淵給錢三千萬米千二百石檄知縣李椿增石重修兩涯植葦栁爲捍蔽元天曆二年知州孫伯恭達魯花赤大都武節等加以巨石至正六年知州那海又大修之疊石高

一丈廣丈四尺長千八十丈爲實百三十有六又建丁亥菴以處居守置常稔田以供修葺鎮以四大石獅又立石亭於南浦亭之南而表之曰至正石塘判官張天英記入我大明其法漸廢塘日就圮永樂九年通政使趙居仁治水東南始奏修之其後工部侍郎周忱郡守邢宥並嗣修焉自徹浦舖至平望鎮凡三十里曰官塘唐王仲舒始築宋徐奭置兵修守慶曆八年知縣李問大修大明趙居仁周忱輩並續修之自平望鎮西行至烏程縣南潯鎮凡七十里曰荻塘宋慶曆三年李問修一云荻當作頔以塘築於于頔故名俞睦詩云當年于頔刺湖州曾築長

堤捍逆流據此則荻正作頓閘治頓自平之舊而已大明趙居仁周忱並修

望鎮南行至秀水縣王江涇凡三十里曰土塘長九千九百七十九丈唐王仲舒始築宋徐奭李問修元至元六年省發嘉定崑山常熟三州及吳縣運土十六萬九千挑增築大明趙居仁周忱並修

自北郊至長洲縣七里橋凡二十里曰古塘以鎮名者四曰震澤在十都離縣治西南九十里地濱太湖故名地方三里居民千家宋王元杰詩村市蕭條數十家扁舟夜泊傍蘆花江空歲晚歸心切水遠山長去路賒帶水野田鷗落雁連雲煙樹繞啼鴉勞生徒負燈窗志

志只合西園學種瓜

**曰黎里**在二十三都東離縣治東南二十里地方四里居民二千餘家貨物貿易不減城市

**曰平望**在二十四都離縣治東南四十里水驛之衝也地方三里居民千家百貨貿易如小邑然　大明弘治以來尤盛

唐顧直卿詩　登樓試長望望極與天平際海蒹葭色終朝鳧鴈聲近山猶髣髴遠水忽微明更覽諸公作知高題柱名

宋楊萬里詩　望中不著一山遮四顧平田接水涯柳樹行中分港汊竹林多處聚人家風將春色歸沙草天放晴光入浪花午睡覺來情緒惡急呼蟹眼瀹龍牙

大明陶振詩　平望橋東艤畫舟江空天濶稱宜搜瀰漫烟樹村墟晚浩渺雲濤澤國秋戸繞鴨闌開驛舍旗揺雉尾見譙樓　聖恩優老身康

建許著羊裘狎海鷗

## 曰同里

在二十六都，離縣治東十六里。陳志云：唐初名銅里，宋改爲同。吳驥云：舊名富土，以其太侈，乃析田加土爲仝，今名，未知孰是。地方五里，居民二千餘家。國初市物騰沸，可方州郡，故局務稅額踰於縣市。邇來駸駸不及焉，亦尋華云。**元倪瓚詩**　一水東西雲窈窕，幾家楊柳木芙蓉。齋居幽閒無人到，屐齒經行破蘚封。密竹窓虛秋半雨，楓林寺遠日沉鐘。寄詩爲道長相憶，想亦依依念去踪。**李繼本詩**　鴉噪晚涼天，新晴景豁然。柳橋通水市，荷港入湖田。鷺影沙頭月，人烟渡口船。相過又相別，書到是明年。**大明姚廣孝詩**　長江接遠天，一望了茫然。夕靄迷沙樹，寒鴻落渚田。林香通佛寺，岸語到商船。野路偏難識，經過況隔年。**韓奕詩**

携家曾此避兵塵，川上花開幾度春。以市頭白重來如故里，看花應少舊時人。

名者十：曰縣市，城内外皆是，西南二門爲盛，今南門尤盛。曰江南，出東門過長橋爲市，今不如昔。曰八斥，在三都東，離縣治東南二十里，當南北要衝，居民三百餘家，多設酒館以待行旅。曰雙楊，在十一都，離縣治西南五十里，居民三百餘家。大明崔溦宿雙楊市詩：暮入雙楊路，村深烟霧迷。近人一犬吠，爭樹亂鴉棲。影漏隣船火，夢驚遥店雞。明朝醒病酒，還自改前題。曰嚴墓，在十七都，離縣治西南八十里，居民二百餘家，近年貨市頗盛。曰檀丘，在十八都，離縣治西南五十里，居民數百家，以工爲業，凡銅鐵木圬樂藝諸工皆備曰梅堰在十九都離縣治西南六十里居民五百餘家自成市井曰盛澤在二十都離縣治西南六十里居民百家以綿綾爲市曰新杭在二十一都離縣治東南九十里居民千家成市其南接嘉興王江涇曰庵村在二十七都離縣治東二十里有前後二村居民數百家鐵工過半以村名者二百五十在一都曰南舍曰白洋灣曰朱村有前後二村曰陸巷亦有前後二村曰馬墓郡志誤云在二都曰王山曰魚城曰西張墓曰明墟曰後唐曰窑上曰吳山曰莫舍初名石舍後以莫姓

蕃衍遂易今名即綺川也有綺川亭大

明趙忠重過綺川詩東林殘雪映寒梅泉不荒凉徧綠苔水逝溅溪歸震澤山迴吳岫接蘇臺雲霄群鴈紛紛去煙雨孤帆渺渺來湖北湖南舊遊地春風停棹重徘徊〇十年不到綺川遊壽樸堂前憶唱酬勝地湖山重歷覽盛時詩酒擅風流籃輿夜月梅花塢畫舫春風杜若洲知已相思未相見楚雲湘水仲宣樓

曰邵昂舊有石刻一昂臺二大字在水中一作邵巷疑聲相近而訛也曰邵塔曰朱家陳志家下有巷字曰塘灣塘莫志作唐曰東杭曰盛莊曰鄭莊曰蒲圩郡志云在鮎魚口東曰塘、曰沙田曰姚家莊曰王家匯曰張家帶曰顧墟郡志誤云在二都南曰花園曰隔榆榆莫志作圩○以上今存曰周村曰村保並見竇志曰談塔曰江村曰朱家匯以上今迷其處在二都曰卓墓曰黃墓以上俱在二都南曰南津曰北津曰栖胥大明姚廣孝栖胥暮歸詩歸城心欲迷短艇夜還乘僧寺煙中磬漁家水際燈遥天昏霧靄高樹聳疑陵隔岸山偏好徐看想舊登曰烏步曰石里曰梅里曰湖墓墓今誤作浦曰簡村以上今存曰本里浦郡志無里字今迷其處○以上俱在二都北在三都

曰直路曰畫墩一名張王墩賓志誤云在三都西曰青石莊曰外徐賓志亦誤云在三都西○以上今存曰郎中灣今迷其處○以上俱在三都東曰朴澤都莫二志並誤云在二都南曰盛墩今更名勝墩莫志誤云在二都南曰唐塔唐賓志誤作塘曰包家莊曰下謝曰富墓以上今存○俱在三都西在四都曰橫扇有上下二扇曰直瀆曰韓家兜曰匠人灣曰七家曰克浦曰石塘扇曰錢家灣曰施家扇曰吳家涇曰張家田曰⿰火鬼熰田曰

盛烏田曰陸家扇曰倪家扇以上今存在五都曰丘澤一名西丘曰荒浦以上今存曰趙澤今迷其處在六都曰儒林曰葉漊曰吳漊曰丁漊曰薛步曰因瀆以上今存曰殷漊曰倪林曰宋墓以上今迷其處在七都曰湯瀆瀆莫志作漊曰孫保曰虞保曰西半澤郡志無半字竇志誤云在八都曰成村曰石塔郡莫二志云在五都竇志云在六都並誤○以上今存曰雙林今迷其處有寺曰雙林非其地也在八都曰東半澤郡志亦無半字

今存在九都曰曹村曰北馬賦郡志無賦字又誤複出八馬又與莫志俱誤云在十三都今存在十都曰黃家見郡志今存曰朴澤澤郡志作家今迷其處在十一都曰東楊匯郡志無匯字曰斜路以上今存在十二都曰蠡澤曰扶堽賓郡二志並誤云在十三都○以上今存曰前莊今迷其處在十三都曰後瑭曰南馬賦郡志無賦字曰倚投以上今存在十四都曰陶墩曰顧莊以上今存在十五都曰雷村曰歇橋曰竹里曰章奥曰西

宮曰蒜墟有前後二村○以上今存在十六都曰新陳莫志誤云在十五都曰集賢曰前姚曰西姚姚郡志誤作桃以上二村舊志並誤云在[illegible]都曰前宮曰後宮曰胡店曰西錢曰[illegible]墩以上今存在十七都曰南麻莫志誤云在十九都曰徐田曰小坊曰戴巷巷郡志誤作港曰下莊曰堽頭以上今存在十八都曰西錢今存十六都亦有此村在十九都曰北麻曰秋澤以上今存在二十都曰茅塔曰前莊十二都亦有此村○以上今存曰

鄭塔今迷其處在二十一都曰呂塔舊志誤云在二十二都曰前姚十六都亦有此村曰下姚竇志誤云在二十二都。以上今存曰程林曰李墩李竇志誤作東。以上今存在二十二都曰施塔曰吳涇曰上沈曰章灣曰章塔曰市涇以上今存在二十三都曰大路路莫志誤作洛曰東陵曰西陵曰三家曰合路竇郡二志並誤云在二十三都西

元善住詩

此路何年有扁舟幾度過晚煙青草岸春雨白鷗波野寺樓臺小江村花柳多客懷無可柰雄唱采菱歌

曰白茅墩曰

卜家田曰焦牙兜曰秦家匯曰華光街曰虎涇街曰石皮街曰鶴脚扇曰姚家扇以上今存。俱在二十三都東曰桑盤曰王家匯一都亦有此村曰姚田曰黎涇以上今存曰龔家兜曰洪里以上今迷其處。以上俱在二十三都西在二十四都曰東王曰西王曰中王曰南王以上見竇志今存曰凌家莊曰施家灣曰鶴鸛兜曰徐村有前後二村曰張家曰陸家扇曰沈家扇曰陳家兜曰施家埭

曰隔江里曰溝瀆曰南思思莫志誤作里曰北思
曰横路曰六里舍以上今存曰清澤曰范瀆曰
丁遷曰錢田以上今迷其處在二十五都曰龐山
曰富墓三都西亦有此村曰謝里莫志誤云在二十六都曰
上塢據寶郡二志增入莫志作尚湖今按莫志近是然當入山川類○以上今
存曰丁家曰夏家曰牛路以上今迷其處在二十
六都曰葉澤曰馬路有南北之村曰張仙遷舊志
失載曰宋墓曰張塔曰薛塔曰吳村曰丸里

曰新街曰東莊曰半墩曰麇塔曰帳子廊曰西朱曰倉場以上今存曰三朱今迷其處在二十七都曰嚴扇有東西二扇曰葛家灣曰馬家匯匯莫志誤作渭曰梅花灣曰韓墅墅賓志誤作市曰陸道判莊曰王塔賓志誤云在二十八都曰小廂今存以上曰郭澤曰浦塔以上今迷其處在二十八都曰蘆里澤里一作苓莫志誤云在二十七都曰陳許曰南印莫志誤云在二十七都曰北印曰東龍涇曰西浦曰金涇

逕一作鏡曰南周莊莫志誤云在二十九都曰江澤曰戴村有南北二村曰梅墩曰廊廟灣廊莫志作狼曰桑澤有南北二村桑一作雙澤莫志作村曰張巷曰謝巷以上今存曰杜塔見竇志今迷其處在二十九都曰西龍逕曰鮀澤曰蘆墟曰陳思曰章練塘曰莘塔有南北二村莘竇志誤作孫曰華冢曰東顧以上今存曰西顧今迷其處

徐師曾曰按村落除市鎮外莫志所載凡

二百四十有九陳志二百五十有一而實志僅一百三十郡志僅一百五十有三則實郡二志畧矣然雖其異同互有詳畧其他如湖小湖如漾桃花漾如溪何家溪非溪東溪車溪黃家溪瓢溪如蕩蓮花蕩泥蕩如渠石板渠如港潘奇港新路港夏港查家港楊丫港木莊港斜港筱港小龍港黑龍港南汾港如浜望轉浜陳家浜陸家浜長浜短浜甯家浜黃浜蕭家浜白米浜朱家浜南舍浜北舍浜斐舍浜華家浜蛇塘浜陸家浜皆因水以得名大者當入山川類小者可畧

又如涼和菴西水月皆因菴以得名據例當在寺觀類不可槩以爲村也故今合四志所載稍加刪削定村爲二百五十云

吳江縣志卷之二

# 吴江縣志卷之二

## 地理志二

### 山水上

陸墓山去縣治西北二十七里屬一都四圖凡一百二十畝有奇由吴縣横山中條南出再起再伏過陳侍郎陸雲公墓屹然成壠因以為名三面環山一面臨湖頗為佳勝

吴山稱吴山嘴去縣治西北二十里屬同前凡一百八十

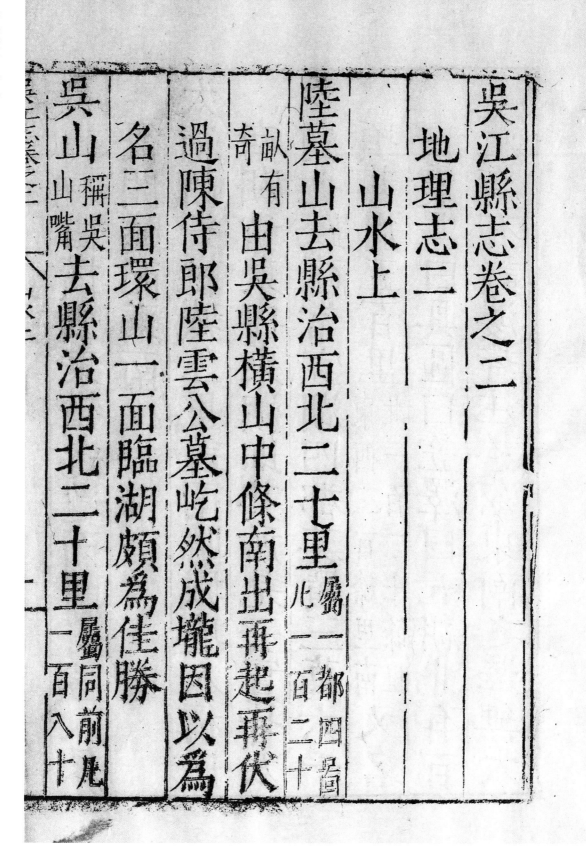

畝有奇由橫山東嶺迤邐而南將盡入界復開障面東南

太湖西去縣城二里許南臨城堧人稱曰南湖稍東曰東湖即其所見云實皆太湖也跨蘇常宣湖四郡其廣三萬六千頃其周五百里東西三百餘里南北一百二十餘里又名曰震澤曰具區曰笠澤曰五湖北有百瀆南有諸漊皆注於茲東南之澤無大

於此王鏊云吳郡之西南有巨浸焉廣三萬六千頃中有山七十二襟帶三州東南諸水皆歸焉其最大者二一自寧國建康等處入溧陽迤邐至長塘湖并潤州金壇延陵丹陽諸水會於宜興以入今寧國建康之水不由此矣一自宣歙天目諸山下杭之臨安餘杭湖之安吉武康長興以入而皆由吳江分流以入海一名震澤書所謂震澤厎定是也一名具區周禮職方揚州之藪曰具區山海經浮玉之山北望具區是也一名笠澤左傳越伐吳吳子禦之笠澤是也一名五湖范蠡乘舟出五湖口太史公登姑蘇臺望五湖是也五湖者張勃吳錄云周行五百里故名虞仲翔云太湖東通長洲松江南通烏程霅溪西

通義興荆溪溪北通晉陵滆湖東連嘉興韭溪凡五道故名陸魯望云太湖上禀咸池五車之氣故一水五名然今湖中亦自有五湖莫釐之東周三十餘里曰菱湖西北周五十里曰莫湖長山之東周五十里曰游湖沿無錫老岸周一百九十里曰貢湖胥山之西南周六十里曰胥湖五湖之外又有景湖夫差山東曰梅梁湖杜圻之西魚查之東曰金鼎湖林屋之東曰東皋里湖而吳人稱謂則惟曰太湖云

**吳揚泉五湖賦畧**

乃天地之玄源陰陽之所徂上值箕斗之精與雲漢乎同模受三方之灌溉爲百川之巨都居揚州之大澤苞吳越之具區南與長江分體東與巨海合流太陰之所毖玄靈之所遊追湖水而往還逐遐蓬

萊與瀛洲爾乃詳觀其廣深之所極延袤之規方邈乎浩浩漫乎洋洋西兮乎濛汜東苞乎扶桑日月於是出入與天漢乎相望左有包山連以禮濆岸崿崔巍穹窿紆曲有平原廣澤漫延蒡薄原隰陂陁各有條格茹蘆茨亂隱軫肴錯衝風之所出零雨之所薄

唐宋之問望太湖詩

宿帆震澤口曉渡松江濆棹撥魚龍氣舟衝鴻鴈群信潮頻覺滿晴浦稍將分氣赤海生日光摇湖起雲水鄉盡天衛嘆息爲吳君謀士伏劍死至今悲所聞

薛據泊震澤口詩

日落草木陰舟徒泊江汜蒼茫萬象開合沓聞風水洄沿値漁翁窅窱逢樵子雲開天宇靜月明照萬里早鴻湖上來晨鐘海邊起○獨坐嗟遠遊登岸望長洲寥落星欲

盡曈曨氣漸收行藏空自秉知識仍未周伍胥既伏劍范蠡亦乘舟歌竟鼓楫去三江多客愁 李紳詩 范子蛇冠履扁舟挽霄漢嗟子抱險艱林惕經瀰漫窮適泛濫勞趣遒殊昏旦浴日盪層空浮天淼無畔依灘落葉聚立浦鷺鴻散浪疊雪峯連山派翠崖斷風帆同巨壑雲矗成高岸宇宙或東西星辰沉粲爛霞生潰洞遠月吐青熒亂豈復問津迷休爲呂梁歎漂沈身詎保覆溺心長判湖越都畏鄉嬰童及爲戮依稀占井邑嘹唳同鵝鸛舉棹未宵分維舟方日昕徵斯濟川力若鼓淩風翰易徂當悔遊臨深周知歎 王昌齡太湖秋夕詩 水宿烟雨寒洞庭霜落微月明移舟去夜靜魂夢歸暗覺海風度蕭蕭聞鴈飛 白居易

宿湖中詩 水天向晚碧沈沈樹影霞光
重疊深浸月冷波千頃練飽霜新橘萬
株金幸無案牘何妨醉縱有笙歌不廢
吟十隻畫舡何處宿洞庭山脚太湖心

又泛太湖書事寄元稹詩 烟渚雲帆處
處通飄然舟似入虛空玉盃淺酌巡初
匝金管徐吹曲未終黃夾纈林寒有葉
碧琉璃水靜無風避旗飛鷺翩翩白驚
鼓跳魚撥刺紅潤雪壓多松偃蹇巖泉
滴久石玲瓏書為故事留湖上吟作新
詩寄浙東軍府威容從道盛江山氣色
定知同報君一事君應羨五宿澄波皓
月中

皮日休泛太湖詩 閩有太湖名十
年未曾識今朝得游泛大笑稱平昔一
舍行胥塘盡日到震澤三萬三千頃頃
頃玻璃色連空淡無類照野平絕隙好

放青翰舟堪羡白玉笛踈岑七十二雙
雙露寸戟悠然嘯傲去天上擬畫鷁西
風作獵獵驚破罨涵碧倏忽雪嘷吼須
臾玉崖坼樹動為屋尾山浮似鼇脊落
照射鴻溶清輝蕩拋擺雲輕似可染霞
爛如堪摘漸暝無處泊挽帆從所適枕
下聞澎汃肌上生瘆瘭討異足邅迴尋
幽多阻隔願風與長便吹入神仙宅甘
將一蘊書求事嵩山伯

**陸龜蒙詩**

東南
具區雄天水合為一高帆大弓滿羿射
爭箭疾時當暑雨後氣象仍鬱密作如
開彫筎聳翅忽飛出行將十洲近坐覺
八極溢耳目駭鴻濛精神塞結栗坑來
斗呀豁漏處驚嵯崪嶮巽披龍湫喧如
破蛟室斯須風妥帖若受命平秩徵茫
識端倪遠嶠疑格筆巉巉見銅闕左右

背輔谿盤空儼相逐去勢猶横逸嘗聞咸池氣下注作清質至今涵赤霄尚且浴白日又云擕浮玉宛與崑閬匹肅爲靈仙家此事難致詰縹迎妙嚮好指顧餓己失山川互蔽虧魚鳥空聳聽何當授真檢得召天吳術一一問朝宗方應可謂悉

**方干詩**

長天接廣澤二氣共含秋舉目無平地何心戀直鈎孤鐘鳴大岸片月落中流却憶鵾夷子當時此泛舟

**宋羅處約詩**

三萬六千頃湖侵海内田逢山方得地見月始知天南國吞將盡東溟勢欲連何當灑爲雨無處不豐年

**范仲淹詩**

吳山無此秀乘暇一遊之萬頃湖光裏千家橘熟時平看月上早還覺鳥歸遲近古誰眞賞白雲應得知

○有浪即山高無風還練静秋宵誰與

期月華三萬頃。平湖萬頃碧謝客一開頗待得臨清夜徘徊載月還【梅堯臣詩】東吳臨海若看月上青冥河漢微分練星辰淡布熒細烟浮遠水重露裛空庭孤坐饒清興惟將影對形【錢昭度詩】平生愛具區島嶼夾波湖竹雨籠鸂鶒花烟瀠鵁鶄神仙疑有宅魚鱉自爲都何事勞長想機雲本在吳【楊備詩】漁船載酒日相隨一笛蘆花深處吹湖面風收雲影散水天交照碧琉璃【范成大詩】囊風閣雨半晴陰慘澹誰知造化心委命浮沈惟一葉計身輕重亦千金紅塵猶道不勝險白浪莫嗔如許深晚得蘋山堪寄纜卧聽鼉吼與龍吟。古來此地快蓬心天繞明湖日照臨一鴻雲平時隱見兩山波動對浮沉襃髯都共荻花老醉面不如楓葉深留户釣徒來問訊去年盟在肯重尋姜夔詩茫茫後茫茫中有山蒼蒼大哉夫差國坐占天一方夫差醉蓮宮巨浪摇不醒越兵從何來奪我玉萬頃年年亭上秋一笛千古愁誰能知往事飛下雙白鷗唐桂芳詩向晚推篷望群山隱約青篙工排陣勢野飯雜魚腥水濶疑無地天低剩有星吳音相爾汝聊復慰飄零元朱右震澤賦畧夏名震澤周曰具區下屬三江寔爲五湖右接天目宣歙出溪之源左通松婁中江入海之迦衆流之委群利之儲苕溪出其南溧水經其西五灣瀦其東垂虹界其隄流甘泉之清液隱雪灘於北隈洞庭中起林屋天開湫彭蠡吞雲夢駕雷夏軼孟瀦杳不知其幾千里

之爲遠矚討夫三萬頃之有餘思昔浩蕩方割懷襄未平九域混而莫辨百潦壅而不行時維丝水震盪靡寧斯震之澤所以錫名也迨夫九載既南底土交正波神受職川后奉令導吳松以安流別淮海而表鎮於時澤安其所水順其性千載之下美哉禹功皆墊之害既遠灌溉之利無窮故漁人舟子之出入豪商薄宦之經從擊楫鼓浪引帆隨風莫不連檣接軸往來乎其中斯又其區之數以萬民惟正之供也

**許謙詩**

周迴萬水入遠近數州環南極疑無地西浮直際山三江歸海表一徑界河間白浪秋風疾漁舟意正閒

**李涉之詩**

衆水東南會三江左右通夫差中胥戰范蠡此休功鷗鳥青銅鏡魚龍紫貝宮扁舟蓑笠未

遂蕭散愧漁翁

朱德潤詩

扁舟去何所淼淼太湖隩依依桑梓村拍拍枕寒潯飛雲入遐想鳥道橫青岑篙師戒勿渡柔櫓力不任我身雖骨立未宜折壯心放船當中流浩歌激清音何當披宮錦再作娥嵋吟

大明高啓月夜遊太湖詩

欲尋林屋隱還過洞庭遊遠水初涵夜長天盡作秋湖如青草濶月似白蓮浮萬壑風傳笛三更斗挂舟葉應隨鳥散山似趁波流浩蕩吾何適鵰夷不可求○長溪如白虹分走荊雲派具區納群流藻帶三郡界太虛混鴻濛元氣流沆瀣初疑溟渤寬稍覺雲夢隘茫茫鴈飛遲颯颯帆度快雨來鼉報鳴風起鷗驚邁神龍作玄都豈復數鱗介珠光照水府不受白日曬朝看砲車雲雪浪動

彭湃聲吹地將浮，勢擊山欲壞。裹黄帽雖輕生，捩柁不敢懈。有時湛明鏡，颶峯吐青塊。烟中樹若莎，波上舟如芥。漁就沙岸收，客來水祠拜。震澤思禹功，夫椒記吴敗。白魚逢夏出，黄柑待秋賫。我性好遊觀，夙負雲水債。欲尋鴟夷舸，不顧濤險戒。人生亦何為，世故自拘械。萬事風飄花，百年露垂薤。何當扣林屋，秉燭訪仙怪。試探不死方，為人起向察。

周南老

詩

東南水所都，浩蕩風波横。三江勢既入，震澤斯底定。琉璃三萬頃，空明烟秋鏡。白浸雲影開，碧涵水花爭。中浮兩蛾青，東西遠相映。鴟夷杳無踪，扣舷發孤詠。

楊基詩

天帝何年遣六丁，鑿開混沌見雙青。湖通南北澄冰鑑，山斷東西列盡屏。掩雨龍歸霄漢暝，網魚船過水雲

醒乘風欲往終吾老角里先生在洞府

**吳寬詩** 孤蓬遥遥踔太湖心着雨高山寺

墨深積氣上蒸炊巳熟弱流西注壓將

沈不因迢遞辭清賞轉覺空濛助醉吟

**史鑑詩** 詩裡白公誇月夜未知奇觀屬春陰

一水遥遥與海通舟行疑似入壺

空三江共接朝宗勢萬古長懷底定功

茫茫人烟帆影外洞庭山色浪花中登

瀛有客頻來往欲駕雲濤趁便風

**崔徵游太湖詩** 湖上放船好風微浪不翻櫓

聲驚宿鳥山影落清尊水濶疑無岸雲

開見遠村

**胡纘宗詩** 傍海月生湖不至

綠江路隔水還連

**太平有覇** 两山雲出

東西樹五夜星摇上下天洞口鱗鱗千

頃玉水心島島萬家烟鳥喧花發壺觴

亂太守顔然醉欲仙

**喻時遊周瑜書用**

沈左諫漢陞副使金游太湖夜歸詩　七
月七日太湖遊湖山婉孌追崑丘郊行
十里蒼波棹笑對三公碧玉甌鸂鶒凌
烟投曲浦蒹葭帶素護芳洲歸來月上
有餘興銀漢蕭蕭看斗牛　周用泛太湖
夜歸詩　南國雲濤壯客來續舊遊烟花
迷出郭鐃吹趣壓舟再舉犖黃鵠餘生
傍白鷗浮槎如可問河漢欲西流　趙金
過太湖感懷詩　閑門長自苦風波又逐
輕舟震澤過心迹此生傷老矣烟雲變
態柰愁向遥天寒浸碧千頃高浪晴飛
雨一衰悵望乾坤渺無極茫茫落日起
漁歌

沈啓曰按太湖之源由西天目　天目有二西者

入太湖東者分入蔦脰湖分而爲二一散入固城湖合金陵常潤之水爲百瀆荆溪一從獨山至狄浦納宣歙臨安之水合苕霅梅溪俱入太湖唐宋以來水患多而難治未爲之分殺也　國朝修漢故事築五堰於溧陽以節金陵宣歙之水盡由分水銀林二堰趨蕪湖達大江是殺太湖承受之太半矣自堰而南百瀆荆溪與

諸入湖之水非境内不録其近而太湖與南湖通貫之港凡一十有八其遠而西南受水入太湖之漊凡七十有二備列如左

湖中一十八港曰石里後港曰糞船港俱屬石里村曰廟港曰梅里港曰五方港屬梅里曰湖墓港曰西港屬湖墓曰吳家港曰中滋港曰南滋港曰沈家港曰龎家港

曰陸家港曰小清港今塞曰馬家浜曰唐家港曰南舍港其東曰南仁港俱屬簡村諸港樞紐湖心朝夕吞吐利害最大其西之田日蝕於湖者謂之坍湖坍湖田計五百八十九圩弘治八年以前原額坍湖田一百三十頃七畝三釐九毫九年至十一年續勘坍湖田一十九頃九十二畝九分七釐糧俱改入新漲委官訓科沈經呈詞畧曰弘治十一年某月日蒙縣遵照

欽差總督糧儲巡撫都御史侶批詞帖仰本識勘量遵依行間看得各都田地今昔坍入湖中者有全圩俱坍有一圩

半坍不等俱在水中年坍年告有前勘
已明而糧未豁有前勘已明而未結有
前勘未明而尚勘渾亂其中所據糧塘
里書人等指點其處水中原無疆界爲
準難以爲據况各户糧虛實多寡止據
書手底册亦多改抹尤難憑信若照各
詞勘報不無以虛作有有負選委本職
蚤夜細思計有四條可以清查并杜後
累爲此開坐上陳如有可採伏乞轉詳
施行一曰先查黄册以究其根人户田
地畝數俱載黄册若據册以查其户據
户以查其田圩字號則何圩見存何圩
已坍自無隱蔽然後將其已坍分别曾
勘未勘各該若干庶彼不得將未坍之
田捏作已坍已勘之田捏作未勘矣二
曰次量實田以覈其數今昔坍漲田在

水底立標水面疆界難明本職思得各戶之田有數查其黄冊既明即將見在之田丈該若干則知坍田在水若干矣查其先勘該若干則知今勘該若干矣庶得真數無影捏之弊三曰通量新漲以攤其糧坍湖告勘年積歲累以田日坍而愈少糧日倍而愈多也歷粮非經
奏請焉得除免切思本縣西有坍湖東有新漲東漲之土即西坍之田是坍湖者新漲之原額新漲者坍湖之後身非有二也今坍湖之民日苦陪糧貧困愈甚新漲之民日享其利　國課不登利害不均莫此為甚使新漲之田若復陞科則坍湖之陪終無了日不若就將新漲通行丈量驗其高低照依民田則例或一升或三升五升八升盡數以補坍湖

之虚税就入實徵不待十年造冊而後推收不必上司奏請而後開豁誠一舉而兩得矣四曰修復田圩以杜其壞太湖風浪勢如排山岸遇輒崩日就成浸非人所能禦也又查有等低岸形如鱉裙風擺浪衝亙不堋損因求其故站岸壁立與浪相抗必堋斜坡不深隨浪相迎不損爲今之計莫若令各有田之家各於其站立之處或石堤或尾屑或爆鉄等灰填滿其處一如斜坡之式畧加泥沙或植茭蘆楊柳等樹不以殺其奔突之勢則其圍塍未必如往年崩塌之易矣况有水利專官督其工程不甚爲難果得舉行萬民幸甚嘉靖十七年知府王儀刊定書冊原勘堋湖田一百三十頃七畝三釐九毫續勘堋湖田若

干於內奏例清出埋報圳湖田若干數實圳湖田一百六十五頃七十七畝六分五釐二十年續勘免圳湖田若干以上二項數俱混入續荒內無考今按去田糧各項開明則人有所據而奸弊無所容若使二項合而爲一則出此入彼互相影射如人始得用其計矣司民牧者其可忽諸

其東之沙日漲爲田者謂之新漲歲有新增其數難定各以萬計東南二湖俱成原隰則壤爲科亦以萬計城南高壤俱成民居今之議水利者每於斯而歎息焉徐師曾日圳湖新漲本同一體然圳

湖出於天數新漲則猶有人助焉近年以來𡒄者少而張者多盖由蘆葦日蕃則沙泥易積非若𡒄湖之專俟乎風濤也又其地充斥難於丈量故易隱而難明其為水利之害非一日矣

湖南七十二漊一名七十二瀆曰牛家港曰槐家港[illegible]鐵家漊三者為上港曰雙林港曰薛埠港曰四丁家港曰吳漊惟此通渠不堰但淤小耳曰南路字港曰薛家港曰方港曰張港曰葉港即妙花港曰曹家港曰蔣家港以上俱屬

（六都内葉港曹港頗大通船）曰東丁家港曰五界[illegible]港曰雙石橋港曰陸家港（相傳陸龜蒙嘗由此出湖故名有甫里橋案唐陸龜蒙有別業在震澤今無遺跡此去不十餘里疑即此云）曰西庄廟港曰更樓港曰撈蕪港曰小楊港曰王家溪港曰徐楊港曰五齊港曰南盛港曰沈家港曰張家港曰通浦曰大廟港曰郎家港曰新開港曰湯家廟港曰廟橋亭港（一名東盛港）曰烏柵港

曰寖聯港曰鷺鷥港曰時家港曰羅家港曰楝樹港曰麥家港曰鴉鵲港曰趙家港曰白浦曰破車港曰百婆亭港曰打鐵港曰西朱家港曰東朱家港以上俱屬五都内惟王家涘一港通船曰葉家港曰張其港曰北涘港以上俱屬廿都曰宋家港曰雪落洪曰餞港曰吳家涇曰西潘奇港曰東潘奇西鬼字港曰珊瑚口濶數丈通大小船曰

方港曰直瀆亦潤數丈通大小船曰茅柴港曰韭溪越伐吳方會食諜知吳殺子胥即進兵棄韭於溪故名案諸瀆自西而東聯比相屬俱掇水於太湖內惟吳漊雪落洪珊闕直瀆韭溪爲大餘甃石爲堰築土爲壩僅濶尋丈以備節宣遇北風太湖外泛則塞以捍之遇淫雨西水內溢則啓以洩之或春開秋閉或大蓄小瀉各以其時爲治田計古人

所謂堰石以備旱潦者是也然諸漊又源於湖州嘉興諸界而來分條於左

浲一作降溪古名去縣治西一百十五里與南渡船港荳腐港各西受烏程湯漊等涇水東分爲横古塘爲虞八港爲黄家壩復合豬爲虞家漾其荳腐港東豬爲白田漾爲劉家後漾西漾又爲蔡家蕩夜字港與两字港南受湖州運河之水

北瀦爲塘網漾一名唐濛又東爲蔣家漾爲斜尖漾一名丘家

南潯荻塘即運河西受湖州苕霅之水經三里北渭二橋爲古漊港瀦爲稽五漾一名金魚一名鷂魚與前涇溪至斜尖諸漾分入六都牛家至蔣家等十四港以出太湖

○其東分一支爲橫草路東行二十餘里

金花漾去縣治西南一百里與劉船漾長灘漾曹家三漾共五漾俱西南各受湖州之水散而北行入荻塘即運河過駟馬曹村蠡思三橋港俱北行與稽五斜尖等漾水會其東行者俱入後練塘西北折爲賦溪亦過荻塘馬賦楊定二橋北與前蠡思港等水合播爲青魚滉爲周勝蕩爲南新漾爲和尚漾爲鉢頭漾爲

賀家灘爲徐家漾爲道家漾或曰柵家爲東西骨塔蕩又北與橫草路會分播於五都東丁家至烏㮊凡二十三港以出太湖○內有馬路河清涼港清池河邵家港曹溪渡船港打鐵港匠人港陶家港俱屬九都

沈張湖一名沈張漾去縣治西南一百二十里屬十四都西南受湖州諸水

大明吳寛過沈張湖詩　綵舟盪

緑看青春柳色桃花岸岸成江國微風醒酒力水村落日見漁人東播

爲白花漾爲八字漾爲白洋蕩爲桃溪

一名桃墩大明吳復與吳輔太守同過桃溪詩桃花溪水碧於天亂後重來非

少年故國世家今若此白雲紅樹爲誰妍螯持紫蟹催行酒琴奏高山歎絕絃

落落曉星耆舊少感時撫事意茫然仙人坑　三廟址漾

屬十三都雷墩蕩在淶張湖南屬十五都　潘家蕩在雷墩蕩

南各受湖州西南之水與前沈張湖至

桃溪水俱入後練塘○內有茶花衖清

隱寺港賣香港秀才港吳橋港橫涇新橋河長蕩河蔣家港八八柵港俱屬十五都後練塘去縣治西南一百里南北長十五里南受烏鎮瑟溪洪家灣諸水北行與雷墩水會東折者凡五其南一折入爛溪二折經嚴墓港經師姑橋出爛溪其北折爲魴皮徐田二港並行南北俱長九里同瀦爲南麻漾其三折者爲九曲港爲後

塘港即寂照庵巷爲盛家蕩北折爲茭草路東流爲西溪其四折者由航船港東爲黃沙涇東西長十三里與汪鸂蕩俱會於南麻其北五折者過應天寺港東潴爲蠡澤湖一名斬龍潭相傳大禹治水斬黑龍於此歲旱居民往往於灘間得龍骨爲徵史鑑龍墳志云成化間有巡撫虞東李公謁廟畢問於諸生曰昔大禹治水至震澤斬黑龍以祭天 大明永樂間此土大獲龍骨可詳乎諸生不能對以誘於鑑鑑按龍墳在秀水縣小律原永樂間有左鐺李黃子見鄉人賣龍骨

者因掘得龍骨角齒牙數十觔獻於朝云按此說則永樂間所獲信矣雖巡撫李公之言不知何本而與震澤斬龍潭之說相合姑待考古者其東行一支瀦爲北麻漾其北折普巷蒯家二港俱入震澤河○內有穿雞西清橋行孝集賢現頭戴龍涇山家廟東濠中濠諸港俱屬十七都

震澤河去縣治九十里屬九都西來會曹村之水東流十里爲雙楊其北流爲新興

通泰曲橋張灣四河之水播爲荒浦涇爲船兒扇瀦爲唐白漾爲葫蘆兜爲長漾一名牛娘湖一名牛羊湖中有浮王墩長十里北爲馬耳漾一名馬尾漾爲翁問漾一名荒丘與前横草路水會分播於五都冡聯至東朱家十三港又十都葉家至甘泉三港以出太湖〇内有東莊蕩范蠡河張鴨河東長河西斗十河西勝東勝郎家安陸壩漆匠西楊

匯諸港

南麻漾去縣治西南八十里屬十七都東注爲麻溪十五里出爛溪其分東北流爲小子漾爲壇丘四十畝漾爲石屑蕩即小官蕩其北流九曲大涇二港俱出北麻漾

北麻漾去縣治七十里內有掘城湖屬十九都周凡三十里湖北分流爲奉先港■庄港團旗港永樂港西洋港東洋港牛長

涇裴家港同入荻塘自雙楊東行至梅堰凡二十里其北流過衆安吳灣新路一名花光斜路白公三里百步七橋港合而北瀦爲寶蘇湖一名沙港與前長漾翁周漾水會復東北瀦爲包家蕩爲桃花漾北折分播於四都宋家港至埛闕等八港以出於湖〇其桃花漾之東行者復瀦爲陸家蕩分播於四都方港直瀆以出

太湖○北麻之東注者播而爲青頭漾爲長田漾爲蒲蕩爲草蕩爲春杵蕩爲西窩蕩窩莫志作鳥下同爲東窩蕩又東爲周家蕩會於爛溪窩蕩之北與梅堰荻塘之水合者北流過西吳東吳諸家六里四橋港北播而爲茶家漾爲石磟漾爲西草蕩爲大龍蕩爲長蕩與溝瀆并九曲之水合祥雞蕩入韭溪以出太湖○

内有烏橋港賣塩港朱家河囤皮港祈塘港西古塘東古塘南盛北盛諸港

平沙灘去縣治西南三十里湖心浮漲周可三十里許蒲荻葦蘆年産其一民頗利之東至三都西一都南南至四都五都西北俱湖彼灘忽漲變徙不居科則有定蓋利而不能常有也

爛溪去縣治西南四十四里至七十六里

南受嘉興崇德桐鄉石門斗門諸水源出東天目經臨安杭州合西湖水而南由烏鎮分爲東溪西溪數里復合逶迤經鬼頭蕩東北行又西受麻溪復東北行經潛龍渠又東北爲大瓊蕩經倒闕運水經譚公灣一名塘古灣經場家田蕩經戚家湖凡三十六里與周家湖會又北與荻塘鶯蕩東注之水合俱入鶯脰湖

大明吳億寓爛溪留別詩

春水没江堤舟

行覺路迷雲横孤島外花落小橋西緑酒歸人醉青山落日低傷心南浦别芳草正萋萋　周用詩　我屋城南隅密近青溪流日薄野樹亂沙細群魚遊時時聞親戚汎汎行虚舟平地望一雨深竹鳴雙鳩農事貴及時實與公私謀長官尚平恕緩征待兹秋　又　異俗誰相慰孤篷野水濵湿烟炊白稲細雨濯紅鱗越樹秋風晚吳江暮雨頻窮年行役者應媿杜門人○内有東溪亦

受爛溪水出鶯脰湖　元僧善住東溪道中詩　葦白茅黄溪水清倚蓬閒看浪鷗輕破橋横處人家小修竹參天落照明○客衣裹蹉跎歲欲闌水邊楊柳尚平安夜來已作還鄉夢蒲月西風客棹寒

麻溪去縣治南六十里受南麻漾水東流過爛溪復東南行至王江涇閘店橋出運河其三十里間南受嘉興秀水縣諸水（由東天目來）北播而爲方蕩爲郎中蕩爲盛澤蕩爲白馬寺後蕩爲下沙蕩爲清水廟蕩爲金家蕩爲蔣家蕩爲南涇蕩爲三陳灣爲莊灣蕩爲計家蕩爲北角蕩又其東爲睡龍灣（見古蹟類）爲黄家溪俱

入鶯脰湖○內有三家烏鵲破鑼白龍白洋南龔急水溪楊橋安德龍陳林西青龍南蕭謝天鉢頭殺人盛家東溪大明周用東溪詩江湖無地着漁簑白石青蘋忝爾何眼見涓涓作東海欲將赤手挽天河莊橋諸港

鶯脰湖去縣治南四十里梲平望鎮屬二十四都以其形色似鶯脰故名又曰三鶯相鬭名鶯鬭湖分納荻塘全納爛車黄穆

急五溪之水瀦而爲湖東西適均吞吐樞要太湖之亞也

元趙時遠詩

鷺去湖水雲鄉四圍烟樹浪濤闊六月橋亭風露凉遠近征帆歸別浦高低漁網掛斜陽翠微深處一聲笛驚起眠沙鷗鷺行

大明吳寬詩

樹色烟光兩岸分棹歌聲裏散鷗群船浮春水天疑近人對東風酒易醺翠袖不禁花下舞洞簫還待月中聞仙遊釣客今何在湖上年年自白雲

張淮詩

白鳥眠沙夢不驚寒生水國半晴陰酒涵春色花邊過船載湖光鏡裏行南浦愁連芳草綠東風歌送落梅聲那堪日暮臨岐別更聽河橋柳上鶯

其爲洩水者凡五

北曰泄水曰大通二橋俱北馳爲後溪
爲溝瀆西分非溪出太湖其東出爲唐
家湖○鶯脰東曰百星曰下湖曰安德
三橋俱入前溪即北折爲運河東流爲
雪湖
沈瀦曰自此以前皆來之所以瀦自此
以後皆去之所以洩竊惟凡湖而蓄者
皆瀦凡江而條者皆泄而顧獨分於此

者何以邑而言在前爲西南在後爲東
北也

吳江縣志卷之二

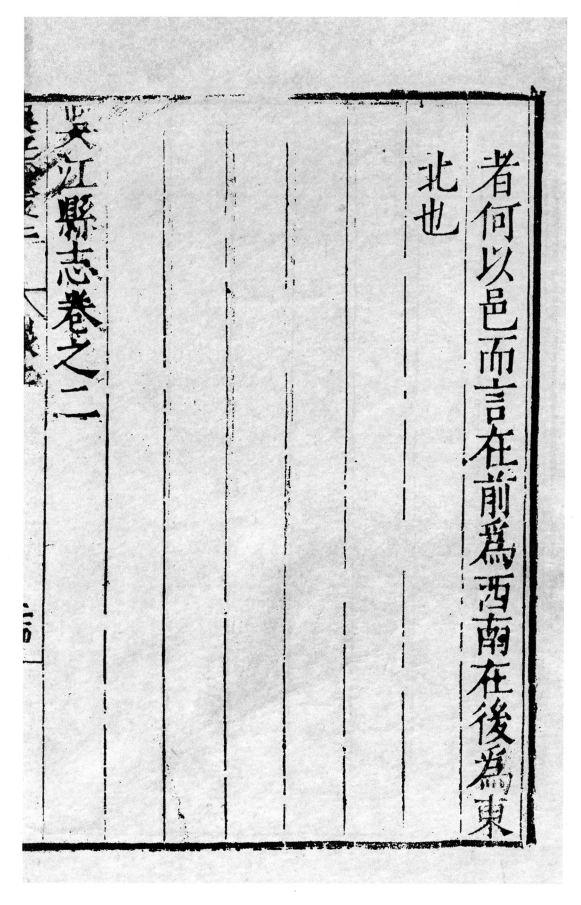

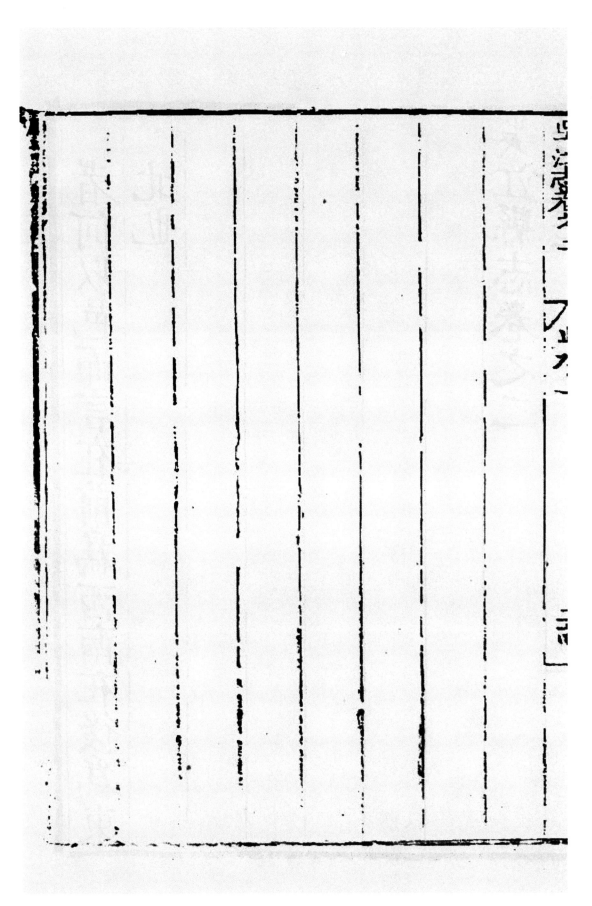

# 吳江縣志卷之三

## 地理志三

### 山水下

王（一作黄）江涇土塘去縣治八十里界吳江秀水之間西受聞店橋麻溪南受嘉興運河水北至合路（合溪）而稍西迤邐至下湖橋復北流而抵平望其三十里間受西水者凡十曰楊橋港曰排涇港（一名七里）

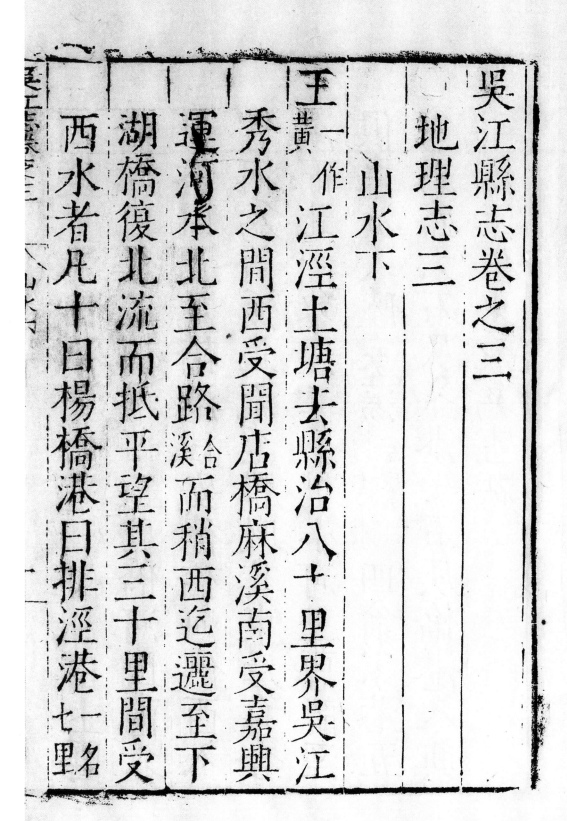

曰雙里港曰積善橋港即三陳灣水曰上匯
橋港曰無名橋港曰三里橋河曰南六
里港曰百星橋港曰安德橋河俱西入
官河爲前溪北流至勝墩其東岸自合
溪而北一黎涇二三里小河三曹龍涇
俱東流入陸家蕩與秀水分屬四翁家港五
翁思路六石灰窐港七石灰橋港八輿
平橋港俱東流爲雪湖

雪湖去縣治東南三十七里屬二十三都東東流瀦爲楊家湖凡十里許爲黎川黎川即黎里市河東流三里許爲覽橋蕩又東經徐洪港爲木瓜漾市河内有施家浜花園港諸學士所居劉家池秦家浜秦家灣傳浜并鬼頭潭在焉俘越兵首級埋於此故名其南有滉潭浜禦兒滉越伐吳禦於此薖院浜焦牙兆吳家洋

楊家蕩南支東流與陸家蕩會南受秀水水人
謂陸龜蒙別業北折爲鴨欄涇謂養鴨處爲月灣漾
東南與水月漾會南受秀水嘉善水經北斗東
陵二港與覽橋蕩水合南與破鑼漾南受
嘉善水水會俱入木瓜漾〇內有西陵港
蕭家浜大洛港
楊家蕩北流爲襖袴湖爲蜘蛛潭爲後
長蕩爲潘家漾元潘學士居此故名爲太平蕩小

平蕩亦與覽橋蕩合內有包家池○其潘家漾北為將軍蕩為莊前蕩為前村蕩為烏龜漾北為五架蕩為笑面湖東為杜公漾為大月蕩為楊蘇蕩一名楊舒一名楊師為西忙蕩亦入木瓜漾東北流○其南破鑼漾水經五舍北洋二港亦來會同瀦為汾湖

汾湖去縣治東南六十里屬二十八都與嘉興分屬

大

明陶振汾湖賦畧

是湖也兩界中分南北無虧其南也則千緪之無盡其北也則百弓之有餘故南其半爲嘉禾之境北其半爲松陵之墟湖之得名其以是歟

其南支東折爲蔣家蕩爲大渠爲東古蕩爲官塲灘爲氷印蕩爲白渠兜爲雙沙兜爲蕭湖爲洪蕩爲骷髏漾爲西天荒爲東天荒爲雪落漾爲油車輾東出華亭縣金澤三泖湖汾湖北支爲連蕩爲石底蕩爲天荒蕩爲茶澤蕩爲東

古塘十五里播爲顧家草爲劉家漾爲徐家渠竇歌渠爲楊沙坑過陳思港即陳思村東爲白蕩灣爲朱長蕩爲蕭田衖出華亭金澤三泖湖○内有長橋河金涇溪尤家港北洋港屬二十八都鞋皮漾田蚕蕩府字港蔣家港茶澤港小油車大塔港趙田港南莘塔北莘塔八埠港槐字港兵字港賣塩港徐婁港俱屬二十九都

莊練塘去縣治東南八十里屬二十九都與華亭界○內西受南陽港葉舍蕩水華亭界東流入三泖湖○其南爲長浜嘉善界北爲葫蘆兜華亭界○內有周涇港葉舍港

唐家湖去縣治南三十四里嘉靖三十四年海寇南犯縣斷其塘橫運河而壩之以營水寨殲賊於此皆稱天險三吳所恃以爲命也惟公私之船小有未便水潦之年難稱無礙嫌後從亂殄民安而後議之以復其舊

大明楊芷守唐家湖詩三載風烟扣小舫勝墩時伴水雲眠湖光一攬浮

空日樓影孤峯傍遠天南海俯窺千嶂落北辰遙望五星聯郎看餘孽終宵遁萬里昇平奏凱還[illegible]湖上樓船開扣舷仙鳧却對水鷗眠三千組練明滄海白萬旌旗排遠天地勢近隨兵勢勝郎星遙接帝星聯何當直擣天狼穴斬得樓蘭振旅還九[illegible]郎官振旅扣吳舷不脫戎衣帶月眠星落澄波搖列宿氣吞滄海亘青天江湖儛閣黿鼉隱風飈雄旗虎豹聯鯨駭不令仍漏網出車重見賦言還

西連勝墩湖舊名盛墩嘉靖三十四年禦海寇於此大勝之遂易今名

及夾馬路俱太湖下流

其南受太湖水以泄於此凡八港曰直港曰

烏橋（一名黑橋）曰楊家田曰黄沙（一名楝樹）曰上横（一名尖田）曰新涇曰後浜曰孫田（吳中水皆北流惟此八港水皆南流盖太湖下流廿泉等處壅塞則水漫波溢惟隙是求唐湖之東諸蕩騈集宜其舍彼而就此也八港條分警於塩盗或壩或開有通有塞矣）○又西南祥鷄蕩水亦來會迤東從石塘洪水橋而洩爲竇者凡十二俱出運河俱北流與梟腰水合北行至八斥（一作八尺）運河東泄爲港凡六曰馬家曰柳

字曰爲字曰裊腰曰黃家曰六里同瀦而爲八里漾又瀦爲張王蕩分播爲奉先蕩即周仙蕩師娘蕩東爲長巨蕩爲盤佗蕩爲西陽蕩東陽蕩西爲跳板漾爲荷花蕩爲西跳板漾爲康家漾爲小月蕩爲西黎漾一名西蠡爲雙絲蕩爲濮家蕩爲野鴨灘爲李千分漾爲姚蕩爲謝澤湖爲蓴菜兜北瀦爲三白蕩○其跳板漾東

北爲徐家漾爲胡家蕩爲湯家漾爲徐王蕩爲後長蕩（一名東跳板漾）爲墳前蕩爲邵婆潭爲木菴蕩爲三角蕩過梅墩

梅墩港（屬二十八都）北分爲玄鶴蕩（一名東倒鶴）分爲草蕩爲顧家潭亦與三白蕩會

三白蕩東北流爲江家灣爲南庄蕩爲凉傘蕩過南周庄港（有村）爲東西龍涇蕩爲龍眼蕩爲宗家蕩又東爲沉蕩（周可二十里）

爲楊扇蕩入松江華亭界内有糊塗蕩荳腐蕩入門蕩薄船池在周庄西浦賣香牌田南尤北印仲家灣木巷楊見諸港翁涇漾去縣治南二十三里爲橋一爲寶貫十九西受太湖來水凡三曰錢家港曰牛尾涇曰巴涇與入斥大浦港水同出運河大浦橋港西風湖漲極爲險惡盖下流井泉塞也合而東播爲謝家漾車軏漾爲泥潭蕩又東爲六百畝

蕩一名三百畝蕩為女兒蕩為廊廟蕩一名蛾蜂廟蕩
為槐婆潭為李婆潭為桂枝蕩為南戴
蕩為吴開蕩為東長蕩為蚌壳蕩一名螄壳
俱合為長白蕩與玄鶴蕩水會為楊墳
蕩為孫家蕩為江澤蕩為楊盧蕩東經
義家路亦出沉蕩○其北為楊家蕩為
白蜆江太明姚廣孝白蜆江阻風夜泊兼懷徐賁詩頓風渉江路停檣
依茭葑濤烟翳瞑光灘月浸寒夢漁歸
候火明梟眠忌蘆動遇險更思君楚覺

離愁亭東為急水港出松江澱山湖
勝墩運河北至白龍橋其東洩之港凡
十一曰何家曰蒯涇水勢最險曰賣魚曰壇
角曰翁家曰南何曰北何曰長浜曰和
尚曰千步涇屬三都東〇其東北有直路九
曲急水錫作箍桶大齊石鐵里龍田長
巨飯籮永福寺諸港〇又東牛長涇任
家灣徐家灣江澤蘆里蛇垛東勝八十

畂北周庄等港

白龍橋港一名水濠去縣治南十二里由東水路沈家港西洩太湖牛茅墩之水牛茅墩在簡村東即東湖是也今張爲田無遺水矣東經運河瀦爲殿家蕩爲張清蕩又東爲清水衖爲杓頭潭東與龍拖路水會北爲葉澤湖又北爲南新湖東爲夾泖蕩爲周庄蕩爲羊沙蕩東北入白蜆江

徹浦橋港去縣治九里北至南津口皆石塘爲竇凡一百三十六多有壅者爲橋凡九舊志所謂横湖心而爲塘者是也一曰徹浦橋二曰龔家橋俱西泄東湖水東過運河爲十字港爲尚湖甚小宋楊萬里過尚湖詩尚湖名是寶全非只合於江鷗鷺池若欲五湖通譜系澹臺湖是太湖兒又東入葉澤湖三曰通津橋四曰廿泉橋往時此處波流湍迅舟病其險過必禱於龍神今上下淤沙日漲爲田湖水南泛險移於八斥之大浦矣五

曰三山橋六曰定湖橋七曰萬頃橋塘折而西北八曰仙槎橋九曰三江橋自通津以下六橋同泄太湖之水東流各有港東瀦而爲麗山湖元楊維禎過麗山湖詩湖上天晴晝雨餘生綠陰扁舟到城近舶港入春深野叟頻相問郎君不可尋西菴有分席吾亦老山林○按昔人築塘湖心之說則無塘之前二湖合一有塘之後風隱水慢上下皆淤爲蕩爲田湖始分矣如麗山堤上四面皆湖因其上高遂呼爲山意宋元以來浚○內萬頃橋東掘淤沙堆以成阜云

流一支入麗山湖爲方尖港㯶澤湖○西有觀瀾港受南湖水北經太湖廟下泄入龐山湖廟架於水上今塞

松江一名吳淞江卽吳江禹貢三江之一古笠澤也枕縣治東門東行二百六十里至海此其首也其南接太湖卽東湖長橋當其交橫跨於上名曰垂虹互見橋梁類爲丈一百三十爲竇六十有四宋元以來議水利者往往以橋爲礙

邇來浚水者賴此知水面之數無此則
上無此湖下無此江矣能式此數以
爲江湖開浚之則南邇太
湖北達龐山湖何得之有泄水北流東
過雪灘北過碩野王祠與龐山湖合而
東北流橋之西北有渚曰葉家匯又名
蕩上沿城二里漲爲民居太湖
松江吞吐之咽喉居民千計似難加議
但須節制毋令日塡月築東塞其江口
云唐宋之間渡吳江別王長史詩倚棹
望茲川銷魂獨黯然鄉連江北樹雲斷
日南天劒別龍初没書成鴈不傳離舟
意無限催渡復催年劉長卿松江獨宿
又洞庭初葉下南客不勝愁明月天涯
夜青山江上秋一官成白首萬里寄滄

洲久被浮名繫能無愧白鷗〔杜牧詩〕候
館人稀夜更長姑蘇城遠樹蒼ゝ江湖
潮落高樓迥河漢秋歸廣殿涼月轉碧
梧移鵲影露低紅草濕螢光文園詩侶
應多思莫醉笙歌掩華堂〇清露白雲
明月天與君齊棹木蘭船風波湖雨一
相失夜泊橫塘心渺然〔白居易覌漁詩〕
震澤平蕉岸松江落葉波在官常夢想
為客始經過水面排罾網舡頭簇綺羅
朝盤膾紅鯉夜燭舞青娥鴈斷知已急
潮平見月多繫絲與促曾不解和漁歌
〔許渾泊松江渡詩〕漠ゝ故宮地月涼風
露幽鷄鳴荒戍曉鴈过古城秋陽柳北
歸路葉葭南渡舟去鄉今已遠更上望
京樓〔又松江懷古詩〕故國今何在扁舟
竟不歸雲移山漠ゝ江潤樹依ゝ晚邑

千帆落秋声一雁飛此時兼送客凭檻
欵沾衣（羊士諤詩）津柳江杋白浪平棹
移高館古今情扁舟一去鴟夷子應咲
分符計日程（李郢詩）片帆孤客晚夷犹
紅蓼花前水驛秋歲月方驀離別盡烟
波仍駐古今愁雲陰故国山川暮潮落
空山網罟收還有呉婦舊歌曲棹声遥
散乘菱舟（張喬詩）行人愁落日去鳥倦
遥林牆野鳴流水空山響暮砧旅途歸
計晚鄉樹別年深寂寞逢村酒漁家一
醉吟（皮日休松江早春詩）松陵清淨雪
消初見底新安恐未如穩凭船艇魚一
事分明數得鱠殘魚（陸龜蒙松江懷古
詩）碧樹号洲遠青山震澤深無人踪范蠡
烟水暮沉〻（鮑當松江夜泊詩）舟百人
已息林際月微明一序清江水中田

萬古情　宋陳堯佐詩　平波渺渺烟蒼蒼菰蒲纔熟楊柳黄扁舟繫岸不忍去秋風斜日鱸魚鄉　王禹偁詩　三年為吏住江濱重到江頭照病身滿眼碧波輸野鳥一簑疏雨屬漁人隨船曉日孤輪白入座晴山數點青張翰精靈應笑我緑袍依舊惹埃塵　又吳江詩　帶蓬疎薄漏斜陽半日孤吟未過江唯有鷺鷥知我意時時翹首對船窗　姚鉉詩　句吳奇勝絶無儔更晃松江入月秋震澤波光連别派洞庭山影落中流汀蘆擁雪藏漁市岸橘風香趁客舟清興不窮聊一望烟空雲霽倚層樓　孫何詩　晚灘如雪起沙鷗咫尺姑蘇亦勝遊逸勢瀉歸滄海遠冷聲分作太湖秋葑田幾處連僧寺橋岸誰家對驛樓曾望不存無可語

片帆中夜渡清流

梅堯臣憶吳江晚泊詩

念昔西歸時晚泊吳江口回堤溯清風淡月生古柳夕鳥獨遠來漁舟猶在後

蔣堂游松江詩

江人見我謂誰何行李無羈野意多六幅青帆趁潮去一樽自酌扣舷歌沙邊歷歷辨雲樹島外濛濛弄月波興盡歸來深更喜舞鷗相送入烟蘿

葉清臣松江秋汎賦

澤國秋清天高水平遥山晚碧極浦寒清循游具區之野縱之吳江之滬東瞰滄海西瞻洞庭橘葉微下斜陽半明離風歸兮自新暮夕瀟灑兮誰送迎皓霜空兮一色横霽色兮千名於時積潦未收長江無際澄瀾兮與偏舟獨詣社橋初黃汀葭斂翠驚鷺朋飛別鵠孤唳聽漁榔之遥響聞牧笛之長吹既覽物以放懷亦思

人而結欲若夫敵冠初平霸圖初盛均憂待濟同安則病魚貪餌而登釣鹿走險而忘命一旦辭祿揚舲高泳身崇不居名存斯令達識先明孤風孰競又若金耀不融洛塵其蒙宗城寡捍王國爭雄拂衣容右震耀江東拖翠綸兮波上膾蟬翼兮栱中倘即時之有適提我後之爲惆至如著書笠澤端居甫里兩槳汀洲片帆烟水夕醉酒壚朝盤魚市浮游塵外之物孏傲人間之世富詞客之多才剸騷人之情思緬三子之清徽諒隨時之有宜非才高見棄於榮路乃道大不容於禍機中居臨河而蹈奄伯夷登山而食薇皆有爲而然爾豈得已而用之別有執簡仙瀛持荷帝柱晨韜史氏之筆暮拂使臣之斧登覽有澄清之

心臨遺動光華之賦荷從欲之流滋慰遠遊之以懼肇提封之所覆屬方割之此憂將濬疏於匯川其拯濟乎吟嘯轉白鶴之新渚據青龍之上游濯埃垢於緇衣剖病膜乎皆胖左引任公之釣右援仲由之桴思勤官而裕民乃善利之遠猷彼全身以遠害蓋孔臧於自謀鮮鮮在俎眞茶蒲既少回俗士之駕亦未可爲茲江之羞

**王安石詩** 莽莽昔登臨秋風一散襟地留孤嶼小天入太湖深柑橘無千里魚蝦有萬金吾雖輕范蠡終欲此幽尋

**張先詩** 春後銀魚霜下鱸遠人曾到合思吳欲圖江色不上筆靜覓鳥聲深在蘆落日未昏聞市散青天都盡見山孤橋南水漲虹垂影清夜澄光合太湖

**章憲詩** 長堤牽百丈舳艫沂

青猗山與殘霞暝水將秋色冝江寒無
雁度天遠暮帆遲勝傲浮家去烟波學
子皮　楊蟠詩　帆落帆開兩渡頭洞庭木
葉攪離愁青山帶目低平野白浪隨風
過別州月靜沙寒知鴈宿雲深水暖羨
魚遊晝橋隱隱橫天漢人度空中影倒
流　郭祥正詩　軒亭多作碧湖傍蓮子熟
時芍藥香最愛夜深鷗鷺散釣船明月
似瀟湘　范致虛詩　黛潑峯巒安用染鏡
澄湖面不須磨已驚張翰鱸如玉想見
西施鬢似螺目斷樓高知水濶雲開山
盡見天多吾家本是烟波主好律漁翁
一曲歌　元趙孟頫詩　壯氣浮孤劍餘生
寄短蓬戰塵昏野色積雪賭春風北望
旌旗闊南歸郡邑空江花與江水客思
兩無窮　嚴羽詩　有客東吳別憑高正憶

家春青江上草湖白岸頭沙去鳥無邊
盡歸帆幾處斜音蘅不可問惆悵結瑤
華

**大明高啓詩**

江淨涵青空高帆漾天風澄波三百里歸與與無窮心期弄雲月迢迢辭金闕晚色海霞鎖秋芳渚蓮歌久別釣魚磯今朝始拂衣忘機舊鷗鳥相見莫驚飛

**又江上晚眺懷友詩**

渡頭西望起離情晚水寒山雪後清鷗岸斷冰流瀨遠鴉隨殘照去還明漁人笛過風生浦估客船回樹隔城范蠡祠前春意動思君欲放酒船行

**又過吳松江風雨詩**

風雨方知客路難飛鴻相逐渡江湍港收漁市歸舟晚門掩官驛對燭寒此地昔年曾遠宿何人今夕共清歡枕邊不為江聲急夢寐憂時未得安

**又江上春夜懷鄉寄詩**

烟樹近松陵扁

舡晚獨乘江黄連渚霧野白蒲田水往事愁人問虚名畏客稱無才任蕭散敢望鶴書徵

胡奎吳江月下泛舟詩

餘霽歛遥岑微靄生近浦江行得良夜月出鳴柔櫓茫茫天欲流歷歷星可數水螢乍明滅沙禽或翔舞此意誰與同三高渺千古

陳一初秋夜吳江泛月詩

短棹迂程夜渡江蘋香月色蒲蓬窓天涯流睇青山遠烟際闊情白鳥雙赤壁仙遊疑有約滄洲漁唱不成腔明宵訪舊盟陵郭對欄挑燈共一缸

張楷松江獨宿和陶人韻詩

吳江楓葉冷獨客謾多愁月落汀烟曉天晴湖氣秋萍蹤隨鷗鷺鄉夢越汀洲回首青雲路低頭愧白鷗

蘇平泊吳江口詩

艤棹垂虹近驛樓水晶宮裡喜同遊腥風隔浦吹漁網遠火

臨流映客舟萬頃烟波寒浸月一天星斗倒涵秋酒醒共向蓬窓快誰調滄浪起白鷗尹寬次前韻詩酒醒長歌倚柁樓雪灘祠下又重遊湖光萬頃洗孤月燈影三人共一舟天轉星河知午夜風傳砧杵報新秋百年身世眞萍梗機事何煩問海鷗薛績吳江夜泊詩舟傍垂虹宿夜深飛露華鍾聲來梵刹燈影近漁家葉響風生樹灘明月映沙去家雖不遠惆悵即天涯崔瀣詩澄江望不極放鶴入虛無樹隔春城曉雲開野寺孤游魚吹細浪去鳥沒平蕪年來朝市客誰解憶蓴鱸趙宏吳江懷古詩灌湛此江開闢有曾聞勾踐駐霓旌千年霸業浮雲去百里潮流空月明澤國秋高寒鳥下鱸鄉楓落夜榔鳴天隨高躅今誰

繼烟水蒼茫感慨生又吳江夕望詩徙倚三江潮夕陽西嶺頭何人橫一葉寂寞釣寒流遠火漁村暝疎鍾水寺秋浩然成獨來幽思蒲滄洲張源詩舟泊楓江暝遥天浸碧波枕書眠正穩清夢壓星河○內有東城河葉家匯界在江心分有此河北過大通橋東折過廣運橋至顧野王祠又本河分蕩上小港亦來合同入龐山湖

城中河西受南湖并東塘西濠二港之水入西門過永定橋直出北門其東泄

者二一曰前河由西門内南分過新橋西寺前東折過慶亭橋經縣治東有看波橋其水從中河南分過縣治來會同過仙里橋出東水門二曰中河由利民橋東流過六子吳興橋又東過通利順利亭利橋出小東門三曰後河由治安橋東流有中河塘水由駱駝橋南來會過城隍廟稍南重慶橋又有城東北隅洗馬池及二浜合而南行過惠民橋來會同過太平橋出小東門與前河後河水合俱出東城河

江與麗山湖之東洩者凡六港曰樊家曰牽橋曰紅廟曰謝僚即謝里俱東流曰

塔菴東爲同川其西南方尖水從小蕐港來與樊家等四港水俱會於東栅宋墓港北流入九里湖

同里去縣治東十里市河凡三俱合東栅之水東流爲水花園莫志云元初大姓葉振宗架聚書樓小蕐虹池閣石梁故名爲菱湖今淤名菱蕩田爲黎湖東爲匝村湖又名同里湖一湖東西分江之東北流者二十里其北分爲小龍江東爲九里湖

復合而東爲後村湖又與匝村湖水合東北爲檉（一作姚）城湖（屬長洲）又東北爲陳湖（亦屬長洲）過甪直爲新洋江過崐山至吳淞江出海○内有嚴瀆橋大葉港陸家港通濟港東舍港薛塔港浦塘港池家港何家港

七里港枕縣治西門外南自流虹橋過東濠沿太湖而北凡七里故名内西受太

湖之水凡四曰牛腰涇一名義窐曰烏步曰西渠曰大姚渠其牛腰涇又分爲三一從南爲北沈田港一稍南爲西濠一又南爲東塘○其東洩入吳淞江之港凡六一爲北城河東流過永濟橋廣運橋爲南倉河一爲都憲行臺前河東流過大有橋爲北倉河一爲新港一名深港東流內有新浜浜口分折而南復東折過小

橋出運河與北倉南倉之水俱合於三里橋之南出吳淞江〇其新港一支東流過運河七里橋（一名萬家橋）四分爲洪漕徐家茾柴無名四港出吳淞江〇一爲南栁胥港內吳沙灣大姚瀆水亦來合出界牌運河北流〇一爲北栁胥港（出栁胥舖）東流與界牌水俱入長洲運河北流夾浦橋出吳淞江

爪涇港（俗呼北涇）去縣北九里東流古塘入長洲縣界經運河而南由夾浦橋東出吳淞江（吳淞上流南漸漲而爲田去水惟爪涇爲捷故夾浦最險今夾浦之下沙亦漸淤矣）○內有姚家庄潘奇王家逕三港俱附而同行

鮎魚口去縣北十八里（屬一都）南受太湖水北流匯爲蠡塘又北過五龍橋入吳縣界盤門運河其蠡塘之東折者至分水

墩爲古塘口入長洲縣澹臺湖過寳帶橋與運河合○鮎魚之東有麫杖港相附同行其東泄入古塘之港屬長洲、

莫舍漊一名綺川去縣西北二十里南受太湖水北匯於楞伽山下爲石湖半屬吳縣

唐許渾自楞伽寺晨起泛湖詩　碧樹蒼蒼茂苑東佳期迢遞路何窮一聲山鳥曙雲外萬點水螢秋草中門掩竹齋微有月棹移蘭渚淡無風欲知此路堪惆悵菱葉蓼花連故宮

羅隱陪曹使君游石湖詩　水蓼花紅稱德黄使君蘭棹泛迴塘倚風

藻荇先開路迎旆鳧鷖盡着行千裡兵符神與術驛開金印綵爲囊少年太守勳庸盛應笑燕臺兩鬢霜

**姜夔雪夜自石湖歸苕溪詩**

細柳穿沙雪半銷吳宮烟冷水迢迢梅花竹裡無人見一夜吹香過石橋

**范成大初歸石湖詩**

曉霧朝暾紺碧烘幽塢西岸越城東行人半出稻花上宿鷺飛明菱葉中信腳自能知舊路驚心時復認隣翁當時手種斜橋柳無限鳴蜩翠掃空

**又約隣人至石湖詩**

窮苑崎嶇學種園此生丘壑是前緣隔籬日上浮天水當戶山橫匝地烟春入葑田蘆綻笋雨傾沙岸竹垂鞭荒寒未辦招君醉且吸湖光當酒泉

**戴良詩**

束髮企名都遊宦及茲年遂陪登瀛侶來上汎湖船水光爍殘日林影溢中天

嵒巖穴停橈見樓臺鼓棹看蒼蒼斂暝色
羃羃冪中寒烟菰蒲有餘妻鷗鷺相與閒
窈窕邊迴浦蕩漾媚遥川水宿怯宵清
蓬卧愛月穿俯視潛夜魚仰睇衝曉鳶
窘身惧浮貴欽志暫躍淵何當謝冠纓
蔵晏此盤旋　元顧盟詩　湖上春雲挾雨
來楞伽山木盡低摧吳王樓塚花如雪
猶自吹香上舞臺○石湖春水如酒濃
玻瓈萬頃開龍宫我時泛舟過湖西無
數桃花發舊叢　高文度石湖曲暮詩　闔
閭臺下越來溪處處西風颭酒旗翠壁
丹梯開短軸黄花紅葉入新詩鎔金霜
蟹需高價鹺甲香醪瓶滿巵落日去程
鱸肯隱短琴雙笈一童隨　大用徐源
石湖山不改鬢成秋光興春深一放舟
楊柳堤前黄鳥立桃花洞口碧溪流峯

谿迷客留青鬢波浪驚人自白頭萬里雲霄今杖履孤將風月歸囊收北過吳縣越來行春二橋入橫塘其漊之東折者為九曲港石湖之東注者曰邵巷港里市港屬吳縣俱出龎塘合焉

白洋灣去縣治西二十里即太湖與吳縣分轄

大明盧雍詩一棹西來自義金清風蓬底恣長吟芙蓉不斷千峯秀松檜相連五塢深落日蒼波橫塔影平蕪白鳥度雲陰北持杯試酹夫隨子千古風流共此心

注越來溪舊志云越伐吳從此入溪上有越城遺跡史記云越自松

江北開㠶至橫山東北宋范成大越來溪秋泛詩一川新漲慰秋光掛起蓬窓受晚涼楊柳無窮蟬不斷好風將夢過横塘鄭元祐詩越來溪上水融融閑慕鴟夷棹底風暖霧黄消治平寺燒痕青入館娃宮笙歌作樂年年少魚鳥關情處處同吊古從來易興感尚循華髮繫孤蓬大明高啓詩越女猶未去越兵嗟已來青山舊溪上無復見樓臺過客空惆悵滿渚花秋自開○溪上山不改溪邊臺已傾越兵來處路流水尚哀聲昨日荷花生今朝菱葉死亡國不知誰空令怨溪水周南老詩路湖山崔嵬來越溪沿迴美娃獻國色栟櫚輸梓材連檣冀越貢一一從此來經行路已熟禍作知有胎罘甲忽夜渉桴鼓喧如雷至今

風雨夕溪聲尚餘衣楊基詩迷岫如蛾眉紫菱蓋綠蘋小娃木蘭槳採菱溪上歸溪風搖白芷撩亂蘋花起疑是越兵來旌旗照秋水王鏊越來溪懷古詩吳兵國江山亦壯哉一朝誰信越兵來旌旗尚動春波影歌舞翻成子夜哀往事悠悠餘敗壘傷心脉脉一登臺姑蘇麋鹿向須恨聞道阿房也劫灰王寵詩越來溪上柳千絲畫鼓遊船晚更移一曲紫雲歌越女雙鬟白雪舞吳兒張源詩澤國春深路欲迷王孫芳草正萋萋舟無西子仍多慨尊有賢人偶見攜山下月沈連夜上江波東去幾時西蘇臺烟樹千年在唯有寒鴉覓故栖

溪之東曰小溪舊志云白泥可塗壁曰何家溪同受白

洋之水與越來溪合而北行十里許出石湖○溪之西有金梟腰渠（今淤為田）亦受白洋水匯於黃山之下為黃山蕩（一名周家尖蕩）更受吳縣管瀆橫金二港走馬與福二塘并堯封寶華王山陸墓吳山諸澗之水東分於張墓陸巷二港俱泄越來溪溪之東泄者凡四前朱村港復出太湖馬獄港窑灣港二俱出莫舍漊

運河

土塘河（一名南塘）南自王江涇北至平望三十三里史鑑運河志云吳江縣運河之源有二一從錢塘諸山發源下流爲西湖東出北關又北逾仁和及嘉興之崇德桐鄉秀水諸縣至於王江涇而縣中運河起於此河之西爲石塘有橋曰聞店橋內有市鎮蓋秀水吳江之民雜居焉

橋之下衆水奔湊東入於河自南徂北十里而至於市涇又入九里而至合路折而西流又一二里而至於黎涇而四里至南六里皆有橋臨塘西南受穆溪之水而入於河溪之源又出其東南曰睡龍灣互見古蹟類河由六里橋而西又四五里而至於百星橋又西至於下湖橋折而北流數百步爲平望驛云

西塘河即荻塘西自南潯而東至平望五十三里運河志云河水源於湖州之天目山分爲苕霅二溪東北流至湖州復合又東流爲荻塘經烏程過南潯鎮東一里入我縣界水東北流至曹村駟馬橋又五里而至蠡思橋又二里而至於楊定橋皆在河陽土塘上又三里而至於震澤鎮蠡澤之水自河陰來會焉河之

陽有四橋曰新興曰通泰曰曲橋曰張灣以分泄水勢中爲大石橋三皆橫跨河上東曰底定西曰思范中曰慶源水由三橋下東行十里而至雙楊村過栁塘橋河陽有永安衆安斜路三橋又十八里而至梅堰東吳西吳二橋在其北石中濟一橋貫其中又十里而至平望鎮諸家六里泄水三橋界其側而鶯脰

一湖在焉東納穆溪西通麻溪南吞爛溪諸水與運河合流而東經大通橋又東道安德橋東出市中與南塘之水會爲一焉今按運河遇旱爲震澤梅堰積瓦阻淺致從烏鎮白米蕩由爛溪出平望平望市中前溪復淺多從後溪行

官塘河自平望北至縣治四十里運河志云二塘之水既合北流至通安橋橋甚

高大跨踞東西兩岸水從其下過循石塘北行經長老橋又七里而至於洪水橋 國朝嘗有備倭船自太湖來道此人因呼爲海船關云又三里而至於盛墩有橋在河西曰梟腰又六里而至於翁涇橋又四里至於八斥之塘南有橋曰廟涇北有橋曰大浦由大浦盖北可十里許爲白龍橋又一里爲徹浦橋又

一里為龔家橋自此河折而西北流又四里即甘泉橋也又北行為三山定海萬頃仙槎四橋河益折而西又六里而至於三江橋范蠡乘舟入三江口疑即此也盖太湖之水東注吳淞而入海實由於此竇有傾者輙隨而堙之加以沿湖之人多種茭草淤而爲田而水道日微矣

附郭運河由三江橋北折一里許至唐家坊西折二里經顧野王祠南爲三里橋舊有東城河城中河二水今俱淺塞

北塘運河自三里橋西北行七里入長洲縣界遇旱水涸從三里橋北西行過大有橋又北經七里港御窰港出古塘

甘泉在石塘第四橋下去縣治西五里源出天目山流入葉澤湖水清洌相傳

有龍居焉唐陸羽茶經品爲第四橋因得名張又新品爲東南第六

宋張達明詩

橋下四撥水人間六品泉松陵無魯望山茗爲誰煎

元偶武詩

松陵第四橋前水風急猶須貯一瓢熟火烹茶歌白苧怒濤翻雪少停橈

大明陳一初甘泉送印公詩

江流湛湛淨無沙中有名泉過客誇綠沁靈湫鍾秀色紅酣春雨漲桃花清香凝接曹溪派此列魯亭烹魯望茶最喜老禪來咒鉢龍光日月滿袈裟

懷德井在利民橋東北尚書吳山鑿

知縣張明道記

予自滁轉吳甫視篆遍謁常典秩鎮之暇周循城堞登樓瞭而四望焉爰

莽極目而環控河流眞水鄉也俯闞廛
市井絡煙雲𣏌雜葱鬱而香火數十萬
家之相麗疏鑿水竇泉津縈洄委巷四
通以會於長流風帆上下而輸載不竭
此吳人之蓄富故𥟖積棟連密比如櫛
而地無隙區也偶自北門遡而南行數
然兩扁相耀左曰宮保之坊右曰都憲
之第中䓁一區椽而屋焉可爲一夫四
口之居予怪吳人求地之不易而虛之
若此何也詢鄉之故老進曰此舊里社
也前長民者移於境外故今爲隙區此
我訥菴翁髦而爲井以濟吳人予退考
邑乘而竊嘆曰訥菴翁自唐宋世族松
陵以立齋起家乙未爲大司寇秘傳青
宮緇石起家戊辰侍黃門參大政於蜀
訥菴翁與黃門聯第戊辰[illegible][illegible]紱歷中

州大摠憲而季弟江阜也[illegible]賜御鐘美
之繼焉黙南畿將進藝宗伯以籍中秘
以邦棟邦模邦榮肄業大司成而邦宋
邦楨邦杰邦棐濬修鄉校彬彬相望爲
一時偉人皆龔立齋之器度也夫以箸
纓之輝曜而振於前者未艾以俊傑之
秀孕而起於後者方殷雖兼人百己之
產而有之孰有摧其鋒者乎以一區之
小稟然規限而不忍犯推其類歆情矯
艷以致鰥寡之無告恣肆於輕肥堂遂
以致風雨弃突者之無依奄有畝遂以
彌百成使操觚委墊者而顯天無從必
不爲也抑不但謹公私明取予乎於鄉
邦達之天下而已格幽而信後世綿祚
徵靈長之徵也古人以伊尹於太甲三
放三復而毅然自秉阿衡夫放復而人

不疑其篡握鈞而衆不擬其僭素乎此當莘野躬耕匹夫而已微而一介太而千駟萬鍾以達於無窮一决於道義而不爽其所守之介必不滛易於富貴而忘君臣之大閑也以其所未遇而卜其所遇猷爲之遠故不以寵利居成功而收祈天永命之實此伊陟相商以躋三世之美亦深矣乎即謹一區之小旣不忍犯復甃井以普寒泉之利亦可驗立齋而四世濟美之由以期於無疆盛德之至也豈聞伊尹之風而興起者乎因以懷德名之

江縣志卷之三

# 吳江縣志卷之四

## 建置志一

### 城池　敵樓附

城梁開平間吳越王錢鏐命司馬福就江南北各築一城故有南津北津之名祥符圖經云周三里五十步不知何所指疑指江北城也其後漸廢宋嘉祐二年知縣裴煜建南北二門元至正十二年

達魯花赤札牙進重建北門教授馬彥恂記十六年張士誠據有其地始大城之即今縣城也高二丈八尺厚一丈五尺周五里二十七步陸門四水門五門各以方名大明成化中知縣陳堯弼重建城樓東曰朝陽西曰望山後大傾圮正德九年知縣蕭韶復大築之

鞏記大盗南竄三吳騷動鯨奔豨突人莫自保而城居者獨晏然恃以無恐時

蘇之屬縣無城者四崑山常熟吳江初以撫巡移文皆欲築城為保障[illegible]奘之餘公私罄懸相視莫敢發[illegible]熙君九成獨曰吾其試守之吳江故有城始自吳越王鏐而拓于張士誠國朝承平百五十年民不見兵革城圮既圮君召匠議之費以萬計君曰吾其試行之時城之西北殘堞頹壠尚存什[illegible]一二而東南已為民廬君諭之一旦遷去君且行且度丈絜尋計千摩心度畀高廣狹各有度程已而裁減均徭節省冗費勸獎巨室共得六千餘金曰是亦足矣乃量田賦民量民賦役民各受分役則歸之地則坐之於是民競勸無敢怠工必堅無敢窳始事於正德癸酉二月至九月壬午而城成矣城周五里

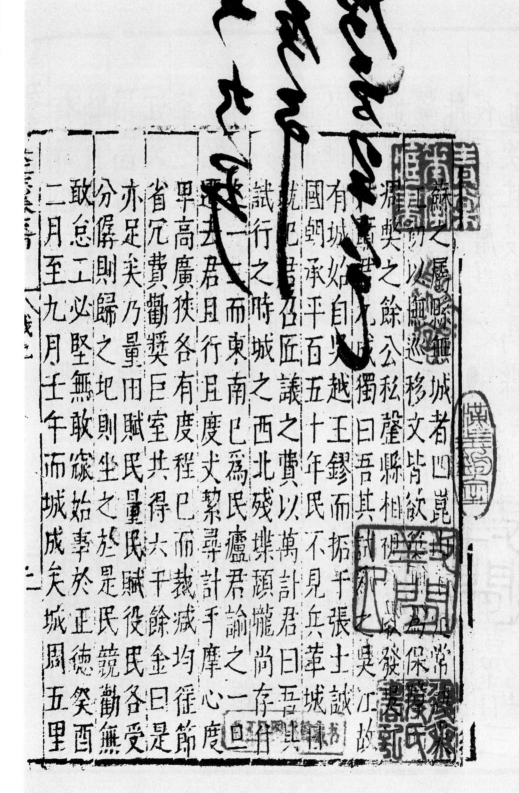

有奇四向爲門門之上有鼓樓以警昏
曉有戍舍以扞盜偷旁有水門以通舟
楫高廣皆如其舊而壯麗過之於是吳
江父老請予記其事夫城以衛民也而
築之不免費且勞反以厲民且困以與
謗況當久困之餘乎此有司所以相視
而不敢發也君獨能自信奮然不顧爲
之績果有成財不費民不擾人知樂其
成而亦孰知其始也君蓋深於愛民勇
於興事其籌之也審故廢墜無自而作
其持之也堅故浮言無得而撓其履之
也親又公且均焉故民樂趨事而忘其
勞也夫天下之事固有大於城者矣
能推是而行之尚何事之不舉乎城之
役春秋屢書之予安得而無紀嘉靖三
也侯其役者爲縣丞趙源淸

十三年倭夷入寇知縣楊芷復議增築乃勸義士四十人及諸縉紳捐貲而興寺丞吳洪涝耆民丁鵬等督之高二丈一尺厚一丈八尺視舊各增三尺又爲月城凡四座爲墻一千八十四丈五尺爲堞二千二百二十有二爲敵樓二爲敵臺二十有六爲鋪四十邑人倚以爲重三十六年知縣曹一麟以甓覆其面由是雨水

不浸而城益固云

池環抱城外舊志二十濶數丈深四五尺邇來頹爲所侵深僅於昔而濶不及云

敵樓四

一在石塘甘泉橋北〔嘉靖三十四年知縣楊芷建〕一在盛墩官塘梟腰橋北〔嘉靖三十四年知縣楊芷命太學生沈敷言建文徵明記吳江環水以爲固故雖無高山大陵平沙曠野以爲用武之地而江湖溪瀆所在淼瀰亦可恃以爲固其人習水善舟能操戈弩與

賊戰於艫艦之上賊入境縣侯利去自用兵以來未有如我邑之強者也邑當南北孔道循王江涇而北可四十里有地曰盛墩左襟運河右帶唐家湖湖水洶湧視他處特甚於時安陸楊侯來知縣事相厥形勝曰是可控扼倭夷矣乃議建敵樓於官塘梟㯶橋之北以命太學生沈疇中疇中欣然承命度材鳩工經始於嘉靖三十四年正月二十八日落成於二月八日基方一丈七尺崇一丈九尺有奇扃以鐵門檢以扶欄檣堞旗幟莫不悉備凡費己貲七十兩有奇扁曰吞海樓其年四月賊果至侯又命疇中鑿樓南之堤橫遷河而築之屯水軍於湖中列陸兵於樓上賊不得渡侯復邀擊俘斬三千餘人賊大敗南遁於

吳江縣志卷四

是更名其地爲勝墩余聞之書曰惟事事乃其有備有備無患向微侯蚤見之明先事之備倉卒賊至孰克成此功哉侯既去當事者僉議建新樓於運河之東高廣經費視此倍蓰其殆聞侯之風而興起者自歟然余謂勝墩之險在唐家一湖湖中屯兵橫截賊道而樓中兵復南面而臨之故賊不敢渡若樓在東則矢石西下我兵不得屯湖中而失其所以爲險矣竊惟諸公建置之意非余所敢與知然鄙見如此因遂言之備考他日無試其說則大願也侯名莊字文植同年進士今爲南京兵部主事附詩中數言嚋中其字云

凌雲翼詩　荒外風烟未收十年多事一登樓青山忽見水窮處溟海欲際天盡頭雙眼能舒空萬

里孤舟去泊無安流漢家元有驛姚將汛歸妖氛爭九州一在盛墩

運河東嘉靖三十六年知縣曹一麟建一在平望鎮北嘉靖三十四年知縣楊芷建

## 橋梁

### 城內前河

永寧橋在東水門初以木建大明嘉靖二十七年知縣丘岳易石重建

仙里橋在縣治東南初建無考相傳陳昉於此仙去故名下有仙人洞大明宣德五年知縣賈忠重建嘉靖十二年知縣張明道作亭其上名

仙跡亭宋張達明詩蓬島徒遼遠瑤看
池更渺茫波間有林屋只此是仙鄉
波橋東建置未詳今塞獬豸橋舊名廣寧在縣
門右宋人建元大德六年判官王英重
建時陞縣爲州故又稱州橋大明成
化二十年知縣陳堯弼再建夢有神人
告以是橋當名獬豸蓋取戒石亭名以
名之遂易今名嘉靖六年知縣徐岱修
宋張達明詩比屋連甍棟居民廣且寧
早來漁市散終日敗鱗腥大明吳洪
銘猗歟吳江鉅於吳東陳侯之來夏民
若恫室家背悅歲屢獲豐乃鑿白石乃
建飛虹民不告勞千夫率從神乃假夢
詰言從容有亭獬豸載郡志中乃爲神
羊一角如龍無邪不觸無佞不攻易此

名橋足振儒風侯乃稽首禎兆是崇橋由此名沄沄朝宗乃朗是邑俊髦烈轟致身執法接武登庸孫忠直節咸躋孫公我侯超擢兆先此逢神之嘉惠亦罔有窮

## 城內中河

**利民橋**在尚書巷南元至正十四年邑人李誠建　大明成化中里人申寧作亭其上嘉靖七年寧從子詰修

**六子橋**在縣治東北初建無考　大明洪武三年邑人沈君實重建正德十一年里人吳邦模修

**吳興橋**在六子橋東元至正二十年僧智堅建　大明嘉靖中里人吳邦模重建

通利橋在衍慶坊南元至正七年邑人沈敬建　大明成化二十年里人王宗吉修

淳安橋一名順利在崇真道院左　大明洪武十七年知縣張紀雲建成化三年里人王宗吉重建

亨利橋初建無考　大明洪武十四年知縣饒毅重建弘治三年里人莊安修

## 城内後河

治安橋俗呼小倉橋

濟民橋俗呼駱駝橋在中河塘〇以上二橋建置俱未詳

重慶橋俗呼馬家橋又呼斜橋在城隍廟東南初建無考　大明嘉靖元年重建

惠民橋初建未詳大明嘉靖二十二

年重建

太平橋初建無考大明正德六年邑人何源修

萬民橋俗呼城河橋在小東水門内建置未詳

## 城内西河

積慶橋在西水門内大明弘治六年知縣金洪邑人王宗吉建

永安橋俗呼新橋在聖壽寺西大明洪武八年僧法海建

永定橋俗呼大倉橋初建無考元至治元年知州陳壁重建

## 城内旱橋

歸明橋俗呼旱聖堂橋在縣治東南元泰定二年建

望京橋

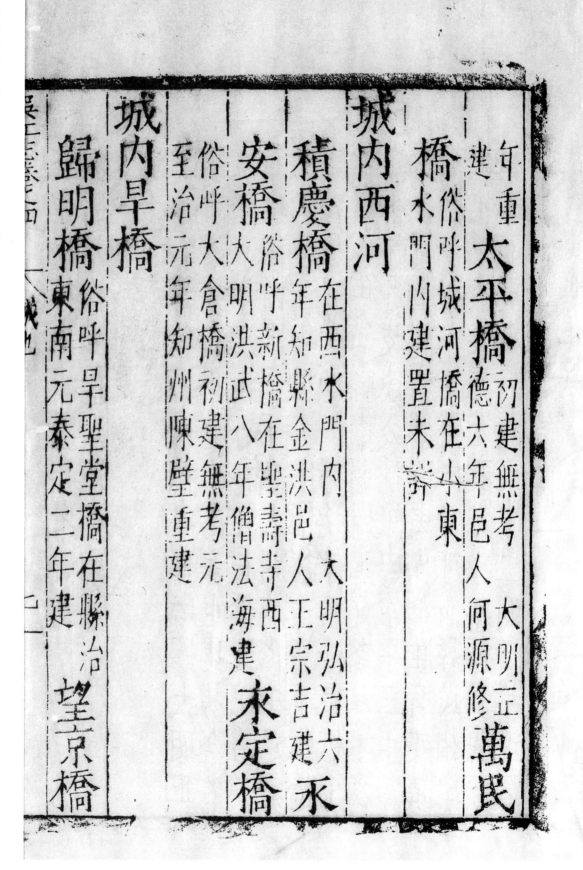

在望京坊內建置無考疑初通縣治內五橋河而今塞耳

東門外

福民橋舊名吊橋初建無考大明正統四年邑人何海重建易今名嘉靖三十三年倭寇焚燬

裕民橋在長橋北圮右大明成化中建嘉靖二十三年里人丁宦易石重建

利往橋一名垂虹橋俗呼長橋宋慶曆八年知縣李問尉王廷堅以木爲之事具晉陵錢公輔記中治平三年知縣孫覺重修紹興間夷人犯淮有建議焚橋者郡守洪遵持不可而縣民相與哭圮下不果焚元泰定二年判官張顯祖易石重建下開六十二洞三年達魯

苑亦完者以四石獅鎮兩圯至元十二年元帥寧玉再建增開八十五洞大明洪武元年知州孔克中修永樂二年知縣蔣奎改砌磚面翼以層欄正統五年巡撫周忱成化七年知縣王迪並修十六年邑人屠母趙氏重建

**利往橋記**　宋錢公輔

出姑蘇城南走五十里民屋數百掘然沙渚之上者今吳江縣也東湖之流貫城之中隔限南北橫可以渡者今吳松江也隱然長虹截湖跨江便來濟往安若複道者初作利往橋也橋本無有慶曆七年冬大理寺丞知縣事李問縣尉王庭堅嗟邑民之陋斜募學者將改立至聖文宣王廟修大學館以進延諸生乃呼富民譬曉以奉釋氏不若助縣官興學民始聽且駭居一日心

晚意解驩然從命遂輸緡錢數百萬未
幾詔禁郡縣不可新立學二人胥與謀
曰民既從時既輸矣倘不能作一利事
以便人吾何以謝百姓遂合傭僝工橋
役興焉東西千餘尺市木萬計聞者異
之沮議百端不兩月功忽大就即橋之
心後而廣之構宇其上登以四望萬景
在目曰垂虹亭並橋之兩涯各翼以一
亭而表橋之名於其下使往而來者可
指以稱曰此某橋也初縣城爲江流所
判民半居其東半居其西晨莫往歸事
無纖巨必舟而後可故居者爲不利縣
當驛道川奔陸走者肩相摩轂相接也
卒然有風波之變則左江右湖漂泊無
所故行者爲不便及橋之成行者便而
忘嚮所謂不便居者利而忘嚮所謂不

利議者皆古強不敢發慝賢人君子出一意興一役豈直爲遊觀之美登賞之樂哉往往有憐其景物清絶脫落人世者若居之利行之便則茫乎其莫稱也雖然湖光萬頃與天接白洞庭薦碧雲煙戰清月秋風夏囂濺挨斷牛謳漁吟音鳴間發榜聲棹歌嘔啞互引后暢前睨千里一素是亦有足樂焉庭堅之字曰世美精敏沈毅覩其胷中不止乎任一邑李丞仁厚通雅喜其有能而信從之視事幾數月塗巷室間新然一變若是橋利大功博可傳可記者餘固不可以一二書也余觀今世人平居燕議時孰不欲求位以伸道試繄以一職則曰職小位隘吾無以伸惟兢兢奉法保己之不暇若世美盡力其任不以小隘自

勢者余未見也始則欲設庠序恢教本
使民知堯舜周孔之尊及詔條凡之遂
能合財力興功利爲久久之便其周旋
進退無一不中於道噫豈常人而能至
哉世美余友也欲余之文以信本末余
嘗學春秋太史氏法乃書曰慶曆八年
六月二十八日蘇州吳江縣初作利往
橋成

蘇舜欽中秋玩月詩

月晃長江上
下同畫橋橫絕冷光中雲頭燄燄開金
餅水面沈沈臥彩虹佛氏解爲銀色界
仙家多住玉華宮地雄景勝言不盡但
欲追隨乘曉風

王安石詩

三江五湖口
地與天不隔日月所蔽虧東西渺然白
漫漫侵北斗浩浩滑南極誰投此虹蜺
欲濟兩間阨中流雜蜃氣爛熳相承翼
彷疑神所爲滅沒在頃刻晨興坐其上

敞兀至中晏獨憐造化功不謂因人力
令君持酒漿談笑顧賓客頗夸九州物
壯麗此無敵熒煌丹砂住增輝黃金璧
中間不慮始助我皆豪殖胃今獨不可
還當采民力　蘇轍詩　六月長橋斷不收
朱闌初喜映春流虹腰宛轉三百尺鱗
背參差十五舟入市樵蘇看絡繹歸家
盐酪免遲留病夫最與民同喜卯酉匆
匆無復憂　陳遠玩月詩　世間八月十五
夜何處樓臺得月多不及吳江橋上望
水晶宮殿揖嫦娥　鄭獬詩　三百闌干鎖
畫橋行人波上踏靈鼇揷天蝃蝀玉腰
闊跨海鯨鯢金背高路直鑿開元氣白
影寒參壓破八江豪屯中自與銀河接不
必仙槎入月濤　劉斯立詩　路隔銀潢烏
倦飛行人恐犯女星機長虹出浪無冬

夏老脣浮空半是非兩岸屢聲雲內合三州帆影月邊歸闌干獨立秋風早買得鱸魚始拂衣**揚備詩**魚市花村夾酒樓山光凝碧水光浮松陵雨過船中望一道青虹兩岸頭**林景熙詩**地坼東吳海脉連畫橋兩道跨晴川影翻河漢鮫龍國勢壓江湖蝃蝀天幾處征帆浮日月四川譙角隔江烟三高遠矣荒祠在一笛闌干夕照邊**沈清友詩**晚天移棹泊垂虹閒倚蓬窗問釣翁為底鱸魚低價賣年來朝市怕秋風**元袁桷重建長橋記碑**茫茫禹甸昔隣於魚維四載功茲為其區有失其防群喙喁喁曰維李侯構茲虹梁經始孔艱任召負陽陽歲老水沕臨履君鶩張君蒞官飭我以政茲潏雁脩洪者蒞府召維耆胥老貨布莫覓

相國之來六轡徐徐詢行審宜以究以爲制其民錢俾民樂輸橋既成矣虹飛於江千柱承宇群流回征儼兮層城欄其軒窓張君籌思相國成之彼清净上克式承之千載永賴庸以銘之

陳[illegible]詩

松江波萬頃橋倚碧雲端白鳥穿屏小青天落鏡寒夕陽明佛塔秋色老漁竿無限凭闌意何時此掛冠

華[illegible]詩

神鞭赭血驅雲根千載截斷波濤奔老龍渴飲滄海水白虹界破青天痕東西日月自吞吐今古風羔殊洗渾約塵往來人滾滾一樽誰酹三高魂○何人拔起蒼山根扶來壓住汀流奔二三百尺斷虹影六十二灣新月痕玉欄雨過翠苔滑石洞舟行清水渾幾欲臨風又題柱恐驚司馬未招魂

鈕麟詩

老龍天半倚高

寒氣壓三吳控百蠻江海水深吞合壁東南地圻鎖連環玉欄凭日天應近石洞蔽雲夜不關老我一雙題拄手鈞鼇尤在五湖間

薩都刺詩

捕天螮蝀勢差峩截斷吳松一幅羅江北江南連地脉人來人往渡天河龍腰撑出漁舟去鼇背高馳駟馬過橋橋上青山橋下水世人曾見幾風波

大明吳願晚興書

垂虹橋下波濤壯人在黿鼉背上行落日机檣廻水驛春風鼓角動江城斂入織梭潛蛟沆戍卒彎弓過烏鵲七十二峯烟浪碧卧聽仙客紫鸞笙

陶振詩

首道人置立半通仙轍石平湖溥巨川晝鎖玉環輪影缺夜開金境月華圓萬邦冠冕行鼇背三島神仙出洞天最是晚來烟雨后浪花堆裡看龍眠

梅倫重脩長橋記

太湖擅三州之勝吳江爲百川之宗其
縣城則臨江湖之匯焉沂江而南僅里
許曰江南市壓㮚北當郵驛要衝往來
所必由者也然則跨江截湖如履平陸
俾人人免風濤之險者孰不有賴於長
橋耶予嘗考之矣漢唐以來橋未始建
宋慶曆八年大理寺丞知縣事李問縣
尉王庭堅始架木爲之甚便於民名曰
利往南北有匯澤底定二亭中立亭曰
垂虹而世所以名橋其洞庭踞湖諸峯
環抱拱揖與天光水色交映若青芙蓉
森列於白銀盤內真湖中之絶景也元
泰定元年木腐橋廢州判張顯祖重建
易木以石南北鎮以四石獲睨壯觀特
甚迨至我朝洪武壬午縣令蔣奎復
加甃甓民尤便之迄今七十餘年橋因

任瀾衝激石剝洞缺成化辛卯都知監右少監福公承　上命鎮浙東道經吳江慨然興懷即捐白金百兩乃與前郡侯賈公奭議曰長橋勢將圮及此時而新之則事半而功倍侯方欲進言適致政方伯宋公彰來會亦曰橋梁王政之一事良不可緩侯深然之尋命縣令王公廸任其事令精白一心首倡寮屬捐俸以助方築隄堰水鳩工鑿石而少監如浙賈侯亦以内艱去費甚繁而未就歲壬辰今郡侯丘公霽行縣興廢舉墜德政一新謂令曰橋不可久廢其亟成之令復規畫其鄉邦好事者出金助役從者如歸時則有若奉　勑巡撫南畿都憲畢公亨綱維庶政監察御史鄭公銘振揚風紀咸與旬宣激厲令由是隄

調益那懈巧者鄒技勇者効力乃撤其舊易以青石危欄穹洞煥然可觀長一千三百尺有奇爲橋六十有二仍其舊也二亭廢已久亟虹亭巋然獨存復於亭之後築基壘石搆屋數楹以爲賓旅憩息之所則董役義官申俊麗諒出貲以成之也歲癸巳六月橋始完令走書徵予文記其事于石予惟橋之新也非爲遊觀之美實有利民之功自非仁人君子孰肯存心於是哉洪惟聖明幅員之廣星軺日騎往來憧憧輿梁徒杠何地不達矧斯橋爲東吳名勝尤所當務者乎宜乎内外諸臣協心同德不費於公成此美事誠可謂有功於斯民者矣其視以乘輿濟於溱洧者相去何遠哉若曰橋之修否非政之所先因循歲

月以待其敝則其所費不貲而民之病涉將有不勝其患者矣夫是橋也南通閩越北接常潤豈惟一邑之人便之而四方之人無不便焉豈惟今日之民仰之而後世之民無不仰焉歐陽子有曰作者未始不欲其久存而繼者常至於殆廢後之爲政者尚體斯言而葺之未必不與天地相爲悠久云

東廓橋詩

三百紅欄俯碧蘿人間天上兩銀河洞庭北望連雲杳震澤東來受水多葉落楓林驚旅思燈明野岸見漁蓑畫船晚泊虹亭外細雨斜風灑素波○飛橋兩岸結青蘿隱隱長虹欲飲河七澤烟光涵地迥三高節義感人多春風雨肆雙帘脚月夜鱸鄉一釣蓑沙鳥風帆何處是洞庭紫翠楚晴波○四顧渾無一點塵

煙光分自太湖濱疑登蝃蝀雲間路逕接蓬萊境外人勝跨三吳眞絶景地連兩浙是通津觀風獨有乘驄客能念東南赤子貧○分明瀛海隔紅塵夭矯蒼龍卧水濱二十年餘重到地三千里外欲歸人川流浩浩誰論化世路茫茫欲問津民力東南今已竭撫綏何以慰饑貧

陳策詩

江上東風釆薛蘿玉虹橫亘帶銀河遠山春暮蛾眉淺極浦沙平烏篆多題柱幾迴嘶駟馬孰艤舟何地着漁蓑鴟夷一去空遺跡跡雨寒煙渺綠波

顧聞長橋踏月歌

吳江九月天氣清秋水一片涵虛明主人揚帆落江滸與客笑指飛梁橫天公幾年代河泊怒擲長虹卧千尺滄波不動石蜿蜒萬頃琉璃鏡中碧是時日下孤煙輕忽見中流五

雲坊明月橋橋升玄衢纖河蒲御今朝夕靈光溢彩催上下銀闕珠宮燗相射主人語客客欲舞秋色澄江映尊俎天上應浮李郭舟花前真鬪姮娥府玉盤翠竿何嬋娟兒有白雪陣朱絃川風蕭蕭捲雙鬢賓客亦和以瓊瑶篇石梁如茵展新晏携手金波蹴蒼練恍疑渰水驛虬龍亂拂舟霞濆芳甸嗟余本是滄蕩人對此良夜羅綺賓湖邊不減范公興月下再灘淵明川三五清光豈常有瞥眼陰晴若翻手勸君更踏垂楊歌滿意且盡杯中酒天空露白醉欲眠窓外參差落珠斗

大明橋　在學宮右宋寶慶三年邑人翀妙真建大明宣德五年知縣賈忠重建

宋劉嘉謨詩　東望扶桑路迢迢幾萬程滄浪杯盡處忽見

大明登龍橋在縣南半里洪熙初寺僧[illegible]建大明弘治十二年知縣劉澤重建

醋坊橋俗呼□家橋在太湖廟前創建無考大明永樂九年重建更名太平弘治十二年知縣孫顯再建今圮

東門外旱橋

驛橋在接待寺前建置無考

西門外

通濟橋貼水門大明正統七年縣丞吳珩建

流虹橋初建無考大明弘治九年邑人倪昂杜茂重建

撫安橋俗呼楊家橋

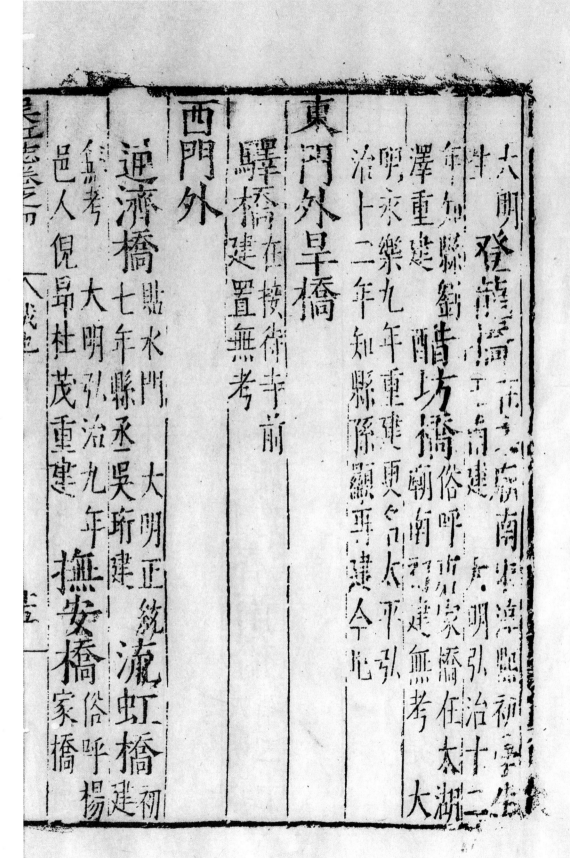

養民橋在撫安橋側故俗呼二橋爲八字橋石里橋俗呼東塘橋永安橋以上四橋建置俱未詳

南門外

履泰橋大明嘉靖三十年郎中吳涵建濟南橋大明嘉靖二十五年寺丞吳漭建

北門外

永濟橋俗呼吊橋在邑厲壇右初建無考　大明正統四年邑人許珦重建嘉靖五年知縣胡淪修小廣運橋在邑厲壇左大明天順八

年二十三都義婦蕭氏建

萬金橋俗呼聖堂橋大明成化元年邑人尤昇建

廣運橋大明弘治九年提督水利主事姚某建

大通橋大明弘治十三年提督河道郎中喻某建嘉靖三十三年禦倭因毀

大有橋在巡撫行臺左初建無考大明成化二十三年邑人朱江等重建正德中邑人徐澤再建

三里橋在倉場左元泰定元年建大明天順六年重建

小橋在迎恩亭左建置無考

石塘

三江橋五欲元泰定初建大明永樂中修嘉靖十六年知縣林應麒

重建

觀瀾橋四洪元泰定初建大明永樂中修

惠政橋四洪元泰定初建大明累修

仙槎橋六洪建置無考

廟涇橋五洪元至正中知州郡海建　大明永樂中修

萬頃橋初建無考元至正中知州郡海重建　大明永樂中修嘉靖三十六年官爲易木再建

宋劉嘉謨詩

巨浸漭無極，聊爲萬頃看。世無黃叔度，君試倚闌干。

定海橋七洪元至正中知州郡海建　大明累修嘉靖三十一年道人晋貞言易石重建垂成而貞言卒故未畢工

宋劉嘉謨詩

昔日松江上，潮翻漲海來。而今舊橋水，不到半江回。

三山橋五洪初建無考元至正中知州郡海重建　大明累修嘉

靖二十五年道人晋眞言再建

北泉橋一名第四橋以泉品居第四也初建無考大明累修嘉靖三十六年官爲易木重建互見山水類

通津橋元延祐中建大明累修

龔家橋元至正中知州郡海建

徹浦橋元至正中知州郡海建大明累修今爲木橋

## 官塘

白龍橋初建無考大明洪武十九年塘長顧燁易石重建嘉靖二十五年海寧僧文玉再建

元王逢[illegible]風詩

虹梁雪灘光明滅風著岸脇水鱗生空郵天晚亂木葉太湖日寒多鴈聲馬周斗酒足自慰龜蒙扁舟有餘清囊中青

錢不滿百聊買小鮮來就烹

莊泉橋西通太湖大明嘉靖二十二年建今廢

分浦橋一名分水橋大明嘉靖二十二年建今圮

大浦橋在八斥市故俗呼八斥橋大明洪武十七年建嘉靖二十七年僧文王易石重建有七洪

徐師曾記

吳江爲縣當江湖之交自築長堤以來左江右湖湖水東流入江以達于海其間泄水之道不下十數而甘泉爲最鉅厥後甘泉日微則水南出八斥大浦之港怒而東奔昔人嘗架木作橋其上以瀉之然口隘水湧西風發舟經其左輒覆溺死者不可勝計嘉靖中海寧安國寺僧文玉來授句讀于茲土目擊其事謂人曰吾力不能疏甘泉之淤猶能廣大浦

之口以免覆溺乃與其徒守清慶心募施會有錢宗德者見而義之自施捨之外復貸金若干鏹以贍其費而徐責其償石工鄒恢鄭人也亦願茹澹素以獻力於是伐石砌工撤舊木關浦口而改建焉爲級七長十有八丈廣一丈一尺費金八百兩有奇經始於二十五年四月至二十七年四月而告成事已而文玉大懼廢墜乃請余求記以詔後之人余惟佛氏雖東西分祖南北異宗禪律殊教而其大要不過以寂滅爲道以清净爲本以慈悲爲心以饒益爲務以方便爲業至於持經誦咒以誑愚俗而利其財則末世之事非佛之本意也文玉爲其徒乃獨業句讀建橋梁以濟人而不爲末世之所爲豈非能遵其教者哉

先是文玉嘗建白龍橋蓋得余同年今刑部員外郎吳君子寧爲之主其苦心剏建不一而足而往往歸功於吳錢二氏譽之不容口易稱勞謙文玉近之矣吾聞錢嘗爲吳氏義子稔聆家廟涇橋訓則其輕財好義蓋有所自云

元至正中知州那海建大明嘉靖二年邑人吳洪重建

**翁涇橋** 在翁涇漾東北元元貞初建

**盛墩橋** 在盛墩北元至正中建

**梟腰橋** 在唐家湖東北元至正中建大明嘉靖三十三年倭夷入寇鑿堤禦之因毀

**北六里橋** 元至正中建今圯

**洪水橋** 大明洪武中建今圯

**長老橋** 在平望鎮北初建無考大明成化八年知縣王迪重建

嘉靖三十三年安德橋在平望鎮宋慶元三年邑人陶琎建楊萬里詩亂港交穿市高橋過得艣從橋上過南行抵嘉興從橋下入西行抵湖州

## 土塘

下湖橋在平望鎮南初建無考大明正統六年巡撫侍郎周忱重建嘉靖三十四年毁今塞南六里橋初建無考大明洪武中邑人杜一重建今圮三里橋在黎涇鋪北故俗呼黎涇橋郡莫二志皆從俗初建無考大明洪武中僧如海重建無名橋在黄家溪東與合路

相峙 大明洪武中建按莫志載有鰕郡志誤作鰕魚橋云在土塘界黎涇上匯二橋之間洪武中邑人張亨甫重建疑即此橋後人失其名耳

上匯橋初建無考 大明洪武中邑人張亨甫重建今圯

積善橋在積慶寺南建置無考郡莫二志載有市涇橋云大明洪武中邑人史原重建史鑑運河志云自閶店橋徂北十里而至市涇今約其里數正合疑即此橋也嘉靖三十四年毀今爲木橋

雙里橋在雙里里鋪南故名元至正中建里郡莫二志誤作利又云有南北二橋今止有此不知何謂

七里灣橋郡莫二志俱無灣字初建無考 大明永樂十九年重建

楊橋初建無考

大明永樂九年重建

郡莫二志載有水濠橋元泰定中建　長湖橋初建無考大明洪武中邑人唐本重建　七星橋元至正十年建　並云在土塘上今皆莫考其處

荻塘

泄水橋在殊勝寺西元至正中邑人孫五建莫志誤云在土塘　漏風橋建置未詳　延壽橋俗呼西六里橋建置無考後圯里人貿賡安橋石以修之故今額鐫賡安實因舊刻而未及改耳　諸家橋在諸

家鋪東**無名橋**在諸家鋪左**東濟橋**一名東吳橋在梅堰市東**旱河橋**以上四橋建置俱無考**西濟橋**一名西吳橋在梅堰市西初建無考大明洪武八年邑人沈貞重建**百步橋**元至正中邑人趙伯大建大明正德元年邑人周雲修**三里橋**初建無考大明洪武中邑人李亨重建嘉靖三十七年道人朱宗正修**順濟橋**在道成鋪右故俗呼道成橋又呼鋪浜橋莫志云在土塘誤也初建無考元至正中邑人何莭重建大明洪武中邑人劉演再建**白公橋**建置無考大明正統中僧玄德修**斜路橋**大明洪武中邑人陳子安建成化元

年僧施亭重建圍皮橋大明洪武中邑人曹桂建新路橋大明洪武中僧道堅建吳灣橋大明宣德中僧圓建衆安橋在衆安舖東大明成化中邑人周麒建仁安橋在雙揚市西建置未詳案史鑑運河志云雙楊河陽有永安橋在衆安之西疑即此橋今考鐫額曰仁安與史不合或史有誤耳也青石橋橋名建置俱無考今名青石盖俗稱政安橋俗呼張灣橋舊吳二志皆從俗大明洪武中邑人沈子進建慈雲橋在慈雲寺左寺僧建火燒橋東觀音橋古泉橋一名曲橋俗呼斜橋通泰橋俗呼觀音橋

新興橋俗呼莊橋○以上五橋建置俱未詳太平橋初建無考大明洪武五年邑人謝壽重建郡莫二志並誤云在土塘香花橋在普濟寺右故名建置未詳○自慈雲橋至此俱在震澤鎮楊定橋初建無考大明洪武中邑人黃十秀重建安慶橋俗呼馬賦橋郡莫二志皆從俗初建無考元至正中邑人謝子實重建大明成化二十一年再建○以上二橋俱在馬賦村蘇思橋初建無考元至正中邑人金茂重建大明嘉靖二十七年僧定輝再建曹溪橋在曹村鋪西故又名曹村橋俗呼東馬路橋初建無考元至正三年邑人邵子吉重建駟馬橋

又名馬路橋俗呼西馬路橋在曹村
大明洪武十二年邑人盛泰來建嘉靖
二十八年道人
袁宗秀重建

郡莫二志載有周涇橋大明洪武中邑人陳子安建云在荻塘今莫考其處二志又載
大明登瀛二橋亦並云在荻塘今考
其實乃在烏程縣南潯鎮非我境內
故不復録

北塘

小橋建置未詳

七里橋俗呼萬家橋宋慶曆七年縣尉王庭堅建

夾浦橋與長洲縣分轄宋紹興初建石橋在鮎魚口下流水勢迅疾嶷有深淵下伏蛟龍　大明宣德中風雨傾圮遂不能復巡撫周忱創造船十六艘鎖以鐵繩架爲浮橋弘治中都水郎中傅潮又爲增置嘉靖中重建石橋有一人來言此當徙塘于河西作橋踞其上乃能堅久不從橋成尋圮又并浮橋而廢之識者恨焉今僉渡夫以濟

## 各都

永濟橋在陸巷　大明景泰三年里人張宗理建

前莫橋初建

無考　大明洪武中里人莫廷芝重建石家橋初建無考郡志云里大明洪武中里人奚氏重建莫志云里人莫廷芝重建○以上俱在莫舍村

同壽橋在越來溪初建無考　大明洪武中里人莫廷芝重建

壽寧橋初建無考元至順元年邑人史伯良重建郡志云在二都南

黄水匯橋元泰定元年建郡志云在二都南○以上俱屬一都

天津橋元至治三年建

積善橋大明嘉靖中尼姑善慧建○以上俱在柳胥村屬二都北

福安橋初建無考　大明正統三年里人翁茂吉重建

安定橋大明正統三年里人翁茂禮建○以上二橋俱在黄墓村

雍

熙橋初建無考元至正二年邑人周五秀重建。直瀆橋大明洪武二年邑人陳士良建。永安橋初建無考元至正中邑人張子盛重建。以上俱屬二都南。韭溪橋大明永樂十七年邑人吳思誠建。集福橋在孫家灘後大明弘治元年建。嘉靖三十四年里人孫麒募建。以上俱屬三都西。北匯橋初建無考大明嘉靖十三年道人王貴重建。車家橋初建無考大明嘉靖二十八年道人王貴重建。富春橋初建無考大明成化中知縣韓槃因瀆巡檢王森簡村巡檢曹興各捐俸重建。仰山橋大明弘治中建。以上二橋俱在孫保村。半路橋在虞保村初建無考大明正德二年里人宋鐸募建凌公橋在西半洋村初建無考大明正德中重建東廟橋在成村宋紹定中建○以上俱屬七都底定橋初建無考宋淳祐二年重建元至大中廣濟寺僧再建大明景泰元年又建慶源橋郡莫二志誤作會源橋初建無考宋嘉定中里人黃伯寧重建今圯思范橋初建無考元至正二十三年重建大明嘉靖二十一年道士姚玉衡修○以上三橋俱跨塘富潤橋莫志潤作順大明洪武中里人周氏建安慶橋初考無考大明洪武九年里人張信重建○以上五橋俱在震澤鎮屬十都

通泗橋在後塘村初建無考大明弘治四年重建白溪橋大明嘉靖二十七年里人陸完倪潮建○以上二橋俱在十三都清陰橋大明嘉靖二年建過庄橋大明弘治六年里人貝悌丘山建永福橋在桃溪大明洪武三十四年建道院橋在桃墩村大明正德三年里人丘山建○以上俱在十四都行孝橋大明正德二年里人沈良德建興隆橋在竹里潘家橋在菰墟吳橋新橋以上四橋建置俱未詳○以上五橋俱屬十五都一通橋在新陳村大明正德二年道人王惠建嘉靖二年里人沈東明修集

賢橋在本村大明嘉靖二年里人吳清沈明建○以上二橋俱屬十六都　豐橋初建無考大明弘治元年里人沈澤重建　澄源橋初建無考大明天順元年邑人沈志和重建　沈公橋　火燒橋　王家橋　賀家橋　永通橋　後興橋　迎春橋以上九橋在嚴墓市後七橋建置俱未詳　流慶橋在小坊村初建無考大明正德八年邑人李祥重建　北廟橋初建無考大明成化八年邑人鈕茂重建　善福橋大明成化二年僧震建　織紗橋大明弘治八年圓覺菴僧建　師姑橋

西清橋以上二橋建置俱未詳○以上十五橋俱在十七都豐登橋大明永樂十二年建安富橋元至大四年建種德橋初建無考大明洪武二十八年重建招賢橋元至大四年建大通橋大明洪武四年建○郡志云以上五橋同在澄源下鄉今皆未詳其處中濟橋初建無考大明洪武二年僧普賓重建柳塘橋建置未詳○以上二橋跨塘道成橋建置無考大明洪武中休寧人黃朝修達觀橋大明嘉靖三十四年里人朱山募建吳逐記畧曰嘗謂天下之事不爲則已爲則必覩其成君子論人當觀作者之志何如耳予里

人失山素貧賤僅有田數畝農力自給稍苦弗贍然其雅志濟人而力不逮焉則人皆知之也嘉靖壬子冬鳩鄉耆石希顏輩造予庭告曰梅塘之南官河横亘深不可厲徒杠輿梁日見頹圮時維朔風積雪夜半呼渡哀聲萬状老農熱中移舟而濟或一二耳而不可繼也山將有事焉予深訝之退而經營衆咸樂助不繼則割己田以補之締造之勤不可殫述乙卯春二月復造予庭告厥成功予嘉其志因作記以紀其成且爲續田并給之粟嗚呼朱子下位而竟成其志如此擬諸貴富顯榮尊居宴安而不知淺深厲揭之宜視民肥瘠漠然無所戚於心者其相去何如也其亦重有所感也夫○以上四橋俱在梅堰屬十九

都溪橋在穆和溪　大明成化十年道人沈某建前姚橋在本村　大明永樂三年道人徐某建下姚橋在本村　大明永樂五年道人徐某建程林橋在本村李墩橋在本村○以上二橋建置俱未詳○以上五橋俱屬二十一都環秀橋元至元三年建嘉會橋大明洪武十四年建登春橋元大德中建福海橋大明洪武二十七年建永昌橋元至正九年建連雲橋元延祐四年建○郡志云以上六橋同在澄源上鄉今皆未詳其處望恩橋大明嘉靖五年道士王光曙建清風橋建置無考明月橋初建

無考元大明三年邑人施十重建大明正德十二年游方僧再建

里仁橋初建無考大明成化廿二年羅漢寺僧月千江重建

普寧橋初建無考大明嘉靖十六年游方僧重建

大慶橋初建無考大明成化十三年道士吳雲山重建

際恩橋大明成化十八年游方僧建

登瀛橋初建無考大明永樂二十年重建

通濟橋大明嘉靖二十九年游方僧建

進登橋初建無考大明嘉靖十七年游方僧修

梯雲橋建置無考

迎祥橋大明正統六年建

大平橋初建無考大明嘉靖十三年道士楊浩然重建

覽橋大明弘治

二年邑人嚴以誠建○以上十四橋俱在黎里鎮屬二十三都東長春橋在黃家溪屬二十三都西大明宣德中建安民橋大明嘉靖二十四年僧圓真建通安橋宋政和元年建○以上二橋跨塘興隆橋大明嘉靖二年提督水利郎中林某建賓安橋初建無考大明成化八年邑人王璣修積善橋宋淳熙十年建大明正統中僧清重建嘉靖三十四年禦倭因毀石灰橋興平橋以上二橋建置俱未詳圓明橋宋淳熙十年建寺橋在殊勝寺前初建無考大明正統十三年僧曇芳重建百星橋建置未詳望仙

橋初建無考大明成化八年驛丞崔勝重建大通橋後溪通荻塘初建無考大明正統六年巡撫周忱重建○以上十一橋俱在平望鎮屬二十四都東新橋舊名東溪元至順元年建大明永樂中里人李傳等重建成化三年里人丁原吉顧杲移建易今名中新橋大明正統十三年里人何廷璧建慶榮橋元至正十三年里人甯成建思本橋宋葉某建水竹墅橋宋葉某建長春橋大明成化初里人莫敬周信建永興橋初建無考大明永樂二年里人重建普安橋初建無考大明洪武二年重建弘治中里人顧寬沈逵再建會

川橋大明正德初里人藺寬等建流虹橋里人募建永昌橋初建無考大明成化中重建弘治初里人沈達再建飲馬橋大明洪武中里人陸仲和建廣濟橋初建無考大明成化中里人陳銘重建廣利橋舊名福建橋初建無考大明成化中里人陳鏞謝悅攺建廣仁橋大明景泰中里人陳讓建乙卯橋大明永樂中里人章中參賢建大通橋大明正德初里人顧寬等建斜橋初建無考大明永樂中重建得春橋初建無考大明天順中里人何蕃周信重建成化中再建湯家橋大明正統十三年道士戴志淵

建

昇平橋（初建無考大明正統十三年重建○以上二十一橋俱在同里鎮屬二十六都）永安橋（初建無考大明永樂十年重建）永昌橋（大明洪武十六年建）和豐橋（初建無考大明永樂五年重建○以上三橋俱在蘆墟村）大有橋（在華塔村建置未詳○以上四橋俱屬二十九都）思本橋　來秀橋　長春橋（以上三橋建置俱未詳郡志云同在久詠鄉今亦未詳其處）

徐師曾曰吳江澤國故橋梁最多今不能悉載載其尤著者以備考云

柵壩

水柵一百三十三壩四分屬各巡檢司

長橋司轄

大浦港○六里港○直路港○臯腰港○翁涇港○長浜港○吕家港○白港○湯大壩○黎里鎮○田長港○延壽橋○無名橋○王家港○劉船港○萬頃港○井泉港○三汀橋

○嚴家港○惠港○仙槎港○廟涇港

簡村司轄

直港○黄沙港○坍闕口○直瀆港○溪港○烏橋港○氶涇港○鮎魚口○廟港○龐港○梅堰鎮○黄沙港○中北塔港

平望司轄

白龍港○榆樹港○涇門港○石幢港○破羅港○烏壩○山家港○麻溪港○陳家灣○東楊橋○盛澤港○陸家港○金堂港○舍港○急水橋○翁思港○翁思路○陳家港○荷薄港○烏橋港○青赤港○雙里橋○七里橋○麻溪○白港○百家港○渭家港○韭溪港

震澤司轄

蠡思橋○安橋○陶家港○東楊定○西楊定○東馬路○西馬路○張灣橋○蒯家港○斜路橋○衆安橋○沈安橋○新路橋

因瀆司轄

唐漊○徐行港○姚家港○大廟港○下家港○西丘廟港○吳漊○雙

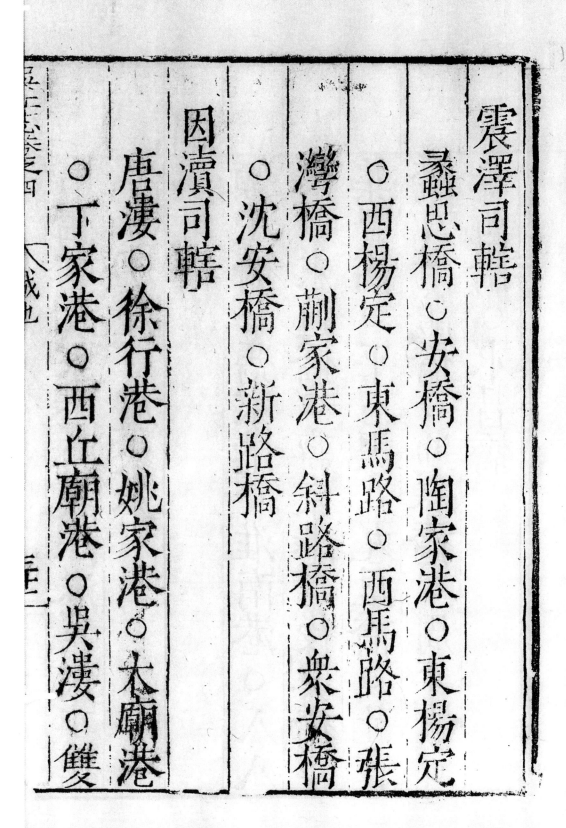

石橋○黃家港○談澤港○太平橋
○吳漊涇○盧家港

爛溪司轄

顧庄橋○馮家港○淮南港○八八
港○永通橋○蔣家港○後興橋○
集賢橋○平石渠○九里橋○北宮
橋○老龍橋○迎春橋○周年壩○
寺西橋○永昌橋

汾湖司轄

牛腸涇○龍溪橋○蘆里澤○江澤港○蛇蜾港○新庄港○北洋港○汝家港○梅家港○小月港○西蒲塘○木庵壩○東朱港○南陽港○菱蕩港○西天荒○南盤港○周涇

同里司轄

塔庵港○通濟港○池家港○平家

港○北雲港○南柵○東柵○東新橋○湯家橋○庵村○沈舍港○西港○東柵港○沐庄港

沈啓曰甃石築土爲壩列木通水爲柵蓋防鹽盜故皆屬之巡司非爲水利也建置之初或出鄉村之自衛或出院司之求備倉卒應命未必皆險要之地及縣每年差屬官點查更倍其數多寡應

右上不知何以復命且邇年海寇内犯編
氓守望鄰邦設險倉皇不暇爲水謀也
創建於四封之内者尤多亂巳自當釐
正若彼豪右欲擅江湖之利逋逃欲拒
勾攝之人者　國有法焉姑存备司所
轄以俟能　識之説者

# 吳江縣志卷之四

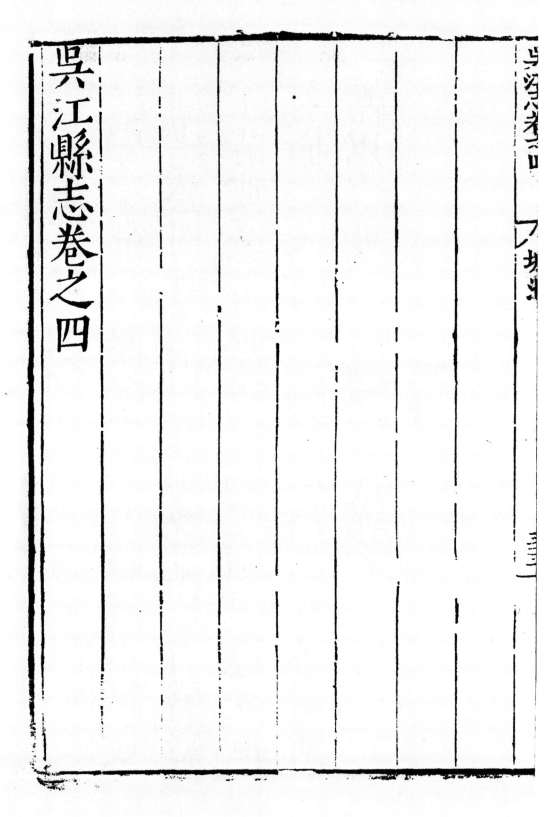

# 吳江縣志卷之五

## 建置志五

### 公署

正署一

縣治在松江濱宋因五代吳越錢氏之舊乾道元年知縣趙伯虛建勅書樓三楹於門上以奉詔勅 權軍事李處全記 松陵令趙公伯虛爲邑二年其農桑勸其獄訟簡其簿書錢穀治辦學有新田三高有祠百廢具興

不爲苟歲月計先是建炎中國步方艱而邑當寇衝祝融回祿相其虐自後踰四十年閣宇庳陋吏於民編乾道彊圉大淵獻公始撤之爲新門培基取材百用先具梓人執斧斤以聽畫至瓦甓坯釘亦出於公公之指授焉其始於春而落成於冬遲速之程不愆於素飛樓干霄輿江山長雄環視具區笠澤之廣雲煙卷舒濤瀾吐吞舞鴻鵠而獻魚龍爲三吳壯觀公乃以季冬之月盛服率佐屬奉詔勑其上用以鎮撫其社稷億寧其神人遺民故老告語子弟咸謂役不踰時而功倍於昔徼令尹不復見此矣是時距公終更甫旬月公不以欲去怠其事朝夕於斯迄用輯成真古之用心也使今之人用心皆如公君家之事尚有

不果者乎故予樂爲之嘉定元年知縣記莫志云記石今存羅勲建仰高亭於公堂之右奉三高畫像秘閣校理晉元剛記靖康中知縣石義問以舊畫勒石淳熙中知縣陳翁重勒自爲跋成化初尚存三年知縣韓槃以石作爐煆銀遂燬紹定五年知縣李椿撤勑書樓而新之重建公堂扁曰遺愛又移琴堂於公堂後爲知縣廨舊在東北隅袁甫書扁椿自爲記又撤舊公堂材建清簡堂於東偏

又建誠齋於清簡堂之西建圖思齋於琴堂之東易被書扁咸淳十六年知縣周甲重勒戒石銘於甬路之獬豸亭（今存）甲自爲跋舊有觀政亭環翠亭並在後圃中丞以下皆別有廨在外　丞廳在縣治西南（在今南門之西偏）紹興元年丞宋應重建列屋二十楹嘉定中丞趙晞賢修湖山堂（一名與永亭在廳西）亭下雜植松竹前列

山水號爲江湖奇觀紹定二年丞許[illegible]

廷修公廳建景袁堂於廳西名景袁者

嘉泰中越國公袁韶嘗丞於此故作堂

以景之

簿廳在縣治西在今北寺巷口凡爲

屋三十五楹乾道三年主簿高文虎修

范成大記州縣之任古謂之宦游豈直

以升斗易農而已哉名山大川雄尊奇

秀之境從事其間足以領覽觀而昌神

明古之君子固有樂乎此矣松江太湖

水國之勝當天下第一四方好事者想

像其處欲至而無繇今行臨東南上大

夫假道以走名場與夫商賈百族櫂船而逐利者以颷驅相摩此其人皆有所期會囂呼爭先亂次以濟終夜匈洶有聲其勢豈能少詘而一寓目是雖日過乎前紛與未始至者奚辯余家吳門莽蒼在望又無靜利奔馳之役宜能數遊而明耕作若正爾少暇日私念誠得築室葦間十隣三高以朝夕於斯吾樂可勝計耶乾道丙戌八月既望余客泛舟垂虹主縣簿高君炳如適新作治所落其成余與觀焉蓋自始從上是繞七十日而門闕高昭牖戶靚深緣繢甓鏤皆中程度既聚廬之百須無一可恨而爲之讀書之齋休坐之堂修竹繞圍光景灑然所謂垂虹者乃在其旁數十百步耳[illegible]盖有江湖之趣居有清燕之適此固

古之君子宦遊之樂而余素願朝夕於斯而不可得者炳如之職會計當而已無催科敲朴之煩奔命將迎之勞而有可樂者如此於是求文以爲識余聞漢高士不爲主簿孫子嚴徙舍而有喜色士不遭隨所遇而安其可愧者不在我也炳如有文學行誼而不卑其官又作意而新之視奈竈請比隣有加焉其志固未易量姑爲叙其所可樂以告後之賢者使共之

又建曾程堂於廳西以旌前政曾懋程俱之賢　李處全[illegible]

余同年友高君炳如主吳江縣之簿二年旣請於府縣以新治舍又即其西作堂三楹爲退食之所規制隱密不庳不隆榜之曰曾程以禮部尚書贛州曾公

懋中書舍人信安程公俱嘗爲此官示尊賢也屬余記之余幼侍先君獲拜二公席益知其文章議論軒輊一時在京師巳嶄嶄有人望曾公旣登華近而程公亦賜第擢館閣迄爲中興第一流先後典內外制渡江文物追配中原二公有助焉其去此雖遠而流風遺迹猶或可攷尚友昔人炳如得之矣炳如行縣吏去一紙書入光範門諸公嘗爭挽致之由西掖入北扉册青帝謨鼓舞群聽則於二公何羨雖然孔子之賢賢孟子之論世其尊德樂道之風可少廢耶後之君子將有取於斯文又修回車館與驄相峙淳熙六年懋孫樞復來爲簿重葺曾程堂

漢瑤墀兩侍臣鸞棲曾此繼芳塵典刑知有家風在輪奐今同祖德新避席早逢傾蓋友遺基仍付肯堂人他年故國推喬木看取堦前玉樹春

嘉定五年主簿謝杰重立廳扁真德秀書寶慶三年主簿龔應之重建外門紹定四年主簿趙勳夫重建廳宇

尉廳在縣治東在今看波橋北嘉泰中尉彭法修嘉定中尉黃翥重建紹定五年知縣王從龍增建屋三楹於東偏舊有梅亭在後圃中

元人仍之元貞元年知縣王彔重建甫成而明年縣陞爲州州治仍舊中爲公堂堂内有州官題名碑延祐五年立教授顧儒寳記至正七年知州那海重立判官張天英記堂西爲幕司又西爲架閣庫庫前爲獄庫至元三十一年重建堂下翼以兩廊東爲吏戶禮承發牌房西爲兵刑工書狀房前有宣詔亭頒春亭後爲知

州廨廨內有無訟堂白花亭王寀白花亭詩白花亭上百花開不數河陽滿縣栽四海寢兵民樂業何妨花下日持杯同知以下無廨並僦民舍居之我　大明隆興亦仍其治洪武二年改州爲縣知縣孔克中卽舊址拓焉凡徙民居七十四家末年知縣蔣奎增建穿堂中和堂正統元年縣丞栁楹重建譙樓修撰桂宗儒記四年知縣賈忠修穿堂成化七年

知縣王廸重建榜廊十四年知縣馮衡重建本廨正德八年知縣蕭韶修公堂重建中和堂嘉靖十三年知縣張明道增置羈管亭二十年知縣喻時改建儀門立知縣題名碑

**喻時題名記**

嘉靖己亥夏余以命來吳江也說者曰天下之賦首吳會吳會之賦首吳江事叢蝟而民習如蜮厥維要以衡哉故往往令者敗而稱巇鄭焉柰何余曰蘭根白芷以瀡而失馨豚魚雖烏之微猶可爲德化病不能爲令爾令無不感矣故天道不竟晦而人必匪終

沒修身則官弗亂循理則治廼成此太史公之所以爲名言也矧吳俗淸嘉士崇訓典季札言偃甪里先生之倫靡不遺有古義而嵩者以神用紛者以靜求命不可忤也志不可撓也難不可强而避也物不可逆而揆也聖明如今天子之國乃獨負其有造已哉是故爰暇以事則科須之淵圓將以近自黙也於是以一廉百順扁勤之省覽焉淸沮訛於竣立而不無紕繆也於是以端已平物扁勤之省覽焉平易極而節度損民猶之割剥也於是以節財愛民最要扁勤之省覽焉前事不忘後事之師也於是邇余而上得十有八人以嘗假吳令者之氏址名籍勒之貞珉於便廳而省覽焉初則邈邈然繼則惶惶然要之神

會如何爾槩委曰敗無是也是故有石
則惟某創某執惟某刋某弊惟某某轉
秩惟某某丐休惟某可惘戒惟某前藝
法晝而覽焉宵而思焉覽而討覈焉思
而合并焉高山景行嚮往之則不無臨
淄水以自知醜惡者矣雖然巳渝不能
[illegible]哈之異也駑蹇不能與騏
心也力有細鉅行有淹速
[illegible]愚者滯着知者勉
悟余於往哲人之烈勲標表竊有志焉
而縛於材格之莫能埒也已竟將何裨
於民與事哉于是乎記之石以待來者
迄今規制整備中爲公堂扁曰牧愛凡五楹三軒馮衡扁堂東爲鑾駕庫凡一楹庫前爲東

廳（凡三楹）堂西爲架閣庫（凡二楹以貯卷冊）庫前爲西庫（凡六楹以貯貢賦贓罰）堂前有獬豸亭（樹戒石）旁列兩廊東爲吏戶禮糧承發舖長房西爲兵刑工水利房堂後爲穿堂扁曰右客（凡三楹）東有造冊房（凡六楹考滿造冊之所）西有公廚（凡三楹井竈皆具令呼茶房）又後爲中和堂今易扁曰觀我（凡五楹）東有書房（凡一楹正官退食之所今爲外庫）西有讀書館（凡三楹衆官子弟讀書之

所今爲書房堂後有河名中河河上有五橋橋

之北齊列各廨而知縣廨居中東爲治

農丞廨又東爲管糧丞廨西爲清軍丞

廨又西爲巡捕簿廨皆南向其管糧簿

廨在東夾道之左門西向公堂之西爲

□□□□□□□□爲典史廨舊在幕廳西北

□□□□□□□□前二十二各五

土地神祠西向舊在幕廳後名夏侯祠侯事無考互見祠廟類

祠後為禁獄俗呼東監西為驛管亭羈輕者禁於此

又南為外門門上為譙樓凡三楹見志云樓中有壺漏今亡

外門之外前設屏墻東有旌善亭凡三楹西有申明亭亦三楹里老聽訟之所中為明民亭亦三楹前臨運河故俗呼河亭今廢輔以榜廊東西各二十楹拱以雙表見表坊類此縣治之大略也

屬署十四

長橋巡檢司宋在八斥元因之　大明洪
武二年巡檢拜住移置鮹坊橋北之左
嘉靖十九年知縣喻時更移置於龐山
村之南今圯轄三都二十三都二十五
都
簡村巡檢司在本村宋時建元因之　大
明洪武二年巡檢牛山移置充浦村轄
一都二都四都十九都

因瀆巡檢司在本村宋時建元因之　大明洪武四年巡檢謝敬移置吳漊村轄五都至八都

震澤巡檢司在本鎮宋元並建　大明因之洪武四年巡檢李進重建轄九都十一都至十三都

平望巡檢司在本鎮宋元並建　大明因之洪武二年巡檢王信重建轄十八都

二十都至二十二都二十四都

爛溪巡檢司在溪濱宋時建元因之　大明洪武三年巡檢孔克良移置嚴墓村自爲記克良　先聖五十五代孫也轄十四都至十七都

同里巡檢司在本鎮宋元並建　大明因之洪武二年巡檢張保見修轄二十六都二十七都

汾湖巡檢司在蘆墟村宋元並建　大明因之洪武二年巡檢拜住修轄二十八都二十九都

平望驛在本鎮唐時建屬吴興郡兼理水馬開元二十八年蘇州耆民請於刺史吴從衆割太湖洞庭三鄉與吴興易焉又官河從驛以北吴縣界元和中湖州刺史范傳正奉勑鑿開又撥入蘇州吴

縣張祐詩泒吳興水西來此驛分路遥經幾日身去是孤雲雨氣朝忙蟻雷聲夜聚蚊何堪秋草色到處重離群

又故人爲作郡百里到吳興藻思江湖滿公平道路稱包山方峻直雪水况澄清佇聽司空第遥知下詔徵宋人因之屬吳江縣元人分置水馬二站

大明洪武元年革去二站即其址設水驛焉驛丞孟德重建正統三年驛丞田景義再建天順五年驛丞藍溶修

税課局元名吳江務在縣治東　大明改

爲稅課局移置城隍廟東主稅券書兼
辦課鈔洪武二年大使李從道更移置
於仙里橋西南嘉靖十七年知府王儀
刊定書冊併課鈔於秋糧内故今不稅
鈔而稅券則仍舊云
陰陽學元名教授司在州市延祐元年建
後廢　大明洪武十八年設學有官無
署正統二年訓科吳鄭請於　朝主簿

雷銘始卽城隍廟右建焉按莫志縣市圖在城隍廟右公館之西十四年知縣王懋本重建弘治十八年知縣劉澤移置巡撫行臺西今圯

醫學元時在州市後廢　大明洪武十八年重設有官無署寓惠民藥局正統二年訓科吳宗文請於巡按御史奉劉卽三皇廟廢址創建其後移置城隍廟右

郡志云在縣治西北舊府宮舘側弘治十八年知縣劉澤又移置巡撫行臺西今圮

僧會司在聖壽寺　大明洪武十五年設

道會司在衍慶昭靈觀　大明洪武十五年設

行署三

巡撫行臺俗呼書院在北門外大有橋西先是宣德中巡撫侍郎周忱行部至吳江駐

節於華嚴寺之東禪房景泰二年巡撫侍郎李秉始闢門臨河因割寺之東隅爲署知縣王懋本建扁曰旬宣成化十九年巡撫都御史王恕扁堂曰願治自爲記弘治十四年巡撫都御史彭禮移置今處知縣劉澤建移恕扁以榜其堂云

左副都御史楊一清記　我　國家稽制近古郡縣天下分列藩省各監以臬司而畿内則　天子所自治也歲遣御史分按之者閭閻中外有事時遣重

臣以巡視之久之則專歸於都御史矣加以巡撫之名各省自邊鎮戎務外或設或否無定制而畿內都御史卒莫之能撤也若南畿則其權尤專其寄尤重其總理尤繁且密蓋既無藩臬分理而去廷陛又爲稍遠則賦之源獄訟之藪根本之地申畫慎固之策繭絲保障之別不於都御史是聽而誰歸哉比者官不專設廨無定所若夏忠靖公周文襄公皆就村寺以詢民隱雖其志勤國不亦時勢然也茲則憲典愈密民僞日滋紊牘之慎胥吏之防垣墉扃鐍界限自不可弛若非廣庭遂陛重堂邃室其何以別尊卑而一衆志哉左副都御史安成彭公彥恭奉命來撫南畿黜汰奸汙登崇俊良鋤強植善革弊興利如

是者三年熟知郡邑積有餘財故凡所涖之廨或弗稱者下令新之於是吳江令劉君澤以其治舊有巡撫行臺規模卑隘道途汙窄弗稱公意更相城北大有橋之右得隙地十七畝三分有奇長河前環村落後倚西北諸山遥相映帶寬平高阜真足以居上而臨下也乃會計均徭餘銀若干諏諸地戶諭以償直歡然樂從乃請於公報可檄縣丞孔彥組訓科沈經董其事自街及門以進於陛以登於堂規制輪奐[illegible]如也自堂以後燕寢庖湢以暨輿臺所舍貫穿環絡窈如也經始於弘治辛酉四月落成於明年二月其爲工凡若干役其爲屋凡若干楹其木之費爲銀凡一千六十四兩其地之直爲銀凡五十四兩其陶甓

鐵石至丹工食之費措於令者不與焉公蒞而喜之曰不可使廢於後之人以没令之勞屬令走書徵余記余惟財者天地所以養民王者所以聚人也官以巡撫名而以總理糧儲畀之欲其於賦稅之之間輕重權宜各得其平而後撫安之責可盡此國家命官之本意也令之爲巡撫者或不然駐節所在稽賦課財惟恐不及吏之足於賦者有賞緩者有罰曰吾奉勑之責如是而已詩之以貧民當卹曰吾何以足吾數語之以歲凶當蠲賦曰吾其如戶部何語之以散賑曰頻凶將何所取償且懼難爲繼也視貪暴奪民財或一無所問抑之曰吾姑取其能催科且有執法御史在吾何胥焉蓋其心急於賦不急於民宜無

所於望乃率而𢡟諸御史御史曰官各有守吾烏敢侵𢡟諸郡邑郡邑曰出納之吝有司之事也吾仰受巡撫之成畫而已吾烏敢專若然非惟不能養民復使民日就於困而莫之救於撫之之義安在夫粮儲而曰總理則閫以一路料理之權寄之矣且其所奉之　勅必有便宜行事之文苟徒奉戶部之常規足征斂之定額聽獄訟之成案則郡邑之吏自足以辦之矣何假於巡撫之重命哉公與余爲同年嘗語及此而慨歎之蓋深知其非矣余懼後之登臺者知粮儲之爲重而不知巡撫之所設知用之所出而不知邦本之攸繫將復有蹈此轍者民亦何利於巡撫而極力成臺以奉之哉苟能反是則臺雖欲毀孰

得而毀之
是爲記

察院在濟農倉中舊在仙里橋西北洪武元年知州孔克中建景泰二年主簿雷銘增建外門表以二坊左曰澄清右曰肅政偏後堂曰氷清玉潔弘治五年知縣金洪以其褊隘移置今處正德十三年知縣溫濡重建

分司在江南華嚴寺東即舊巡撫行臺也

弘治中改水利分司嘉靖四年知縣王
紀重建今爲兵備分司庭有銀杏幹大
二十圍

雜署四十九

總收倉舊名外倉場在北門外三里橋西址百
畝有奇正統十三年巡撫侍郎周忱移
東方等四倉併建廳堂門垣皆備纖悉
囤貯米成化十六年知縣馮衡始建廒

屋四十六連總三百六十八楹又建土
地祠于公堂之左嘉靖三十四年倭夷
入寇燬厫七連
濟農倉在北門内宣德五年巡撫侍郎周
忱建厫屋五連總七十二楹正統十三
年又建官廳八楹門井篝房皆備景泰
中大饑盡發所積以賑民其後莫有輸
者倉隨以廢弘治五年知縣金洪即其

中一區建察院十一年知縣郭郛即察院之東西重建焉廠屋總八十楹官廳門垣皆備

禮部主事楊循吉記

進士廣平郭侯郛以弘治八年奉

命來宰吳江一政令之建苟利於民必亟為之於是事無遺美而濟農倉之復厥功尤偉焉倉在邑城北隅宣德中故巡撫工部侍郎文襄周公所設以財餘米而賑於農者也其法歛則積糶則散若古常平然與水次諸倉遠隔三里別而弗淆所以分正羨示專獨而清出納先正為人之意甚遠而不可忽也審矣景泰中民大饑乃始盡糶所積以哺民厥後荐饑莫有輸者倉由是虛且廢有

司因撤而畦之且建憲臺焉倉之不復蓋四十年于茲矣侯至首閱廪庾考盈縮而豐年適登陳陳相襲羡餘之粟或塞正廒而不得發乃稽文襄之制覽故倉之基慨然以興修爲已任詢謀旣同則以白諸二府而巡撫朱公巡按王公並許之侯乃鳩材召工命屬吏傅華沈經葦董其事凡爲廒八十楹臺之左右各居其半廳事前之門又前之計其所貯可容八萬石經始於十年孟冬明年春二月工已什八而侯以守制去不克視成瀕行屬教諭高君志來徵予記昔文襄公之爲倉也蓋遍於六縣而吏部尚書王公實記之予讀其文而知建立之不易後世良法蔑以加也然昔之畦者必曰一水次足矣奚濟農爲遂使君

于澤人之道不旋踵而沮是豈知益國惠下之道者哉今侯復之可謂得爲政大體矣敢詳書以記于茲石　今西倉廢爲私第

養濟院俗呼孤老院　宋在西北柵淳熙中建後復增廣　大明洪武十三年知縣饒毅建于衍慶昭靈觀西成化八年知縣王廸修弘治元年知縣孫顯重建正德十一年縣丞靖希賢移置北門外廣運橋東南

漏澤園（俗呼義塚）在北門外三里橋西南　大明弘治十一年知府曹鳳建易民輔德田五十三畝今存四十四畝又三都東廟與字圩田二畝　四都舊易張敬田二畝五釐今存蕪字圩田一畝五分　五都舊易吳亮田四畝今存東北角字圩田二畝二　六都湯藍字圩田一畝五分　七都西方字圩田一畝　九都小基字圩田一畝　十都舊易震澤鎮孫賢等田六十畝五分今存弱字圩田一畝　十一都芒字圩田二畝粉字圩田一畝五分　十二都濟字圩田三畝

十四都舊易沈貴等田三畝四分今存滅字圩田一畝十六都塞字圩田一畝五分十七都舊易沈鹽田十六畝今存滅字圩田一畝五分十九都小富字圩田三畝二十都小衝字圩田一畝四分二十一都易龔全等田二十五畝五分二十二都北崑字圩田二畝六分二十三都東舊易黎里鎮陳晟田三十六畝今存中緜字圩田二畝二十三都西獨字圩田二畝五分二十六都舊易平望鎮甯玭田十五畝今存外學字圩田二畝一十七都梛字圩田二畝四分二十九都舊畢中[illegible]田三畝今

有戶守田一畝各有義冢總爲二十三所云

南獄禁俗呼南監在縣治西南　大明正德初建

夫廠一名省役廳在看波橋南　大明嘉靖十三年知縣張明道建

巡警鋪十九一保四鋪南鋪在灰堆灣左西鋪三一在縣治西榜廊今增一在西城內西一名外西鋪在西門外社稷壇北今規爲城址

二保三鋪南鋪舊在縣治後稍東今移置里社壇中西南鋪在縣治

西北望京橋右東鋪在昭靈觀南　三保二鋪東鋪在東門內西南
鋪在南門內東舊有北鋪在合掌巷內　四保二鋪南鋪在縣治東
榜廊北鋪在東門內亨利橋西　五保二鋪南鋪舊在察院東後移置
東城下與冬米巷相峙北鋪舊在縣治東北後移置東水門裕民橋北今並規
為城址　六保二鋪南鋪在觀瀾鋪西北鋪舊在三高祠南今移置
儒學東　七保一鋪舊在濟農倉西今規為察院西榜廊　八保
二鋪南鋪在東水門外西今規為城址北鋪在大有橋南塊左　九保
一鋪舊在南門外山川壇左今移置月城西

急遞舖十二曰觀瀾在南津口曰徹舖在石塘曰廟涇在八斥市曰梟腰在盛墩曰長老在平望鎮曰黎涇曰雙里並在土塘以上皆南行接秀水縣界自觀瀾至此七舖俱洪武九年知縣王進建曰朱家曰道成曰衆安曰思范在震澤鎮曰曹村並在荻塘在荻塘以上皆西行接烏程縣界

松陵公署在南津口卽廢驛驛名松陵宋時在八斥元至元二十一年移置州治

西　大明洪武元年驛丞楊春移置學
宮之左天順七年驛丞孫麒重建訓導
陳用貞記嘉靖八年知縣徐岱又移置
今處即寅賓館址拓焉二十七年知縣
王國光修二十八年知府金城　奏革
因易今名
迎恩館在三里橋西南弘治四年知縣金
洪建館當北衢以迎　詔勑故名嘉靖

初知縣王紀重建
仙蹟亭在仙里橋相傳陳昉登仙處故名
嘉靖十三年知縣張明道建
垂虹亭在長橋宋慶曆八年知縣李問建
元泰定元年判官張顯祖重建　大明
洪武元年知州孔克中改建弘治元年
知縣孫顯修嘉靖三十一年知縣鍾崇
武重修南臨具區北枕松江雲山歷樹

風帆沙鳥在指顧間吳下絕景也宋孫覿詩宛宛白虹貫層梯出天半乘雲來帝旁立侍玉皇案銀河經千里水接天漫漫一杯屬明月俯見人影亂張公江海客坐嘯白鷗畔寥寥如瀟風一笑亦可喚明朝駕我軒插羽流白汀行矣且勿驅來游安石綬神光射斗南絢若金碧爛出門問何祥銅章付雷煥陳玨詩高壓玉龍腰參差鴈勢朝雄吞五湖濶平揖兩山峣闌檻中流出炎蒸白晝消暫來塵慮息那復日逍遙楊繹詩垂虹臨絕景仙隱寄人間遠水吞平野歸雲補斷山空明寬眼界秀逈破天慳深羨鴟夷子扁舟竟不還祝又詩冷浸三江碧青圍四面山帆歸煙浪杪人住水雲間風

颭波聲碎虹垂雨意閑無端動歸興一棹喜輕還

李定詩

一夢江湖三十年青山隱隱水漫漫當時把酒誰人在回首重來獨倚闌

孔宗翰詩

橋亘晴虹壓碧湍高亭突兀聳橋端江長始覺塵埃絕目盡方知天地寬水鳥飜飜來別浦漁舟歷歷滿澄瀾浮生久有滄浪興看到黃昏尚倚闌

裴煜詩

百尺橋心一艤顔塵埃無迹鑑回環青天半落西山外白水前鋪遠樹間簾捲夕陽鴉陣亂檻凭秋色棹歌還衰遲病丹偏惆悵不得三年向此閑

張堯夫詩

孤亭危峙壓驚濤便是蓬山負六鼇風定水光澄夕照煙開空碧見秋毫可憐張翰名猶在獨有鱸魚價愈高奔走只知朝復暮幾人能暫憩輕橈

元成廷珪詩

長橋戎馬後旗

慨尚紛紛吳越東西隔江湖左右分苑
哉皮學士去矣范將軍誰種千頭橘空
山臥白雲

無名氏詩

石橋翊翊如游龍上有亭子名垂虹飛梁橫跨碧波上砥
柱屹立波濤中氣吞具區三萬頃目覽
洞庭七十峯巖巒顯狀固非一江湖合
勢遥相通醒心豐樂昔稱勝斯亭直與
之相雄前年烽火亭燒毀劫灰徒逐東
流水此邦非觀巳蕭條喜有孔侯復經
始侯家清白素王孫葺舊補殘有倫理
棟宇暈飛洲渚間窓赤輪奐煙雲裏廟
貌三忠自侯建遺像肅然人敬止邦人
士卒共樂成鼓舞歌詩須侯美從今過
客踏靈鼇盡說登臨氣象豪秋水芙蓉
湖錦浪寒江落日散金濤風帆沙鳥近
隱見烟雲竹樹森相交個中風景吟不

足空對山川送游臣停杯聽我歌此曲

并刀快剪吳松綠

大明吳復晚眺詩

水落沙明露遠洲楚天萬里見飛鷗樓空瑞氣張華劍浮世功名范蠡舟落日樓臺吹笛晚高風木葉下林秋青宜共展圖南翼肯學馮唐嘆白頭

莫轅詩

徙倚闌干對夕曛天光不動水法法春風綠遍江南掷暮雨香生澗底芹玉笛數聲源客思碧波千頃亂鴉群捧心嘗膽皆黃土萬古青山自白雲

趙宏詩

江天低地碧舉目渺難窮暝色千山外秋聲萬樹中魚龍寒浪過風月古亭空灊灊三江水乾坤一釣翁

吳江亭見方輿勝覽未詳其處初建無考

莫志云宋初建　大明嘉靖五年知縣王紀卽長橋南隙地改建焉亭界垂虹鱸鄉之間吳山記

宋胡東詩　江闊分南紀亭虛敞素秋橋聲喧窗座山影浸寒流霧晴龜蒙隱風翔范蠡舟無言凭短檻漁唱起群鷗

林咸德詩　宇內煙波景須還笠澤先江聲流到海湖色闊連天縣舍變中時人家鑑裏聯陶朱與張翰名利兩依然

柴維鑰詩　一望望難盡孤村對遠山漁翁深夜唱鷗鳥話朝閑冷落僧相訪棲遲吏往還夕陽風景好名利苦拘關

陸符詩　江風輕動水成紋汀鶴沙鷗類自分樹石冷挾漁父屋封疆清入橋洲雲帆寒野

色依依見笛畀秋聲隱隱聞景好膾甜
人不戀拱辰車馬正紛紛劉思德詩亭
際春來暮春景妍登臨聊繫木蘭船山桃
壓隴初經雨水鶴淩雲欲碎煙浦白潮
三風乍緊渡頭人散月空圓孤吟正好
題幽什又舉征帆濟巨川容欽象詩亭
冠三吳舉目清一襟煙景蕩魂靈檻前
花浪朝滄海窗外眉山接洞庭秋浦雨
餘征鴈度夜灘風動蟄龍腥歸舟天際
何人識隱隱孤帆背杳冥張伯生詩吳
江江頭眺望時淡烟斜日雨依依長橋
似跨碧海去高浪欲聳晴山飛舉世盡
知疏傳老何人曾學季鷹歸可憐一舸
西風裏酒熟鱸魚秋正肥嚴富詩湖東
亭亭春照斜湖光渺渺晴無涯漁
人倚棹坐不起數聲殘笛入蘆花

鱸鄉亭舊在長橋宋熙寧三十年知縣林肇建亭成而肇棄官歸亭亦尋廢　大明成化八年知縣王迪即垂虹亭前重建莫旦記　大明高啓詩獨上鱸鄉亭秋風南浦生載誦黃菊句遥思張步兵天空白水遠日墮赤楓明我亦東歸客一壺宜醉傾

望僊亭一名平望亭在平望鎮相傳張志和於此昇僊故名初建無考　大明成化中殊勝寺僧式重建下臨鶯脰湖景

趣頗勝

問鶯館在平望驛後傍臨鶯脰湖　大明

成化十七年巡按御史劉魁建

廢署十一

同里稅課局在本鎮元為吳江子務　大

明改務為局洪武五年大使王崇禮重

建弘治五年知縣金洪　奏革今為本

鎮社學互見學校類

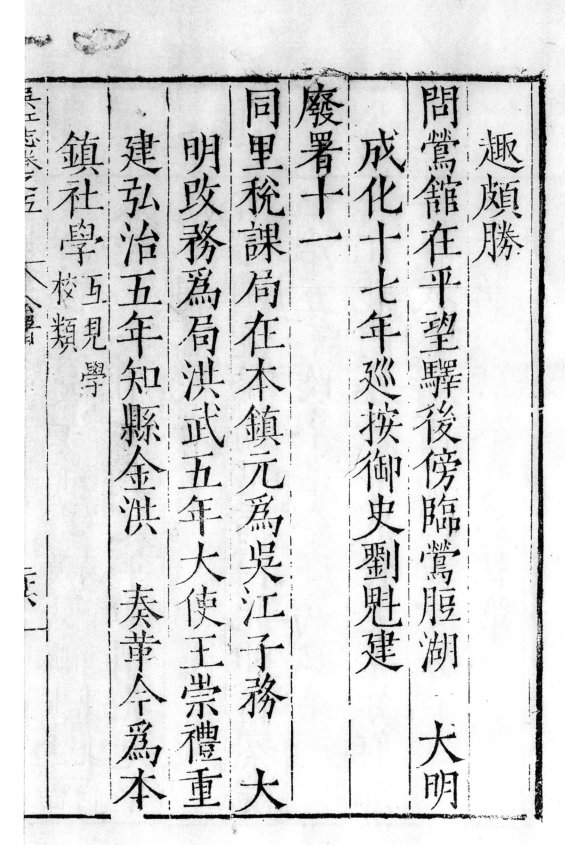

惠民藥局在無礙寺前按莫志縣市圖當在寺前稍東北向元人建大明洪武元年知州孔克中重建今廢爲民居

府官館俗呼府官廳在仙里橋西北即舊察院也弘治五年改今名今廢爲私第

公館舊在北門外久廢成化元年知府邢宥移置城隍廟西扁曰黃堂分政年改爲醫學今廢爲私第

義役倉在北門内永定橋西建置無考成
化六年尚貯米一萬三千八十石銀一
萬二百六兩今廢爲私第
倉場在北門内正統十三年巡撫侍郎周
忱建廒屋四連廳堂門垣皆備今廢爲
民居
存留倉在北門内建置無考成化十九年
尚貯米七千一百三十八石有奇今廢

為民居

預備四方倉東在三都没入曹公度房址西在十一都没入宋六秀房址南在二十三都没入宋千秀房址北在二十二都北没入許昂房址並洪武二十二年知縣鮑以成建正統十三年巡撫侍郎周忱移併總收倉因廢

同里倉在本鎮宣德十年巡撫侍郎周忱建重門垣皆備中有來龍橋正統十三年移併總收倉因廢遺址今存里人

以爲義塚

梅月軒在縣丞廨內按國初丞廨有二今未知其處永樂十九年縣丞李傑建謝常記

守禦所在東門洪武中設蘇州衛委官一員部卒四十人鎮守按李畨休騷擾殊甚宣德中知府况鍾　奏革人以爲便

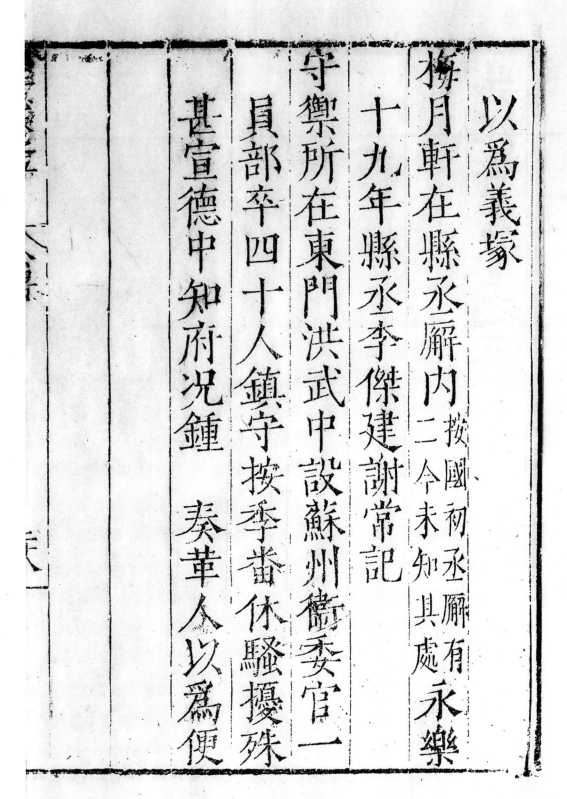

# 吳江縣志卷之五

# 吳江縣志卷之六

## 建置志三

### 學校

儒學在東門外江南運河之北即宋開江營址也舊在縣治東南又有文宣王廟在縣治西宋大中祥符五年詔天下修廟學知縣李恭尉聶復始作新之轉運使陳堯佐記慶曆七年知縣李問尉王

庭堅欲重建廟學勸民輸錢數百萬會
詔止不果乃以其材建長橋元祐中知縣程端
始竟其事邑人李師德刻孝經于石樹
其中自爲序建炎初燬於金兵紹興中
知縣石公轍移置今處邑人王份獻地
廣之乾道初知縣趙公廣又拓其地建
明倫堂立四齋曰興賢進德日新時敏
出實通號舍爲三十楹歲入米幾千斛
志

錢若干緡以給學費

[illegible]記

學校者政本所自出講禮閱樂習射考藝養老齒胄獻囚告馘無不寓焉詎可一日廢也哉道之初知縣趙公領事之始慨然歎曰學校鞠爲園蔬邑之父兄鮮以夫子之道詔其子弟甚者先聖殿廬上雨旁風春秋香菜無所庇此今所當憂也卜日鳩徒撤舊更新夷荒剔蠧周以重階墍以兩廡中奠廟室環列繪像生師有舍禮器有所賓客之廬庖廩之次無一不具公曰學具矣無資財以養士徒亭爲於是將舊籍漁兒月計錢二十萬永爲廩餼之費凡片瓦尺椽市於旁邑民不告勞丞俞希尹實贊其事經始於乙未之秋落成於是歲之冬邑之群士鼓

篋驩趨以後爲耻絃歌之聲夜以繼日公又嚴規程以防其怠者則公之慮遠不爲朝夕計益可嘉也公名公廣字德儉今爲南徐別駕邑之人不忘公賜相與請記於予刻之 淳熙五年知縣陳藹樂石以告後人

修嘉定八年知縣孫榮仁重建大成殿寶謨閣學士黃由記十年知縣呂祖憲修 監察御史盛章記畧 吳松爲邑地占奇勝自昔高人隱士徜徉其間清風峻節聞者興起世降俗下趨向浸異士之重厚誠篤或隨俗而遠害民之和順輯睦或怵欲以虧思反古者每致其惓惓也然其要則在教養之地蓋居吾宰

邑謂是爲政之大者首與僚佐謀其議允合乃節嗇錙毫月聚歲羸市材就工歷吉丕作授成學職界以分領門廡齋舍廩庫庖湢曹胥之局輿隸之所斬新一新俾邑之秀民得以優游涵泳於其中以成遠大之器而里之民聞風向化亦將有所勸勉愧耻而革其乖爭凌犯之習蓋人心之理本與政通以齊魯待其人則人亦以齊魯待其身其機固如此也君之嘉惠吾邑豈不厚歟君名祖憲婺州人心專乎爲政尚清簡其學問源流蓋有得於呂氏東萊云淳祐初相地者云學宮左右水若循環必有與者於是學生王南建登龍橋於左

後果驗宋季悉燬於兵元至元十三年都元帥甯王敦武校尉杜福重建殿宇塑繪聖賢像三十一年知縣王彔建講堂齋舍儒學副提舉朱子昌記元貞二年陞縣爲州改州學大德二年教授謝起東建兩廡繪從祀諸賢百有五人四年知州李玘建靈星門繚以周垣七年判官王英重飾聖賢像延祐四年知州

高仁增建儀門㽞墻葺殿堂齋舍教授顧儒實記至治三年教授孔文栩重修即儀門增戟二十有四（莫郡二志皆作知州孔文栩令考是年知州乃是賈汝立則當從實志為是文栩先聖五十四代孫）至正十一年知州邵萬重修貢士陸居仁記十二年達魯花赤札牙進建戟門置大成樂（麾一琴十瑟二排簫一編鐘編磬各十六笙管塤篪搏拊各二柷敔各一樂師二人樂生二十六人歌生九人）肅政廉訪使許從

宣記　大明洪武二年仍改縣學定日新時習二齋三十年教諭汪茂實修仍餙聖賢諸像正統十三年巡撫侍郎周忱知府朱勝隘之徙左右民居以展宮墻景泰六年巡按御史趙縉即琴書樓遺址大明黄淮琴書樓詩湖上重樓結構新廣文官冷未全貧休言自有琴書樂修竹千竿亦可人張徽和詩芹泮書香樓適鼎新牙籤萬卷不爲貧要知登詠南還客便是當時鳳閣人建後堂及學舍三十六

楹知縣賈亮建廟于堂左天順五年知縣章亮建解宇成化中知縣王迪復徙民居以廣廟廷五年提學御史陳選廢梓潼祠改祀鄉賢又廢土地祠後以祀名宦（宋有知縣王益祥祠因以義起互見祀典祠廟類）弘治十年知縣郭郛修道寬記正德十年巡按御史唐鳳儀改建明倫堂增建學舍十六楹嘉靖二年知縣王紀修（嘉靖二年闕）

州王侯紀以進士來知吳江縣事三日祗謁先聖先師禮成周視宮宇歲久滋圮慨然欲嗣圖之越明年賦平惠流民知嚮方百廢具興實惟其時於是教諭費君寧與訓導彭君彥從吳君欽寧言於侯曰惟士有常業業有常所今也或以不得已舍其常業從其父若兄惟公賦出入是司是故學雖建也幾於無人焉即有人而學宮乃如是其壞也將無所於業亦猶無學焉爾寧也實沽教事其敢不以告侯曰固吾志也且縣之爲百里者五令無擾乎民而已矣豈其役之繁財之絀至於是哉明日蠲諸生父兄之不能役者若干人遂有事於學庠材徵工蚤夜並作肇功於是年四月明年十月告成爲日凡五百則自大成殿

而兩廡而戟門而靈星門而名宦鄉賢祠又自明倫堂而講堂而兩齋而廨舍爲楹凡若干敝者以新危者以立植之者疆甃之者堅抗高益深巍如廓如陟降俯仰一切改觀其咨議猷爲之專費出補助之煩程督勸相之勤材用藝事之良咸謂數十年以來斯舉盛矣貴右亟請記侯之功侯不可曰凡吾所以從事於斯者面將以歲月孜德論藝而觀其成夫豈一日二日周旋於絃歌俎豆之間者爲哉會侯以治行召且去黃君疏其事之始末諗於用曰惟有宋大儒朱子嘗記吾鉛山之學則舉吾邑父兄之言曰今之所以幸教吾子弟者其厚如此是豈可使後之人無傳焉乎故遊於斯而邑人之德侯又予之所親見也

宜有所循述豈惟以侯之功抑亦慰吾二三子者之父兄之心用惟國家郡縣所在立學以養士蓋期以治經藝明道德賓興其賢者能者列于有位以化成天下追配古昔若夫振作造就之道則惟良有司是賴苟非其人名存實亡幸而有加之意者如侯之所爲不啻足矣今侯則不知已之將去也而猶眷眷焉有作　人之心則其所以風厲遠近而輔成吾　君之化理者宜施之無窮費君亦不以侯之且去欲圖其功以永存則其所以率先邑人之子弟以承侯之嘉惠者必將底於有成夫令之於邑師之於學校父兄之於其家矞有上下相成之義焉誠使令之道行於邑師之道行於學校父兄之道行於家則其爲教

也聲氣之感應禮義之漸摩相與蔚其
志達其材輔翼之以適於道將必有可
以語夫上達者出乎其間況於所謂文
章事爲者乎若人也固用之所願見而
幸今日有以自託焉者也況於其人而
有不知其所自者乎侯之功於是乎遠
矣庸書之石以侯是役也縣丞湯君殷
聶君鳳主簿徐君欽馬君琰典史張君
良保有相繼經始贊成之勞法
當備書使後之人咸有所攷焉[redacted]年
詔更先聖稱號以主易像於是有司悉撤
諸賢塑像而以甍蒙聖容故今猶存又
詔建啓聖祠　敬一亭二十年巡按御史

舒汀周亮知縣喻時議置義田有緒未就二十四年知縣朱舜民成之爲田三頃歲入租三百八十石田俱坐二十七都十七啚〇北操字圩田一頃九十畝二分五釐租二百四十三石五斗四升四合〇南操字圩田四十一畝二分九釐租五十一石九斗〇南爵字圩田二十六畝一分九釐三毫租三十四石七斗〇南雅字圩田三畝九分租五石一斗〇東雅字圩田二十六畝八分七釐租三十四石五斗五升〇西雅字圩田四畝二分二釐六毫租五石三斗五升〇中雅字圩田七畝四分六釐二毫租八石內輸

正稅以其餘爲養士之費

宋舜民義田記畧

吳江爲東吳望邑學宮獨占奇勝然考縣志未有田也乃嘉靖辛丑御史侯官舒公來巡徧訪學政適今御史光州喻公令茲土協謀振舉會有富室壞民田千餘畝公廉得其實悉歸之中剟三百畝充學田以養士隸未就已而御史侯官周公繼至欲成之復苦民逋於官逋告許之已壬寅予適承乏于茲深惟三公嘉惠後學之意大懼不能仰稱乃議還其直以償官逋民乃心服乙巳秋始克以其田隸學宮而以義名焉佃人有册會用有册歲除上供之數凡士之貧而衣食未贍者有喪未葬者嫁娶未備者皆給焉他如朔望較藝之需科貢送迎之費

凡事可以義起而士不能自給與不能自盡其情者悉於是乎取之劑量轉輸並以成藉申有司不得更易贏縮雖謂士之恒産可也若夫三公及予待士之意與士之所以自待則有出於義田之外者

二十九年巡按御史鄧巍益以田八畝九分二釐田俱坐二十三都西五啚〇小戎字圩田四畝〇運字圩田四畝九分二釐歲令佃人輸稅而收其餘租五石以充費云

三十二年知縣楊芷重修建時化射圃二亭 周太常[illegible] 學在江之南四面控湖左三江右七十二飛虹南北淮揚

江浙之水中會於此後引笠澤諸湖之水環遶如帶此學之大觀也文襄周公忱建學以來弘治戊申始議修葺康憲趙公寬爲之記嘉靖癸未再議修葺恭肅周公用爲之記當時文章政事亦爲之一新甲午羅田張公明道作令始講河洛之學刻小學書近思錄於黌宮祀程門三賢於震澤一時士子翕然知所向往歷五賢令今三先生極意振作沾濡既深科第相望壬子鄉試中式者得七人明年會試復得六人弟子溢四百員人材之盛遂爲蘇郡七邑之冠學歲久傾圮日甚淮康喻公時南昌鍾公崇武在邑所給田税贖金權貯須料癸丑之夏署邑貳守馬平佘公玄移檄首事令縣令安陸楊公芷式圖厥成自大成

廟至靈星門次明倫堂至泮宮坊咸徹以新　敬一亭後葉時化射圃二亭以考德藝　啓聖廟後分鄉賢名宦二祠以崇祀典制增於舊由是江學煥然矣大以三十餘年之廢墜經營不踰二時貲費不滿百金民不知勞財不妄用修復開拓雖庚庫庖湢罔不綜理蓋程工敦匠協力秉公三先生吏主柏之而區畫督勸嚴公之勞尤著章嘗學在諸生後命爲文記之因揭其指意用諗同志孔子曰古之學者爲己今之學者爲人至於程氏則曰古之仕者爲人今之仕者爲己爲己爲人之間內外義利寔相秉除若夫牽合割裂以爲文而無益於實用驟至顯榮侈於自奉急於謀子孫且惟日不足能勿爲州里災害足矣奚暇

及人也黄庭堅未爲知道且曰文章政
事廼其粉澤要須探其本根則世故之
風雨不能飄揺章之所以受命於師與
區區講學之所逮聞者在此願與同志
檢身及物以仰副我 國家養士之典
與張公三先生教人之意三先生者爲
分宜嚴公規涪州張公禹臣安福謝公
立巌俱清才粹德善作人匪特修學一
事而已敬書之以 令學制左廟外爲靈
諗來者俾勿斁
星門門舊以木爲之今易以石凡三座高二丈六尺前臨運河河上架以
石梁梁南有大成坊次戟門扁曰大成舊止三楹今五楹中爲
大成殿舊在明倫堂前今在堂左翼以兩廡東西相向各十

四楹傍有宰牲房東向與神廚相峙几三楹今圮神廚在舊鄉賢祠下西向几三楹今圮後爲神庫在殿後几三楹以貯祭器莫志黃綾幔一古銅籩豆各九十三簠簋各三十四登五鉶十六犧尊三象尊四爵十五大香爐一花瓶二象窑花瓶二錫爵一百二十瓷香爐三十五盥盆三毛血盆八酒杓三鐵鍋八○今存舊黃羅破幔一紅羅幔四新黃綾幔一紅綾幔九舊紅綾齋戒卓帷一新銅籩一百四十八內二十一無蓋銅豆舊一百二十三新七十五俱有蓋銅簠簋舊三十五內七無蓋新九有蓋銅簋舊三十內六無蓋新十四有蓋新銅登五鉶二十俱有蓋舊銅犧尊一象尊一

罍尊一銅爵舊大四十四小二新一百
五十五内三缺足酒尊舊一新二有蓋
籩舊三内二破香爐銅舊大二内一無
蓋中四小四十内一闕足新二錫一新
錫燭臺大八中二小十二花瓶銅舊大
二中八新四錫新二舊錫酒注二新銅
盥盆二酒杓舊銅一錫三舊銅匙八籩
碟二百和羹碗十俱破銅板四十六盛
爵者鐵鍋二俱破銅鐘十二元樂
器其餘木器修廢不常故不録右學
外爲門門有四表及屏次儀門各三中
墻詳表坊類楹
爲明倫堂舊在殿後今在殿堂中有卧
西凡五楹三軒
碑有書櫃内藏四書大全二十冊又十
二冊易經大全十二冊又十

册詩經大全十二册又六册書經大全
十册又六册春秋大全十七册又十册
禮記大全十八册又十册四書定論三
册標題五册書經註疏三册春秋正義
師說補註各一册纂疏六册禮記註疏
十二册禮經會元三册今七二册性理
大全二十九册又四十八册少微通鑑
宋元通鑑各六册文獻通考六十册今
十三册山堂考索二十八册近思録二
册漢書四十册學史一册今止源流至
論三册文海一册文章辯體九册居業
録四册　大誥大明律各一册五倫書
四十二册孝順事實爲善陰隲各一册
諸司職掌六册大衍龍飛録二册佛曲
三册堂下有泮池跨以石梁旁列兩齋左曰

日新右曰時習各三楹齋上下俱號舍舊三十六楹各有小閣今存二十四楹堂後爲穿堂扁曰經幄楹凡三爲後堂扁曰會講舊名膳堂凡五楹爲敬一亭土山枕其陰上有時化射圃二亭堂東爲倉房在神庫右後堂之東爲教諭廨舊在倉庫後今移稍西又東爲兩訓導廨舊在教諭廨之左右今並在左儀門外之西南爲啓聖祠祠後爲名宦鄉賢祠舊在戟門左右今移置於此外門右爲

土地祠舊在戟門右今移置於此別有射圃在學南一里觀瀾鋪右內有觀德亭今圯

社學在縣治東北元至正十九年知州趙仁以學宮遠在城外而生徒多家城中故別立州學以便之有二齋曰日新曰時習編修蘇大年記後廢　大明成化五年提學御史陳選即其址建社學焉

吳縣記畧三代盛時自國學至於家塾無往而非施教之地自元子至於凡民

無往而非受教之人自八歲至於十五無往而非敷教之時則其成德達材爲當世用固有其本矣我 聖朝稽古定制凡在郡邑既建儒學以儲俊秀而於鄉閭又各設社學以育童蒙此其良法美意豈異乎三代之時耶吳江爲蘇望邑密邇上都治化宜先表見而前令怠於設施故社學未遑議及成化改元御史天台陳公選奉 命督學南畿巡行吾邑睹兹未備乃命邑宰安陽韓侯槃圖之得隙地一區於縣治左詢諸父老咸曰昔元至正間知州趙伯安嘗建州學於此今舉是役不亦可乎侯乃屬幕賓王君耿董其事即舊址拓焉中建講堂五楹東西齋舍各三楹繚以周垣峙以綽楔廣十四尋有二尺袤八常工既

訖來徵余文以記之余惟人生有性教之在初特患處之無其地倡之無其人耳今司憲者能倡之司牧者能承之則吾民之獲游於斯者可謂幸矣自今以往尚當講明先儒之格言蹈迪往哲之懿範將見禮義聿興人才輩出未必非今日建學立教之所致也又各都悉建總一百二十七所云又按今制每里各建社學一所設教讀一人今唯十二保設有教讀十二人而社學僅存其一各都所建尋亦廢弛豈非奉行之過歟

同里鎮社學在本鎮弘治五年知縣金洪奏革稅課局改建今地

[illegible]記

吳江之東有市曰同里舊設征商之署邑大夫金侯請諸朝罷之因其址以建社學弘治八年春命里人顧寬董其役越三月學成壬子侯帥博士諸生與大夫士之仕而歸造而進者釋奠於先聖先師禮也事竣大合樂以落成之邑人史某請紀其事俾來者知作之所始其辭曰維茲同里距江帶湖聚落廛居實盛於厥初商貨駢臻肆爲貫匯開局置吏以籠商稅匪曰利之抑末依宜盛衰靡常嗟日就於凉昔焉貨藏今焉牧場昔焉賈舍今焉草野凡厥吏胥求濟其稅率群行匈取日罔

於利扶剔剗刮利盡商敝川舟斷行市肆晝閉公私交病罔有攸濟維金令君聿有隱憂謂此不去民病曷瘳告於御史御史疑之以聞於　天子天子曰都維爾言是俞乃省吏亟章還之於京以其廢址俾作學宮繚以周垣翼以講堂門廡齋舍靡不中程爰聘儒先以養蒙士俎豆於是詩書於是誦聲洋洋禮容蹌蹌侯來視學遠近咸作觀者從之填郛溢郭謂昔之地惟利之計鉤錙較銖如火之方熾惟吾令君是艾於今茲邦向義之方誦詩讀書如水之成章惟吾令君是榮吳江洋洋此特一方專而不咸民能亡望我告來者侯將徧舉舉必有初繼之以序代石鐫辭其故於茲以亡忘緝熙侯名洪字惟深世家於鄞

古塘義塾成化十八年邑人姚芳私建置田八十畝以給費莫震記今廢

## 表坊

狀元坊在學宮左爲宋特奏狀元魏汝賢立　進士坊十一一在同里鎮爲范琮一在綺川爲莫震一在尚湖爲栴倫一在震澤鎮爲黃著一在治東爲葉紳一在學宮後爲魚昂一在北溪爲吳鋆一在縣治後爲王哲一在儒林里爲曹鏷一在爛溪爲周用立　會元坊在學宮左爲趙寬立　解元坊在大廟左爲莫瀾立　經魁坊在學宮右爲鄭奕周用葉敘錢用商顧曾唯沈令聞

立先桂坊在學宫西為諸損立應奎坊在學宫左為吳奎立步蟾坊在同里鎮為范琮立冲雲坊在學宫西為蕭翰立文林坊在大明橋南為陳宣立登第坊在綺川為莫震立觀光坊在六都為崔璵立興賢坊在七都為陸琦立登科坊十一在尚湖為梅倫一在黎里鎮為汝楫一在震澤鎮為孫應奎三在二十八都為龔綬鄭昕徐源一在下塘為李經一在北溪為吳鑾一在同里鎮為陳廣立毓賢坊在同里鎮為莫昇立登雲坊三一在舊松陵驛前為正統九年中式驛丞鄭溫一在綺川為莫宏一在同里鎮為吳鋐立攀桂坊在黎里鎮為汝訥立榮

貴坊在韭溪爲吳璠立　世顯坊在麻溪爲鈿文立　春桂同榮坊在綺川爲莫[redacted]莫旦立　譽髦坊在學宮西爲魯昂立　飛虹坊在長橋南圯爲姚明立　世科坊在縣治後爲吳洪吳山吳巖吳崑吳邦楨吳承熙吳承壽立

右科第

繡衣坊在東門內爲御史黄著立　尚書坊在縣治後爲南京刑部尚書吳洪立　廉憲坊在文廟東爲廣東按察使趙寬立　都憲坊在北門內爲巡撫江西僉都御史王哲立　大總制坊在北門外爲總督陝西三

邉副都御史　父子尚書坊在北塘爲吳洪
陳天祥立　刑部尚書吳山
立　都諫坊在縣治後爲工科
都給事中吳巖立　天官坊在北塘爲
吏部尚書　廷尉坊在南門內爲大理
周用立　寺司務吳涵立　冬官
坊亦在南門內爲工　户科左諫坊在仙里
部郎中吳涵立　橋西北
爲沈
漢立

## 右職官

旌孝坊在震澤鎮爲　旌節坊九一在千都
宋陸十七立　爲元陳熙
載妻張氏三未詳其處爲元龔居贇妻獨
吉氏　大明劉彥敬妻阮氏查直華二妻楊

氏一在黎里鎮爲范忠妻凌氏一在馬賦爲趙顧妻王氏一在縣治後爲吳嵩妻沈氏一在下塘爲龐榮妻顧氏一在北門外爲許謨妻陸氏一在重慶濟東南爲邵瓚六妻費氏嘉靖三十四年勅建崇禎元年重修立**旌義坊**在二十五都爲龐鏞

**倡義效忠坊**在縣治西爲貢士周大章立

## 右節義

**都憲行臺坊**在大有橋西知縣劉澤建**澄清坊**在察院右**承流宣化坊**在縣門左右知縣孔克中建郭鄒重建按元志州治左右有甘棠惠民二坊疑此即其址也**大成坊**在文廟前**泮宮坊**在學宮前

嘉靖十六年知縣林應麒建　大有永濟坊在濟農倉左右知縣賈忠建今廢　福善昭鑒坊在城隍廟前洪熙初建後廢嘉靖中重建昭鑒坊　壽山福海坊在聖壽寺前洪熙初建今廢

右公署

吳江縣志卷之六

# 吳江縣志卷之七

## 建置志四

### 古蹟

前宮後宮西宮皆吳王夫差離宮也在十五六都至今取以名村

酒城在越來溪西吳王夫差釀酒處俗呼苦酒城大明高啓詩酒城應與酒池通長夜君王在醉中兵入館娃猶未醒越人宜賞釀夫功

魚城亦在越來溪西吳王夫差遊姑蘇築以養魚故謂之魚城一云魚本作吳見祥符圖經疑方音魚吳聲相同故有此誤今朱村之西田間基厚而土細高可一丈廣倍之即其遺址也元高文度詩谷變陵遷自古今耕人指點說魚城綠波已涸無鷗鷺禾黍離離高下生大明莫震詩登臨訪古一長吁不養生民却養魚昔日豪華竟何在夕陽煙草半郊墟

吳江驛在縣南一里半唐人建時未置縣

止設驛以待使者張祐詩山色遠涵空蒼茫澤國東海明先見日江白迥聞風鳥道高原去人煙小徑通那知舊遺逸不在五湖中方干詩便向中流出太陽兼疑大岸逼浮桑門前白道通天闕浪裏青山占幾鄉帆勢落斜依浦漵鐘聲斷續在蒼茫古今悉不知天意偏把雲霞媚一方宋元仍之宋馬藏詩蘭舟東下泊吳江暫寄郵亭看淞茫曾望舊蹤追感歎季鷹前事入思量當軒雨過峯巒秀隔岸風來橘柚香散髮未能歸未遂鱸魚時節負秋光劉端詩澄湛方圓匝野深亭皐因暇試登臨往來漁艇艤江口遠近人家住水心曾望清風空慕尚季鷹高躅莫追尋吟餘鷗鳥渾難問落日孤村

起笛音元薩都剌詩左帶吳松右五湖人家笑我隔菰蒲風濤不動魚龍國煙雨翻成水墨圖越客卧吹船上笛吳姬多倚水邊壚鑑湖道士如招隱一曲他年得賜無

松江亭在縣東江口姑蘇雜詠云在垂虹橋誤也其地當在今東門外唐人建後廢宋天聖中知縣趙球即其址建如歸亭以待使客取賓至如歸之意葉清臣記康定元年知縣張先撤而新之蔡君

謨過之病其湫隘嘗題於壁治平中重建慶元六年知縣吳衍建樓三楹寳慶三年什於風雨僅有亭存

松江亭攜　白居易　樂觀魚詩

震澤平蕪岸松江落葉波在官常夢想爲客始經過水面排罾網船頭簇綺羅朝盤膾紅鯉夜燭舞青蛾鴈斷知風急潮平見月多繁絲與促管不解和漁歌

宋梅詢詩

八月滄波瑟瑟秋散人門外最風流葑田舊漲季鷹宅菰葉曾遮范蠡舟白苧夜歌潮欲上紫蓴朝泛雨新收無因敢動思鱸興按察江東十五州

[illegible]詩

萬頃江湖水接天幽亭危構敞闌干風迴鴈陣横烟遠月暮

漁簑帶雨寒笠澤岸搖蓴線紫洞庭秋
染橘衣丹堪啗張翰歸來意只爲鱸魚
不爲官丁寶詩亭下滄浪拍岸平長虹
五里畫橋橫豐年井邑人相得樂國湖
山氣自新行路魚塩通海估荒陂蒲葦
入春耕大夫文行推當世誰惜絃歌滯
武城周之綸詩夜泊松江亭江上對明
月寒氣辟塵埃清光見毛髮水漾琉璃
碎橋映虹霓活風靜如鋪練岸遥疑積
雪一望極渺瀰千里同皎潔波底魚忽
躍簷外星漸没牧笛咽還起漁燈隱將
滅飛鷗馴不驚棲鵲鳴不歇此夕正炎
極此游最清絕煩襟頓爾息浩思灑然
發誰知物外趣信與人間别寘哉萬里
心扁舟見高節王蒙石詩宛宛虹霓墮
半空銀河直與此相通五更縹緲千山

月萬里凄凉一笛風鷗鷺稍廻青靄外
汀洲猶起緑蕪中縣人自欲留佳句忽
憶君詩思已窮 曹輔詩 塵路長迷眼江
亭一放襟始驚天地闊更覺水雲深點
點鷺鷗影疎疎橘柚林扁舟他日興誰
共此登臨 蔣之奇詩 峣榭連飛甍危墻
壓巨鼇風前吹短笛煙底弄輕舠味薦
青螺髻香持白蟹螯凭欄一樽酒極目
看雲濤。我住東山下松江[redacted]勝游飛
橋跨空出高浪接天浮橘熟洞庭曉鱸
肥笠澤秋平生獨願往浩蕩一扁舟
大明周南老詩 虛亭駕垂虹宛在水中沚
江湖界左右闌檻俯清泚疎簾動秋碧
遥山凝暮紫憑虛際空闊應接殊未已
漁歌忽互答聲落烟波裏扁舟去遥遥
可是鴟夷子 如歸亭宋章僇詩 吳江江

上客亭幽地占姑蘇最上游萬頃重湖朝夕浪幾聲殘櫓往來舟涼生領袖黃風晚冷射杯盤桂魄秋東道正開時倒屣笙歌誰惜一遲畱王安石詩春江杳杳來無地飛帆浩浩窮天際朝出吳川夕雲溪回首喬林吹岸蘼篙師晝臥自嘯歌戲彼挽舟行復止人生萬事反覆多道路後先能幾何葉綱詩拍天煙浪接滄溟識盡歸舟是此亭風遞秋香來橘社水資春味驗茶經捲簾江樹差差綠入座湖山隱隱青曾望幽居在何處白鷗無主蒲閑汀陶伯宗詩吾家本住洞庭西烟雨生涯接釣磯今日吳江亭上望水光山色却如歸王頤詩昔年張翰此歸休鱸膾蓴羹八月秋萬頃煙波開極目一帆風便不回頭洞庭有路通

仙室笠澤無人下直鉤自愜宦名身未
了拂衣東去阿誰留

曹英詩

松江通徹太湖脉岸畔淺深無可測天風不來波
面平占盡廣寒千里色秋島香浮橘柚
林怒濤聲撼蛟龍國鮮炊排船漁市人
膾鱸日薦菰羮食凭欄逐日興瀰瀰獨
念鴟夷心所得忌讒去世若脱屣躡爾
孤舟生羽翼嗟哉今古數千載未有能
將名利息高蹤遺躅不復遠疎煙落日
長亭側

夏有章詩

艤舳見江亭登臨思杳冥帝鄉遥望日使節坐觀星野燒侵
吳郡春流入洞庭天隨敝廬在誰爲訪
松扇

何永錫詩

獨臨朱檻愛平波安穩
歸舟兩兩過數島雲霞栽橘社一汀煙
月採菱歌湖心日定施青黛砌下風恬
展碧羅好寫仙源槎閣主便教從此上

銀河劉詵詩江上因懷曾望遊凭欄誰
不久回頭雲開白鳥千行晚風定藍波
一抹秋幾葉客帆分島嶼數星漁火認
汀洲仕途險阻知多少試鑒浮名自合
休陳俞詩地要逢迎不暫休危亭因搆
枕寒流窓含嶽色晴如畫門對湖光冷
似秋醉倚每疑經月國吟登何異在瀛
洲時賢莫厭頻賡詠已向中吳占上游
齊唐詩鞏飛綺構成賓至得佳名岫列
千螺出江涵匹練平吟看客帆度坐見
釣舟橫獨倚倚雕闌外令人心骨清章侁
詩倚岸凌虛若冠鰲湖光山色兩相高
驚波雜沓聞千騎遠樹微茫見一毫娃
館已空人世隔帝鄉何許客心勞吳門
曳練那曾覩早覺霜華入鬢毛吳感詩
五柳門南派水東水邊亭上興無窮半

窓山色來雲外一枕荷香帶雨中繡被
夜歌青翰櫂綠波春颸紫莖風塵昔未
竊江湖號携手闌干早晚同

大明高啓詩

泊舟登庵亭江風墮輕幘空明入
遠眺天水如不隔日落震澤浦潮來松
陵驛綽綿洲淑平莽蒹葭荻積凭欄不
敢唾下有龍窟宅帆歸雲外秋鳥下烟
中夕欲炊菰米飯待月出海白蜺起弄
珠君聞吟

第三節

開江指揮營在東門外初吳越錢氏置都
水營田使以主水事募卒爲都號曰撩
淺亦曰撩清宋興因之分兩指揮第一

在常熟第二有二一在崑山一在吴江南城嘉祐四年置開江兵立四指揮一在吴江卒二百人宣和二年提舉趙霖興修水利添置卒五百人朱勔進花石綱盡奪以往紹興以後止存兩指揮一在吴江兵士一百餘人今學宫卽其址也

驪龍灣在黄家溪相傳宋高宗南渡時宿此有泉湧出因名

平望寨即巡檢寨在本鎮宋建炎中置土軍一百四十四人保伍中取之三丁籍一亦名義兵歲以十月聚而教之至二月乃罷人日給錢百文米二升

南北驛在北門外宋紹興十八年奉旨建專寓國信使堂宇百餘楹窮極閎麗

釣雪亭在雪灘宋嘉泰三年縣尉彭法建華亭林至記宋[illegible]詩舉頭湖上無多地每笑仙凡隔幾塵雪

月蒲天迎客夕依然身是箇中人

震澤鎮學在本鎮宋寶祐中邑人沈義甫私建中爲明教堂東爲三賢祠元至元中陞爲儒學

學官聽在後河宋咸淳二年知縣錢牧建自爲記

期月亭在城隍廟前

郵亭亦在城隍廟前

通越亭在南門外

笠澤亭亦在南門外

皇華亭在北門外

聚星亭未詳其處

逍遥軒未詳其處宋胡份詩欲識軒中趣君看榜上標廣寒宫最近蓬島地非遥水闊雲無著天多月易邀此身無厭戀回首謝囂囂范居中詩壺中香火夙緣非隣接三高道更腴無事横琴唤魚躍有時洗鉢待龍歸曉覩山色和雲合夜聽江聲帶月飛任是風波在平地已同鷗鳥兩忘機

豁然閣未詳其處　宋沈與求詩　十載飄零寄宦遊五湖歸夢一扁舟凭闌大數鴟夷子雨笠煙簑着我不　程俱詩　雲霞墜壓西山飛帆拂天鏡誰開一窗明納此千頃淨寒蟾發澹白一雨破孤迥晴邀山林交或盡剡溪興扁舟還北城隱隱聞鐘磬　蔡伸詩　長風東南來濁浪撓清鏡小軒寂寞人默視心獨靜扁舟暫淹泊思與孤鴻迥洞庭眼中物何必更乘興顧石謾巑岏終慙泗濱磬

震澤鎮稅務在本鎮

酒務在縣治西南

僊人洞在仙里橋下深黑叵測俗傳此洞通太湖約七十里可出林屋洞宋陳昉爲僊從此去互見公署橋梁仙釋類

南浦亭在石塘元至元二年知州那海建

鎮守長橋鎮江水軍萬戶府在長橋元至元十三年丞相伯顏引兵南下命千戶甯玉等部卒復修長橋通道設置鎮撫所在州市

平望千戶所在本鎮

巡塘司在北門外

禦戎亭俗訛呼御書亭在長橋側元至元十三年

宣撫游某建

閱武亭在萬戶府西

教場在北門外

平望鎮抽分場在本鎮元至元中建

批驗所在平望鎮隸兩浙都轉運塩使司

平望務在本鎮係吳江子務
震澤務在本鎮亦係吳江子務
蒙古字學在長橋東元元貞二年建至順
二年重建
捕盜司在州市元元貞二年建
官醫提領所在仙里橋西南
吳江水站在州治西即宋主簿廳址建
吳江馬站在北門外

際畱倉在州市

常平倉在際畱倉內別立鵲門東向

接官亭二一在南津口一在北津口俗呼水閣

俱元至大元年建

匯澤亭在長橋東南堍元泰定元年判官

張顯祖建

底定亭在長橋西南堍元泰定元年判官

張顯祖建

具區亭在北門外教場左

安樂堂居州軍之有疾者在州市

船場在學宮左

平望土城在本鎮元末時張士誠築今呼城濠即其處也徐師曾曰平望邑之屏蔽也雄據南北戰守咸宜使城尚存則乙卯之變豈至此極乎細民恡於用財有司沮於浮議此識者之所深憂也

邵巷土城在本村亦張士誠築

湖城在吳漊村亦張士誠所築遺址今存

吳江縣志卷之七

# 吳江縣志卷之八

## 建置志五

### 園第

顧侍郎宅在□橋西梁黃門侍郎顧野王著玉篇處也後人卽其地立廟祀之

褚家林亭松陵倡和集云在震澤之西范志云當在松江之傍今吳中褚姓尚多亦有登進士科者 唐白居易詩 聞健朝朝出乘春處處尋天

供閒日月人借婭園林漸以狂爲態都
無悶到心平生身得所未省似而今皮
日休詩廣亭遥對舊娃宮竹島蘿溪委
曲通茂苑樓臺低檻外太湖魚鳥徹池
中蕭疎桂影移茶具狠藉蘋花上釣筒
爭得共君來此住便披鶴氅對清風陸
一陣西風起浪花遶欄干下散
龜蒙詩瑤華高窓曲檻仙侯府臥葦荒芹白鳥
家孤島待寒凝片月遠山終日送餘霞
若知方外還如此不要秉秋上海槎張
賁詩野林亭震澤西朗吟閒步喜相
携時特風折蘆花亂處處霜摧稻穗低
百本敗荷魚不動一枝寒菊蝶空迷
今朝偶得高陽伴從放山公醉似泥

震澤別業在本鎮唐高士陸龜蒙所治也

龜蒙家甫里往來其間云數尺游絲墮碧空年年長是惹春風爭知天上無人住亦有春愁鶴髮翁

盤野在東門外學宮傍宋少師黃由之別墅也寧宗賜名內有共樂堂聯德堂菲堂明月臺擁書樓墨莊道院三清閣著名於時由自有詩

定軒在震澤鎮宋工部侍郎楊紹雲所居中有桃源洞廣數畝異石林立遺址猶

存權工部尚書劉崙記震澤楊公以定名軒而貽書於崙曰盍為之記余謂定一也而有老氏浮屠氏之定未知公之志果奚所屬也自儒者言之則大學自定而靜靜而安安而慮慮而得其寂然不動者正所謂感通之體也自二氏言之則其所謂泰定所謂禪定者兀然枯槁而已爾漠然清虛而已爾人之一心與造化侔大者以其往來闔闢之不窮動靜出入之俱妙也今以兀然漠然者為定則是無用之體不感之寂也其可乎公以斂達果銳之材而為明天子所任屬蓋嘗屏上游護天塹開大幕府制置長淮而又法從近臣而總六師之賦其志存乎立功其誼顧乎報主固非槁心無用者比也則其所屬必儒者而

非二氏奚疑雖然定之難能也久矣自窮居獨善之士捐百事息萬慮以求之有終其身而弗獲者況於履功名之塗踐富貴之境凡爲吾耳目之媵心志之蜮坌至錯立於前菀枯榮醜可喜可駭者日百千變其亟疾若破山之霆其震蕩若發屋之風其眩亂反覆又若一葉之艇而舞翻空之濤甚矣哉定之難能也若是者其疾焉在曰心無主而已矣竊嘗聞之敬則心有主而物聽命不敬則物爲主而我從之古之君子對妻子猶君師之臨處幽室甚十目之睹所以養吾心而爲萬物之主也心有主然後有定見有定見然後有定力酬酢萬物無不可者是則儒者之定而公之所志也夫理有定而事無方隨事以應之使

各適其可即所謂定也若乃處義未精而猥曰吾守之不可易是直私意之錮爾烏足語定乎哉故主敬窮理交相爲用東魯西洛之正傳有不可誣者公之大父紫微公受業于伊川之門人爲先朝侍從公之所學自其家世且方嬰繁劇而不亂遭變故而不懾其於定之一言用力深矣顧何足以發公之志姑論所聞以復命云

臞菴在東門外學宮西宋大冶令王份歸老處也園江湖以入圃栁塘花嶼景物秀野名聞四方圃中有與閑堂平遠堂

種德堂山堂煙雨觀橫秋閣清風臺對
峨城釣雪灘琉璃沼臞翁澗竹廳龜巢
雲關纈林楓林等處而浮天閣聚遠樓
爲最勝宋徐作詩藜莧幽人室丘園隱
者居一原青障合萬木緑陰疎
手把歸田賦腰懸種樹書桑麻連畛秀
網罟入溪魚呂本中詩伊洛富山水家
有五畝園花竹遶瀍澗不讓桃花源清
時足眞賞戶門開層軒一朝胡塵暗故
家希復存莽蒼走萬里始及吳市門菴
廬據形勝氷壺貯乾坤亭榭著仍穩不
見斧鑿痕主人更超邁雲夢入九吞植
杖邀我坐笑語清而溫坐令車馬客稍

識山林尊十年老朝市漸覺兩目昏求田與問舍姑置不復論但願從我公不使世諦渾

蘇庠詩

王郎曜菴摩詰詩煙花遶舍江繞籬石渠東觀了無夢筆牀茶竈行相期古人已往不可作甫里顧有今天隨東隣蟹舍肯著我請辦蓑笠懸牛衣

又平遠堂詩

柳外西風六幅蒲野塘曬鴨對春鋤如何喚得王摩詰畫作三山煙雨圖○寒蘆淅淅催秋晚浦雨溟溟憶去年他日未埋黃土陌爲君重賦補亡篇

又浮天閣詩

曜菴主人天與閒囘欄飛閣臨滄灣墻波淵淵鴈行落坐見萬頃穿雲還百年有底付鳥翼未暇著脚鷺鷥間徑須呼酒澆磈磊莫遣暝色霾煙鬟○玉蟾飛入水晶宮萬頃琉璃碎晚風詩就雲歸不知處斷山

零落有無中○秋落空江動碧虛荻蘆洲渚鴈飛初我來欲訪鴟夷子爲掛西風十幅蒲**王鏊詩**全家高隱白雲關孝不紫懷夢亦閒欵乃交撐漁市散隔江城郭是人間**向子諲詩**仙翁五十鬢猶青高卧柴門晝亦扃茅舍已忘鐘鼎夢蒲輪休過薜蘿亭陰森門巷先生柳寂寞江天處士星晚歲田家農事了閑抄甯戚相牛經**沈與求詩**地控三州界池開十丈蓮桑麻無杜曲松菊有斜川別浦歸帆遠他山晚照妍江湖春水闊幽與白鷗前**程子山詩**待月凝雲鎖垂竿釣雪灘虛窗搖冷翠傑閣聳高寒籠養千齡鶴爐燒九轉丹不須論許事心目自清閒○壁上煙蘿子窗前鴻素書短籬開窈窕嫩竹轉扶疎世事霜前葉聲

名澗底樗柴桑陶靖節日暮荷歸鋤

**何**

**偶題**　多羨王居士心閒事事幽山從天未見江近枕邊流春。闌干葩秀霜林百果收更能窮物理濠上看魚游。地占松江勝爲園不種瓜幽深清磬響高下石闌斜花密聳隨蝶林深雀啅跎勝如摩詰畫不是季鷹家。檞外長虹臥江邊小帘圓水搖千嶂影窓納五湖天隔岸誰家圃開帆何處船非關臺榭好此地最堪憐。霜落川原淡風高木葉丹雲無千頃白月墮一江寒禮佛因成塔焚香旋築壇竹聲過小院雜珮響珊珊。沙暖鴛鴦困江寒翡翠愁紅蓮秋的歷短棹晚來猶處世長無累端居百不憂時時明月下橫笛倒騎牛。清江饒檻白鷗飛坐看潮痕上釣磯松菊未荒

元亮宅芰荷先製屈平衣窓前楓葉芳初落亭下鱸魚秋正肥安得從君理蓑笠棹歌相迹入煙霏

陳栝詩

季鷹雅志本江湖胡爲入洛誠計疎一盃蓴羹入歸夢歲晚倦飽松江鱸何如王郎十畝宅一生江頭枕江碧西風落日弄烟波却咲陶令計然策我來訪君春已深江花江柳翻綠陰相携三徑拾瑤草爲問客來何若心固知此事君計得我被徵官苦相逼勸君慎勿語彈冠便恐紛紛北山檄

陸孝子宅在震澤鎮宋孝子陸十七所居也寶祐二年郡守趙汝歷旌其門

綺川亭在莫舍村宋參政范成大別墅之一也後人因以名其地云

大明周鼎詩

越來溪上仙人里罷相歸來有此亭水極東南眞澤國山圍西北好雲屏吳歌楚舞今安在蔓草寒烟只自青繼者可無張雪倚斷鴻天末去冥冥

許浩詩

人去亭荒幾百年四圍欄檻鏡中天半簾春雨空啼鳥十里烟波只釣船相業自垂青史上宸奎猶照石湖邊豪華代謝君休訝接武清風有後賢

武宣公第在東門外學宮西卽臞菴故址元都元帥甯玉退老處也

萬玉清秋軒在同里鎮元江南財賦司副使里人甯昌言別墅也中有菊坡歲寒屛蒼莨谷來鶴亭橘圃芙蓉沼金粟塢碧梧岡師古齋棲雲館華亭繪士張可觀爲之圖大明郭登詩王謝堂前久不歸野田荒樹幾斜暉花開花落秋還在年去年來事已非楊柳風多凋翠縷芙蓉霜重濕紅衣故人空感山陽笛一段傷心畫所微周敘詩舊家原在同川曲世世振勳庸秉鈞軸雲仍繼者太中賢解印歸來悅幽獨別墅遙從天上開竹間處處起樓臺歲寒屛古蒼松

老來鶴亭深碧澗迴亭前橋檻干株綠
圃上芙蓉蔭芳沼殘荷細卷玉露清疏
梗低垂紫煙曉長坡迤邐雜菊芳花開
三徑如柴桑萬斛香生金粟塢滿庭陰
逹碧梧岡岡梧見說曾棲鳳鳳去庭空
如昨夢只餘萬玉在新圖往事繁華竟
何用當時故族稱雪洲二家文物同風
流雪洲令子太中倩冰玉相輝不易求
陵遷谷變流光度回首塵寰重增慕賓
鴻社燕幾春秋砌蚓池蛙自朝暮雲林
只尺吳江湄城郭故在人民非名園疊
榭總零落湖光樹色猶依微玉堂先生
雪洲後圖畫當年善重購甥館應符宅
相賢蘭堦尚想先人舊摩挲披物重傍
徨幽深一似平泉莊茂苑遺芳何處覓
松陵風雨秋荒涼楊溥詩社燕賓鴻共六

歲華松陵禾黍故侯家誰令千載柴桑裏一度秋風一度花

**劉鉉詩**

寗公在昔稱時賢頭顱半白來歸田老懷澹泊慕幽雅高居别築臨同川數畝園林占清勝四時景物誇奇妍賓從日盈北海座琴樽晩載南湖船一朝陵谷那知變廢盡東吳舊庭院扶踈修竹爲誰青零落芙蓉不成片白雲飛去不復來只有堂前舊時燕春深幾樹花亂開無復當窓映人面繁華事往今已休東牀老去懷舊遊歌舞重尋館甥處蕭索碧梧風雨秋陶令宅邊松尚在習家池上水空流追思自足興感慨何獨對此方爲愁六十年來駒過隙俛仰之間已陳迹畫圖寂寞久無聞流落人間匪朝夕客從何處遠持來佳致依然不殊昔夢囘非夜

到松陵鐘斷
長橋月初白

小瀟湘在長橋南元淮南中書行省管勾
甯伯讓所居中有林館臺沼謝肅記

水花園在同里鎮元人葉振宗所居園廣
數里中有聚書樓約鷗亭小垂虹池閣
石梁映帶左右今廢爲魚叢

南村在綺川元末隱士張璹所居中有素
心堂陶菴有石昇隸刻端節移居首存上芳意軒若墅

館雪佾亭王行記　元無名氏詩　綺川嘉隱地心迹遠塵氛山色長年對溪聲入夜聞彈琴當落日把酒對春雲每憶高堂上斑衣獨羨君

守約齋在桃墩元末學錄吳簡所居中有月潭雪區

友竹軒在半涇村元末金玉局副使崔天德所居周伯溫書扁高啓記

水竹居在平望鎮　大明訓導曹謹所治也居有水竹故名合沙俞焯記　元高明詩　晉家

池上絶塵氛瀟洒相看只此君降消已沈蒼玉佩臨池還洗翠綃裙朝陽鳳下春初浴秋雨龍吟夜每聞欲借一竿長釣此扁舟何日棹溪雲

曹琥詩

溪頭縛屋苦不多奈此此繞溪修竹何天光雲影忽顛倒翡翠琉璃相錯摩方丈幽居元自好尋常俗駕少經過主人領客穿深窈白日惟聞擊節歌

徐禎卿詩

此地風雲久鬱蟠何人臨水種琅玕波涵秋影蒼鸞舞風散晴烟白鳥寒把釣莫辭巢父去題詩還共子猷看更須斬絶開渠瀰莫放源頭活水乾

陸廣詩

爲愛王徵士幽居發興新乾坤得清氣風月屬閒人已有雙溪竹渾無一點塵平生隨所寓取猶任天真

王寵詩

屋枕澄湖地自偏水光竹色蒲虛簷風搖翠雨香浮席月

逆金波影入簾開拂玉琴和鳳吹悠吹
鐵笛把龍潛春時有酒無餘事筍熟芹
香味可兼 陳述詩 結廬修竹裏欄檻俯
清流六月不知暑四時渾是秋波明金
鏡皎雨集翠雲欄濤仲今還見應陸阮
籍遊 大明張緯詩 高人何所適水竹
乃真賞仰瞻翠檜欒俯愛清泚漾雨點
玻璃碎風擊琅玕響濯纓心自遠辟暑
神先爽深存渭濱意欲繼山陰
往幽悰亦同好無由脫塵鞅

壽樸堂在綺川 大明戶部侍郎莫禮所
居詹孟舉書扁方孝孺記

遺老堂在同里鎮 大明布政使何源歸

老處也程南雲書扁祭酒胡儼記

大明　張居佚詩

九重優詔許還鄉便向林泉結草堂節竹杖移花下月鹿皮冠壓鬢邊霜甕開春酒流霞暖簾卷香風化日長賦就閒居身自逸湖山佳處恣尚羊○遥望同川雲樹蒼别來不覺幾星霜歸休已結香山社訪舊重登緑野堂酒泛流霞人似玉衣明宫錦鬢如霜更期後會知何日暫把離懷付短章

墓域

漢中大夫嚴助墓在縣東南百里至今呼其地爲嚴墓

吳將軍盛斌墓在盛墩
麋城王墓在麋塔村
吳郡餘杭邵氏夫人墓在陳思村
梁門下侍郎陸雲公墓在横山故俗稱陸墓山
宋吳駙馬墓在儒林里駙馬名無攷相傳尚高宗公主勑葬此地
元太中大夫甯昌言墓在同里鎮

貢士王原杰墓在陳思村

大明户部左侍郎莫禮墓在綺川

布政使何源墓在同里鎮

知府汝泰墓在黎里鎮

知縣姚明墓在花園村

御史黃著墓在十一都

會元趙寬墓在吳山

全孝翁吳璋墓在檞里村

南京刑部尚書吴洪墓亦在梅里村　勑
賜葬地子刑部尚書山祔
恭肅公周用墓在十八都西亢字圩　朝
廷遣官營葬

形勝

宋圖經曰吴江樂土無墊溺蕩析之患○范成大曰松江太湖水國之勝當天下第一○黄由曰壯哉縣也水天寥闊清淑扶

輿○林至曰松陵當江湖之會而垂虹爲天下偉觀○元朱子昌曰吳江有三江五湖之形勝故其地爲古今之雄盛

大明盧熊曰吳江縣治在江濱垂虹跨其上天下絕景也○陳理曰西南有太湖之險東北有松江之塹幅員五百里膏腴數千頃可謂險且富矣若夫長橋諸亭鶯石二湖勝甲天下豈特雄冠一邑而已哉

成大詩　長虹斗起蛟龍穴朱碧欄干夜明滅太湖三萬六千頃多少清風與明月青鷂驚飛白鷺閒丹楓未老黃蘆折誰將橫笛叫蒼烟無限驚波翻白雪洞庭林屋舊游處玉柱金庭路幾絶水仙逢迎摻修袂問我歸計何當決去年匹馬兀春寒今此孤蓬窘秋熱人生意氣得失間輕重劍頭吹一吷莫將塵土涴朱顏卻待丹砂回白髮

黄由詩　歸來三閭月無事一歸心刈草尋花遲開池漾漾竹陰江邊問明月天際數歸禽幸有高賓至相逢似竹林

無名氏詩　玉蟾飛入水晶宮萬頃琉璃碎曉風詩就雲歸不知處斷山零落有無中□畫鷁高飛江水漲老漁急唱夕陽斜秋來客子動歸興船到松陵即是家

元張以寧詩　三高堂下緑蘋風十載維舟兩鬢蓬范蠡無書

臨越絕張翰有夢到吳中雲開笠澤浮珠闕月出長橋動彩虹長憶故人心斷絕五羊南去小飛鴻

**高得暘詩**　江色入秋清蒹葭白露零星移孤鴈影月落亂雞聲旅泊常隨處舟行不計程三高呼莫起誰與話幽情

**李繼本詩**　客路幾時盡愁懷到處同斷帆衝暮雨短笛咽秋風水碧沙雲白山青柿葉紅莫言詩費日光動錦囊中

**丁敏歸吳江舊居詩**　一身衡寄在煙霞首夏歸來玩物華滿徑綠陰山柘葉一籬香雪野薔薇花東隣茄影招沽酒西塢歌聲唱采茶大幽景慰情聊自適短節微服看桑麻

**明吳復吳江春望詩**　二月南江春雨晴雜花開樹柳飛鶯江湖一色葡萄綠吳越千重錦繡明珠滄小娃金縷曲玉樓仙客紫鸞笙白頭庾信思鄉國無限春光感舊情

吳山越水二千里寒食清明三月天野店桃花沽酒騎畫橋楊柳釣魚船紅雲樓閣金銀起白日城池錦繡懸不似去年花書上一窓風雨牀書眠

胡奎詩

江上凉生白苧袍荻花楓葉晚蕭騷長虹飲澗天在水忿雷勞山風送濤地勢混茫通九澤風流今古屬三高收帆暫向楓灣宿喚起吳娃壓小槽

徐衍詩

曉發松陵道悲笳起戍樓江聲隨逆旅月色送行舟寒葦孤洲水霜楓兩岸秋明朝吳故國今古恨悠悠

閻張詩

吳淞江上望垂虹歷歷山川似畫中泉脉分甘天目近湖翻底定海門通兼葭蒼翠秋光淨禾黍青黄歲事豐澤國交游幾人在寄書無便託鱗鴻

又歸吳江詩

松陵山水憶曾遊轉眄於今五十秋鬢含霜霜晨聽講長橋玩月夜停舟甘泉徹底皎

涎吐震澤澄波蛋氣收維棹何當尋故老
江頭重訪御書樓孫作消吳江呈繼上人
詩松陵橋畔太湖前斜日青楓繫客船引
頸數看花鴨亂含情深愧白鷗賢千鐙更
蘋傳無盡一畜曹溪覺有緣稍待月明風
細熟臥吹簫管學坡仙韓奕詩閒遊何處
寄閒情江上維舟眺晚晴秋雨荒城猶草
色天寒遠寺又鐘聲支離形影中年過蕭
散心情物外輕問信偶來居士室焚香煑
茗話無生朱昱昌詩浪起秋風萬頃花吳
江一望太湖賒子胥謀畧原仇楚張翰功
名尚憶家廟倚虹橋長臥水舟搖月棹遠
侵沙不甚夜靜鳴孤鶴坐看
喻時松陵小述詩乘舟久在夫差國問俗
獨憐木犀[illegible]震澤春深花遶縣洞庭雲盡
日行空鳴梟不得仇公化擁鶚何能李氏

風懷古只慚對銅墨奔馳愁向大江東刊東風颯颯蜆江樓雨去風還客未休甬里村荒多賦税松陵山遠半公侯汲生獨抱榮陽耻漆女空懸魯室憂郵傳夜闌人不寐孤情何處問滄洲

## 松陵八景

一曰平湖落鴈二曰太湖春波三曰洞庭白雲四曰垂虹夜月五曰華嚴曉鐘六曰海雲夕照七曰夾浦歸帆八曰龍廟甘泉　以上舊定

一曰平湖落鴈　大明吴騏詩　沙邊鷗鷺自相依又見隨陽白鴈飛未必幽棲矰繳少應緣此處稻梁肥　周忱詩　極浦秋色寒隨陽見飛鴻影迷天際月聲斷江上風方欣稻梁富矰繳何由逢

二曰垂虹夜月　吴騏詩　幽亭俯瞰白鷗波有客凭欄發浩歌不是水天

空闊處如何容得月明多周忱詩清波臥長橋深潭漾華月肅肅夜景澄微微天籟發幽人亭宇開鉤簾坐清絕三日海雲夕照吳驥詩江村禪院寂無譁遠浦煙生日易斜返照入簾僧出定不禁庭樹噪歸鴉周忱詩紺圃映霞彩夕陽在西峯賈人罷山市寒發鳴昏鐘遥見浮屠頂歸鴉翻背紅四日夾浦歸帆吳驥詩水禽飛盡一汀煙帆掛秋風逐釣船誰信江湖遠朝市此身猶被利名牽周忱詩水闊天氣清雲歸日將暮輕颸布帆渺渺烟中度舟人多語聲笑指家山路五日雪灘獨釣吳驥詩白沙飛雪擁晴灘回首蒼茫落照間堪笑漁翁爲貪利一竿猶釣不知還周忱詩剡曲興方盡灞橋詩思闌梅梢露晴月天地浩漫漫放歌獨向事垂綸漾清湍六日塔

寺鐘聲吴驥詩浮圖百尺倚秋雲占寺僧歸獨掩門祗恐塵寰迷醉夢疎鐘長爲警晨昏周忱詩緇宇隔塵寰旦暮鐘聲度龍隨仙梵微音與閒雲去孤艇泊楓橋聞之發深悟七日吴山白雲吴驥詩山光雲氣兩模糊翠縠縹收素練鋪盡日西窓閒拄頰何須披畫郭熙圖周忱詩翠微倚天半白雲時往還暝浮飛鳥外影落平湖閒惟應栖遁者無心相對閒八日直溪春水吴驥詩雨漆新綠遶溪流眼底飛煙暗柳洲無限好懷吟不盡却輸清景與沙鷗周忱詩雨餘春水生汎汎没汀沚魚戲新蒲閒舟維綠楊裏日煖東風狂桃花浪初起以上續定一曰具區雲濤二曰鱸鄉煙雨三曰垂虹夜月四曰塔寺朝陽五曰西山爽氣六曰龍湫甘泉七曰簡村遠帆八曰雪

灘釣艇（以上莫旦更定）

## 震澤八詠

一曰陸子幽居二曰鴨炙烟艇三曰洞庭罨畫四曰太湖巨浸五曰龍宮芷菂六曰鎮學絃歌七曰三賢祠八曰存孝坊

## 黎川八景

一曰吳山聳翠二曰黎水澄清三曰拙菴故居四曰登瀛遺跡五曰羅漢（寺名）鐘聲六曰府宮旛影七曰禊湖夜月八曰月灣漁舍（以上原定）一曰瀛橋聯袂二曰禊湖流觴三曰毘廬晚眺四曰瑪瑙（菴名）春遊五曰焦澤菱舟六曰月灣漁舍七曰鴨逕帆影八曰鶴墅歌聲（以上秦登新定）

## 平望八景

一曰鶯湖夜月（大明俞睦詩）雨過南湖水正寬琉璃影裏月光寒雙鶯一去無踪跡夜惟看浴素鸞二曰荻塘躍馬（俞睦詩）當年千頃刺湖州會築長堤捍逆流兩岸聯

風楊柳綠王孫得意騁驊騮三曰玄真仙跡**俞睦詩**桃花流水鱖魚肥之子仙遊尚未歸留得青山苔石在行人錯認綠簑衣四曰殊勝鐘聲**俞睦詩**樹色依微欲曙天一痕殘月墮江煙鶯湖西畔前朝寺惟有鐘聲落釣船五曰驛樓覽勝**俞睦詩**畫棟翬飛聳碧空湘簾高捲綠楊風吳山雲水無窮趣都在凭闌一望中六曰遠浦歸帆**俞睦詩**蘆荻蕭蕭起晚風行人從此掛歸蓬遥看隔浦含煙樹尚帶殘陽一抹紅七曰柔艣漁舍**俞睦詩**幾家茅屋住煙村桑柘重重綠映門昨夜鶯湖初雨過漸看新漲入蘺根八曰溪橋酒店**俞睦詩**溪橋酒店並垂楊好鳥多情喚客嘗最愛春風初起處一簾疎雨杏花香**以上陳克禮宋[illegible]**

## 同里八景

一曰長山嵐翠**大**

**明吳驥詩**　平疇繞郭無崇岡前溪後圃遥相望長山突起若屏障來自艮位趨乾方坡陀纏及數仞高綿亘已逾千丈長西嶂林屋勢連絡灝氣直與雲飛揚晴嵐暖翠看不足碧草滿地松蒼蒼山靈蟠鬱久未發待爲先哲開玄堂百年浮世竟徂謝一生清節何時忘乃知斯境稱潛德亦有隱者居其旁泉臺深閉白日靜宰木間倚秋風凉摩挲石刻獨延佇鶴怨猿啼恐斷腸

二曰九里晴瀾　**吳驥詩**　太湖風濤湧銀屋望處令人駭心目豈知數里小澄湖近接吳淞煙水曲未能朝宗會百川頗擅清幽遠塵俗沿堤冉冉春流漫拍岸溶溶朝雨足桃花浪暖鏡光平時動微瀾縐輕縠忘機沙鳥自往還無意汀蒲爲誰緑農憂亢旱資灌溉户有鮮鱗供口腹我遊朔方思

故鄉恒厭黃埃暗山谷此日南歸得縱觀
欣聞漁唱聲相續欲供佳景入吟懷爲報
斜陽舟去速三日林臯春雨**吳驥詩**林塘
迥合水交流鬱葱佳氣常凝睟鉅族相承
令幾葉家有恒産貽孫謀農祥司春聲東
作簷前喜聽啼斑鳩一犂膏雨旣沾足老
揵縛軛來西疇比隣相戒亦務本男耕婦
織無他求秧針刺水綠雲布桑麻繞屋蒼
烟稠路通樵徑絕塵軟門臨釣磯飛白鷗
桃源想像不可到此景彷彿如滄洲何人
高隱謝名利草堂新築爲藏修人生萬事
皆夢幻但願晚景長優游四日蓮浦香風
**吳驥詩**春光已暮繁華少目送殘紅棲碧
草此身况復在江村何處尋幽散懷抱豈
知佳景近禪房數畝陂塘自淸悄爽岸垂
楊影漸多凌波菖蒲開逾好翠盤擎重露

珠凉花錦艷烘霞氣早靜無塵事可投閒旁有釣磯飛白鳥地僻雖然遠市廛民淳却喜無機巧青雲有客繼登科坊第連雲超物表水亭瀟洒挹香風九夏那知炎暑惱會見功成畫錦歸重爲哦詩發天藻五曰南市曉烟 吴驥詩 嶺南虚市幾家村荆吴亥市名猶聞却羨此中生意好懋遷百貨無朝曛地帶三吴遠近至橋通一水東西分白粲連艘何濟濟青蚨滿篋常欣欣隣鴻喚夢驚起早爭先逐利忘其勤轝綱得魚呼釣艇當罏貰酒開芳樽踵接肩摩肯辭險群分類聚如飛蚊初疑眼界隔烟霧那知跬步皆塵氛坐令兒曹亦喪志豈解讀書能綴文先賢每戒登壟斷兹事與君難細論 六曰西津曉渡 吴驥詩 遠陌初窮臨渡口關津恒置官兵守一水非遥涉

者艤扁舟長繫沙邊樵負薪晚過見荒壘荷鉏朝出知田叟戴白垂髫去復來中流指顧猶回首月落江城暝色寒烟生茅屋斜陽後此時歸思正忽忽立斷西風待應久其旁蘭若自昔年老衲經營今尚有危竿幡動駭禽飛敗席塵凝容鼠走凄凉何用感余懷陳跡依然名不朽却嘆緇流日已多人豪更有昌黎不○徐師曾按莫志載同里八景云吳騏定今按騏詩僅存六景而無所謂野寺昏鐘水村漁笛者疑騏時止六景莫志增入二景而繫之騏所定歟然不可曉矣

綺川九詠

一曰綺川亭二曰仙人里三曰南村四曰時思菴五曰東村六曰西陂七曰湖㶚八曰山翠九曰壽樸

宋應辰定

以

韭溪八詠

一曰溪橋晚眺　二曰龍舌漁翁

三曰東林精舍四曰唐塔靈祠五曰沈望烟林六曰平湖雨霽七曰湖浦帆歸八曰瀟湘夜泊

上吳本缺

以

## 龐山八景

一曰湖開似鏡二曰土阜如山三曰廿泉古墓四曰長渠清流五曰前村牧笛六曰遠浦漁舟七曰野花如染八曰湖草長春

## 梅墩八景

一曰三村土秀二曰九里湖清三曰龍珠夜月四曰嶽廟曉鐘五曰僻窓書屋六曰茅店酒帘七曰石橋漁艇八曰古井龍光

吳江縣志卷之八

# 吳江縣志卷之九

## 食貨志一

### 戶口

宋戶二萬五千五百五十有二口十七萬八百三十有九

元戶八萬四千三百口三十二萬八百五十有二

大明洪武四年戶八萬三百八十有二口

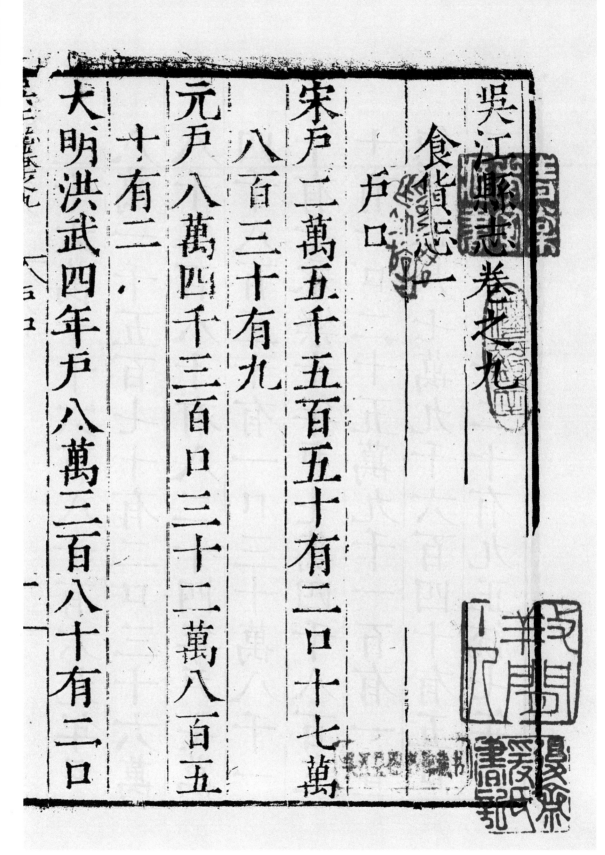

三十六萬一千六百八十有六九年戶八萬一千五百七十有二口三十六萬八千二百八十有八二十四年戶七萬四千八百三十有一口三十萬八千一十有七永樂十年戶七萬四千八百三十有一口二十五萬九千一百有一宣德七年戶七萬九千六百四十有五口二十六萬八千二十有九正統七年戶

七萬二千七百有八口二十六萬八千
二十有九景泰三年戶六萬七千八百
有四口二十七萬一千四百二十有一
天順六年戶六萬八千三百六十有五
口二十七萬一千六百九十有一成化
二十二年戶七萬二千四百四十有五
口二十七萬三千九百三十有二弘治
十八年戶八萬一千九百一十有六口

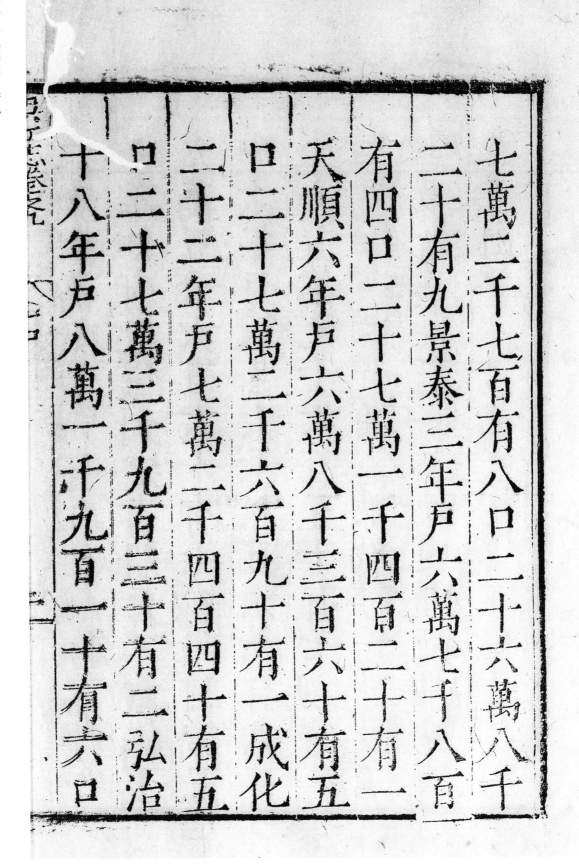

二十六萬七千一百以上人口男婦並計嘉靖十七年知府王儀刊定書冊戶不載編丁九萬五千六百六十有七以上並計成丁男子三十六年戶八萬六千八百六十有六口二十五萬九千六百五十有七男子一十六萬二千四百六十有二內成丁一十六萬四十有四不成丁二千四百一十有八婦女九萬七千一百九十有五內大口九萬六千二百有五小口九百九十

土田

宋之田有曰公田（供兖淮軍食）畝租自一石五斗至七斗一升四合曰圍田（江湖濱水淺處民圍爲田）租四斗或三斗曰沙田（民自經理江湖沙漲地爲田）租三斗或二斗曰成田（民闢草萊爲田）租二斗曰營田（民耕官閑田）租四斗或三斗二升曰職田（給文武官養廉民佃入租）租自八斗七升至六斗三合五勺曰常平田（沒入官者）曰義役田（鄉民出助保正差役者）曰社倉田（官買民田以備荒者）曰

四局官租田曰養濟局田曰居養院田恤養鰥寡孤獨老幼廢疾者曰囚粮田官發以克囚食曰没官田斷没各項田土科租高下有差高者不踰一石五斗下至二斗數皆無考

元之田亦有曰公田畝租自八斗至五斗曰營田曰職田租皆二斗曰圍田租二斗十六升六合七勺曰常平田租三斗五升曰戶絕田曰義役田曰没官田租皆

八斗曰安養院田曰江浙財賦田租皆
七斗曰潘宗裕攺科田租三斗曰江淮
財賦田租一石五升或三斗總計三千
三百六十八圩一萬一千四百十五頃
四十五畝四分延祐四年行經理之法
悉以上中下三等八則計畝起科
大明田地分官民抄沒三項官田地起科
凡十一則曰七斗三升曰六斗三升曰

五斗三升曰四斗三升曰三斗三升曰二斗三升曰一斗三升曰一斗曰五升曰三升曰一升民田地起科凡十則曰五斗三升曰四斗三升曰三斗三升曰二斗六升曰二斗三升曰一斗六升曰一斗三升曰五升曰三升曰一升抄沒田地有原額今科之分原額田起科凡六則曰七斗三升曰六斗三升曰五斗

六升曰五斗三升曰四斗三升曰四斗

今科田起科凡一則三斗五升洪武初

計撥官民田地山蕩塘池漊一萬一千

五十三頃七十六畝八分四釐二毫四

絲八忽官田地四千五百九頃七十畝三分三釐九絲八忽民田五千三百七頃五畝九分五釐抄沒原額田五百十三頃七十三畝九分六釐七毫

今科田九百二十四頃三十六畝五分八釐五毫六絲八忽天順六

年總計三千七百四十八圩官民田地

等項一萬三千九百五十八頃五十三畝二分一釐五毫田一萬一千四百九十六頃二十八畝九分三釐三毫地四百九十三頃二十一畝一分四釐三毫山十三畝二分蕩九百六十六頃三十八畝九分三釐二毫塘二畝四分三釐池十三畝一釐四毫漊一頃九畝八分四釐五毫弘治十六年官民田地等項總計三千七百四十八圩據郡志萬二千九百五十七頃有奇官田地等項八七百一十九頃民田地等項四千二百三十八頃各有奇莫志云官田地七

千七百六十八頃二十六畝民田地四千二百二十二頃四十九畝各有奇與郡志不同未知孰是嘉靖十七年知府王儀刊定書冊原額官民田地等項一萬一千八百七十七頃四十七畝二分七釐一毫每畝三斗三升三合續奉巡撫都察院劉付該掌詹事府事太子太保禮部尚書兼翰林院學士顧鼎臣奏爲懇瀆
宸嚴明飭典憲以振舉軍國大計事理清

出弊隱改正田二十一項六畝四分四釐三毫按此開載不盡致生弊端內除覈實續勘公占田二項六十九畝五分二釐六毫刪湖田一百六十五項七十七畝六分五釐積荒田三百九十六項七十八畝三分九釐二毫該實在田一萬一千三百三十三項二十八畝一分四釐六毫據前當有此數弊源已起於此矣內分四項一項止徵正

糠蕩漊二百三十六頃六十四畝九分九釐五毫一項原免科加耗六斗以上田二百一十一頃七十七畝二分三釐六毫一項今免科加耗五斗以上田二千一百六十一頃三十畝八分四釐二毫一項該科加耗四斗以上至一斗以下田九千四頃七十四畝六分以上四項內除蕩漊一項該田三項共計一萬一千三百七十七頃八十二畝六分七釐八毫

此實在田蕩數也及奉例清查項下載止徵正粮蕩漊數同上肥瘦相等田一萬一千九十六頃六十三畝一分五釐一毫今按肥瘦相等田即前原免科加耗六斗以上至該科加耗四斗以上至一斗以下三項田也乃於内隱下田二百八十一頃一十九畝六分一毫却將止徵正粮蕩漊數混入以足前實在一萬一千三百三十三頃二十八畝一分四釐六毫之數故愚以爲有弊也此外又有另項科麥今派徵正耗米三斗七升六合地三百六十二頃六十三畝五分七釐一毫又科租田地蕩八百五

頃八十三畝八分二釐八毫
徐師會曰邑中土田稅額多重蓋由
國初籍沈萬三之產以入官名曰抄沒官
田獲其佃人之租即以爲則故有至石
以上者宣德中巡撫周文襄公與知府
況公　奏減其額民稍蘇息厥後相循
以迄於今巧僞日滋號稱弊藪雖有智
者不能燭其奸也自嘉靖十七年郡守

王公釐正之後頗爲一治然聞之長老猶云有遺憾焉今卽其書而詳考之分項數内明開止徵正粮蕩淒若干原免科加耗六斗以上田若干今免科加耗五斗以上田若干該科加耗四斗以上至一斗以下田若干則蕩之爲蕩田之爲田昭昭矣及奉側清查項下載肥瘦相等田其數與前田三項不合則是隱

田二百八十一頃一十九畝六分一毫而以蕩補之也冊中又載另項科麥地一科租田地蕩並未見入稅額豈公之力有所未逮而奸人乘間以售其欺歟故青冊既行則衆論洶洶莫不懷公之恩惜公之志而恨奸人之欺至有條列其弊而刻爲私書者生員沈應元等刻江鳴暁綦有梓之便面者生員李墳有獄于經賦者貢士袁黃耆民陸經

雖其用意不同要非無因而發也厥後清查而弊隱改正之數率多朦合則非誤作明矣方今衆口籍籍皆謂有無糧之田而奸戶歲擅其利者有浮剩之賦而房科坐分其餘者特以鄉因之人既染指而不肯言有志之士又無門而得其故故終不能明耳當時掌數之人爲總書徐福總書陸鑲鑲尋物故嚴仁代

之而仁之知數者則金珮也二人嘗奉縣命一至余家余以其故叩之則各持一籍指示云某某項内又除公占坍荒若干某項内又除坍荒若干故實在止有此數叩其所據則曰官有案卷歷年可查余聞之且信且疑退而取攺議書册與原書册校之則除虚條下初無攺竄之字清查條下已連續勘之文烏得云

三項內又各除公占坍荒若干而實在止有此數邪且彼之所據者案卷耳夫案卷出吏胥之筆故其弊艱深而難知書冊經王公之手故其弊疏漏而易見非公之弊也公力不及之弊也今乃不信書冊而信案卷則所謂書冊者將安用邪然當時匆匆不獲錄其籍復求之則不可得矣豈以余言為誕妄而置

之獘抑別有故也故據愚見當爲實徵田地蕩漊等項一萬二千六百八十二頃九十五畝一分四釐六毫而後其數可合也其後十九年增田地五十二畝一分五釐三毫蕩一十五頃三畝八分一毫減田二十六畝六分六釐六毫二十年田地蕩增二十六頃二十九畝一釐七毫減二頃十畝九分五釐六毫二

十一年除陞科外增蕩一十四畝七分五釐減田二畝二分二十六年除陞科外增蕩一頃一十二畝五分七毫二十七年增田二十一畝七分蕩三十畝二分二十八年蕩增六頃四十四畝八分四釐一毫減二十四畝二十九年增田蕩七頃七十八畝一釐四毫三十年除陞科外增蕩八頃四十三畝六分八毫

三十一年除陞科外增田地潭蕩埂一頃六十九畝八分七釐七毫減田一十三畝八釐一毫三十二年除陞科外增田蕩一頃一十三畝八分五釐三十五年除陞科外增田蕩埂二頃九十畝一分五釐九毫減田四十畝較諸王公之初實增六十八頃七十九畝三分七釐四毫有司徒知地闢賦增以為 國家

之利耳以余考其所增大抵蕩居什九夫蕩額日廣則水利日微一遇滛雨泱旬瀰漫没殘盡上虧正賦下虐民生不知數年之所加能補一歲之所虧乎棋源不塞是使奸民擅利而王室坐受其害也至於被許自首之田疑多當時欺隱之弊盖亦長老所云犹有遺憾者也嗚呼剔弊之難有如是矣

官瀼蕩四十一小官蕩○貧家灘○死人甕○艇飩兜○北曹蕩○熟字蕩○黒虎兜○東西茶池○牛腸涇○天荒蕩○白花漾○姚清之蕩○曹阡蕩○入字蕩○潘家蕩○雷墩蕩○南麻蒹○新官蕩○倒闕蕩○野坑蕩○上下蕩○泥潭蕩○三陳蕩○北角蕩○章灣蕩○戚家湖○火洋潭○穆和溪○東官蕩○水花園○南洋灣○法字下脚蕩○桂枝蕩○倒鶴蕩○白巨駒灣○水月院蕩○葫蘆兜○長浜蕩○入門蕩○南勝東蕩○東天荒

民不取魚止許魚船戶取魚辦課

物產

穀之屬五曰秔曰糯曰麥曰荳曰粟名鸎粟

秔之種七十曰箭子稻曰香秔稻曰大秈曰小秈曰早白稻曰晚白稻曰赤芒曰白芒曰早稻曰烏稻曰大烏芒曰小烏稻曰烏鬚曰烏兒曰灰稻曰雷稻曰大黃稻曰小黃稻曰青光頭曰花光頭曰金城稻曰雲南稻曰烏口稻一名牛口烏曰紫芒稻曰泥裏變曰雪裏變曰馬鬃

烏曰鵝脚黄曰靠山青曰上稈青曰光
頭白曰麻子烏曰赤秈曰黄穲曰晚陳
芒白曰晚頰芒曰小白稻曰山白稻曰雪
裏揀曰稻公揀曰紅皮稻曰紅蓮稻曰
紅蓬稻曰紅蒙子曰枇杷紅曰赤穀稻
曰矮赤稻曰紅穲晚稻曰紫漿頭曰黄
粳秈曰穲稏稻曰師姑秔曰鴨嘴稻曰
吊殺雞曰無名稻曰揚名香曰閃西風

郡志入糯種曰野稻曰慳五石曰六稀稻曰百日赤曰三朝齊曰八月白曰中秋稻曰六十日稻曰再熟稻曰靠離望曰救公饑曰下馬看曰麥爭場○糯之種三十七曰金釵糯曰珠子糯曰硃砂糯曰臙脂糯曰佛手糯曰蠶王糯曰師姑糯曰矮兒糯曰虎皮糯曰虎斑糯曰鵝脂糯曰手脂糯曰羊鬚糯曰烏鬚糯曰羊

口烏曰青稈糯曰赤穀糯曰栗殼糯曰蟹殼糯曰芝蔴糯曰樝子糯曰蘆黃糯曰瓜熟糯曰早紅糯曰早黃糯曰長鬚糯曰烏香糯曰川粳糯曰鐵梗糯曰蛸官糯曰趕陳糯曰中秋糯曰秋風糯曰閃西風一名早中秋曰香糯曰冷糯曰晚糯

○麥之種卜一曰大麥曰小麥並有早晚二種曰穬麥有赤白二種曰蕎麥曰舜哥麥曰紫

稈麥曰白麥曰赤麥並有早晚二種曰手麥曰橫枝麥曰火燒麥　荳之種十一曰白穭荳入藥互見藥屬曰羊眼荳與白穭荳同但開赤花曰黃荳有大小二種鮮時呼毛荳曰黑荳曰香珠荳曰赤荳曰豌荳俗呼寒荳曰蠶荳宋楊萬里詩翠莢中排淺碧珠甘欺崖蜜軟欺酥沙瓶新熟西湖水漆椀分嘗曉露腴味與櫻梅三益友名因蠶繭一絇絲老夫稼圃方雙學譜入詩中當稼書曰江荳曰莙薘荳曰刀荳芝蔴附焉

麻之屬三曰苧麻曰黃麻曰絡麻黃草附焉

蔬之屬三十三曰藏菜曰油菜曰青菜曰匾菜曰芥菜曰莧菜曰菠菜曰野菜曰塌科菜曰蓴菜[illegible]斂人直下白龍潭割得龍公滑碧鬚虯號起相傳藥珠闕夜來失卻水晶簾一杯淡煮宜醒酒千里何須更下鹽可是士衡殺風景却將羶膩比清纖元[illegible][illegible]鱠人纖滿水仙裳地軸天機不敢藏冰穀冷纏瓊縷滑翠鈿清綴玉絲香江湖有味牽情久京洛思歸引興長

欲剪吳松縫不得謾拖秋思繞詩腸
大明高啓詩紫絲浮半滑波上著秋風憶
共香菰薦吳江葉艇中韓奕詩采蓴春
浦作羹嘗玉滑絲柔帶露香却笑張翰
未知味秋風起後却思鄉曰荇菜曰莕菜卽芡實根
也食之甚宜人爲菜品第一曰芹大明高啓詩飯煮憶青
泥羹炊思碧澗無路獻君門對案誠三歎曰茭白宋許景迂詩翠葉森
森劍有稜柔條鬆甚比輕冰江湖若借秋風
便好與蓴鱸伴季鷹曰萵苣曰匏曰
蒲曰胡蘿蔔曰蘿蔔曰茄曰芋曰葱曰
韭曰薤曰蒜曰蘘荷俗呼甘露子曰東瓜曰

黃俗多作王瓜曰醬瓜曰絲瓜曰生瓜曰薑

曰蒔蘿曰芫荽竹筍蘆筍附焉

果之屬二十六曰梅曰桃曰李曰杏曰銀

杏生分司內者佳曰棗曰柿曰梨曰櫻桃曰枇

杷曰葡萄曰石榴曰橘有綠區平蜜波斯早紅塘南七種唯區最多曰柚曰橙有二種蜜橙品高蟹橙品下曰柑有三種金柑品上牛乳次之苦柑爲下曰香櫞曰香瓜一名甜瓜有金銀二色曰西瓜曰菱四角爲菱兩角爲芰○

詩交游萍荇似菰蒲懷玉藏珍類隱儒葉底只因頭角露此生不得老江湖

曰藕曰蔆曰芡實俗呼雞頭種異他處宋楊萬里詩江妃有訣煑真珠菰飯牛酥軟不如手劈雞腮金五色盤傾驪頷珠千餘夜光明月供朝嚼水府靈宮恐夕虛好與藍田飡玉法編歸辟穀赤松書曰蓮實曰芋薺亦名地栗曰茨菰本草名烏芋

藥之屬二十五曰紫蘇曰薄荷曰牵牛有黑白二種曰枸杞一名仙人杖曰山藥曰金銀花曰香附子即莎草根曰荊芥曰陳皮曰瓜蔞

仁曰天花粉（即瓜蔞根）曰狶薟草（俗呼火杴草）曰牛順頭草曰益母草曰麥門冬（即沿堦草）曰側栢葉曰急性子（即鳳仙花子）曰秋葵子（治産難）曰蟬蛻曰鸎粟殼曰小茴香曰萆蔴子曰蛇牀子（生太湖傍）曰禿菜根（治癬）曰茄蒂（治痳）

竹之屬七曰猫竹曰篌竹曰台竹曰鳳尾竹（俗呼天竹）曰慈姥竹（俗呼慈孝竹）曰桃枝竹曰

哺雞竹

草之屬十三曰蘋曰藻曰蒿曰菖蒲有粗細二種曰茅曰萍曰杷栁曰燈草曰蓆草曰菅草可用織蓆捆屨曰金絲荷葉草曰潤火草曰解厭草芭蕉附焉

木之屬二十二曰桑曰柘曰槐曰楊葉大曰栁葉小唐白樂天詩金谷園中黃嫋娜曲江亭畔碧婆娑老來處處遊行徧不似蘇州栁最多絮撲白頭條拂面使君無計奈春何曰檀曰梓

曰楓曰松曰栝唐皮日休詩尺移來白雲徑亭亭向婆娑只三空意已觧淩遂覔葉健似虬髯枝脆如鶴脛清音猶未成紺彩空不定陰圓小芝蓋鱗澁修荷柄先愁被顚搶預恐遭蝸涎結根幸得地且免離離映𥗽砢不難遇在保晚成性一日造明堂爲君當畢命陸龜蒙詩擢透逋客巖遺根飛鳥遷因求餝清閟遂得辭危覔真同摘有心至若珠無脛枝形短未怪鬚䰕■差難定況密三天風方遵四時柄那興培塿嘆免答隣里病微霜靜可分片月疎堪映奇當虎頭筆韻叶通明性曰檜圓葉曰會拂陽烏胃掄材膺帝命

栢匾葉曰榆曰樸曰椿曰樗曰穀曰楝曰

冬青曰黃楊曰烏桕曰白皂

花之屬三十二曰牡丹品類雖繁然皆艱得惟玉樓春最多宋朱長文詩奇姿須賴接花工未必妖華恨洛中應是春皇偏與色却教仙女愧乘風朱欄共約他年賞翠幄休嗟數日空誰就東吳爲品第清晨仔細閱芳叢曰芍藥有深紅紫白諸色千葉重臺數種曰海棠有垂絲貼梗連花三種曰薔薇有黃紅白三種黃色爲上唐陸龜蒙紅薔薇詩倚墻當戶自橫陳致得貧家似不貧外布芳菲雖笑日中含芒刺欲傷人清香往往生遙吹狂蔓看看及四隣遇有客來堪玩處一端晴綺照煙新皮日

宋祁詩誰繡連延滿戶陳暫應遮得陸郎貧紅芳掩歛將迷蝶翠蔓飄颻欲藉人低拂地時如墮馬高臨牆處欲窺隣秪應是雙成戲剪得神霞寸寸新

曰玫瑰曰辛夷一名木筆宋朱長文詩楚客曾西詠吳都獨擅奇風霙存老餘桃李避芳時名入文房夢功資妙手醫紫微顏色妬先占鳳凰池

曰木香一名荼蘼宋項彥周詩天遣司花寶笈開鮫綃散剪碧雲推芳根移自蠶叢遠薰釀曾隨鳳詔來秪恐飄風撼新竹却驚殘雪觸蒼苔水僊欲逞幽香壓山谷似無詮品才

曰梔子即佛書所載薝蔔花

曰水仙曰萱曰錦帶宋王禹偁詩一堆絳雪壓春叢嫋嫋長條

弄晚風借問開時何所似好將繡被覆薰籠曰瑞香曰山礬

曰山茶宋朱長文詩栢葉元同翠桃顏未比紅酉芳占春月弄葉耐秋風自稱階庭號休煩彎幕籠佳篇補韋白流品重吳中○珍木何年壓繁英蕭舊枝開從殘雪裏盛過牡丹時對日心全褒凌風鮮不歆藥階如賦詠欠此尚相思曰百合有紅黃二種曰紫薇一名百日紅曰木樨即桂花有黃白丹三種曰葵有紅白紫黃四種曰菊種類甚多詳見菊譜今不復載曰杜鵑曰茉莉曰鸎粟曰郁李唐陸龜蒙賦試問花翁得郁李之春蒗移來砌下出自山中長霑潤

庭迴灑巖風會不得次玉堂而展低艷承畫閣而遲微紅虛在芳菲之數徒干造化之功弱植欹危緊梢襞積一枝上能萬其膚蕚一蕚中自參具用白且挑以夭而葬以華芍藥爲贈兮芙蓉可嘉誰爲剪綢綺碎明霞鳳葆揔攏於水毀霓襟掩苒於雲車靜倚庭楹徐飄藥氣落幽閨怨別之夢寫空谷遺榮之思初待東陵聖母冶態嫣姸延亂北燭偃人愁容委墮嗟其結蕣苔之地抱林麓之姿蝶善舞而相畧鶯能言而見欺香憐墜少帶戀飄遲當盃者不顧守道者應知請看嵇康高士傳

莫信長安輕薄兒

曰棣棠曰芙蓉

宋范成大詩

水上晴雲綵蝀橫許多蜂蝶趁船行漁樵引入新花塢兒女扶登小錦

城艷粉發粧朝日麗濕紅浮影晚波清
誰知搖落霜林畔一段韶光畫不成
曰白萼曰鳳仙曰雞冠曰繡毬曰金燈
曰滴滴金雨水從葉滴地即生曰夜落金錢

羽之屬二十一曰鶴曰鸛曰鷗曰雉曰鵁
鶄陸龜蒙詩詞賦曾誇鸂鶒流果為
名悞別滄洲雖蒙靜置疎籠晚不似
閑棲折葦秋自昔稻粱高鳥畏至今珪
組野人讎防微避繳無窮事好與裁書
謝白鷗曰鷺鷥曰鴛鴦曰鸕鷀曰鳩曰布
穀曰鷹曰烏鴉曰鵲曰鴿曰雀曰黃雀

廿二一十六七八九都曰黃鸝曰畫眉曰雞曰鵝曰

鴨

毛之屬七曰猪曰羊曰牛曰馬曰犬曰猫

曰鹿

鱗之屬二十一曰鱸魚宋蘇軾詩金橙縱使里人知不見鱸魚價自低須是松江煙雨裏小船燒薤擣香虀楊萬里詩鱸出鱸鄉蘆葉前垂虹亭上不論錢買來玉尺如何短鑄出銀梭直是圓白質黑章三四點細鱗巨口二雙鮮秋風想見真風味秖是春風已逈然元郭鄰詩請君聽說吴江鱸除

蘇吳江天下無西風獵獵鳴菰蒲冷然乘風空太湖舟人漁子紛相呼橫江截以網罟四隈端可充君廚鬣鼠鱗圓細紅粉顱文理勻膩白玉膚不腥不澀不太腴吾以鐵石心腸齏磨刀霍霍飛凝酥雪花去千萼蹭橙虀釀辣香糢糊盤行箸掃

曰鱖魚曰鯿魚曰銀魚出鶯脰湖者佳曰鱠殘曰白魚曰鰲魚曰鯉魚[illegible]張詩桃花鱖魚世常有蓴菜鱸魚浪得名試呼江南鯉魚兒花俠家無此一杯羹曰鯽魚出水田者佳曰鯖魚曰針口魚曰河豚魚宋梅聖俞詩春洲生荻芽春岸飛楊花河豚當是時貴不數魚鰕其狀已

可怪其毒亦莫加忿腹若封豕怒目如
吳蛙庖煎苟失所入嘴爲鑊鏘若此責
軀體何須資齒牙持問南方人黨護復
矜誇皆言美無度誰謂死如麻我語不
能屈自思空咄嗟退之來潮陽始憚飡
龍蛇子厚居柳州而甘食鰕蟇二物雖
可憎性命無舛差斯味曾不比中藏禍
無涯甚美惡亦稱此言誠可嘉　范成大
歎鯫生藜莧腸食事一飽足腥臊色所
難況乃衷酖毒彭亨強名魚殺氣孕慘
黷既非養生具宜謝砧几酷吳儂真差
事網索不遺育捐生決下筯縮手汗僮
僕朝來里中子饞吻不待熟濃睡喚不
應已落新鬼録百年三寸咽水陸富肴
蔌一物不登俎未負將軍腹爲口忘計
身發死何足哭作俑者誰歟至今走末

俗或云先生意除惡如藝菝逆梟與毒獍歲歲參幣玉叜吏入蔦蓋蓋欲殲種族死生有定數斷命烏可續適丁是時者矣易一理何龜鼎子公怒羊羹華元卹異味古所珍無事苦畏縮騈頭訌此語戒諭祗取瀆艱畜死不憯朗智諫已燭

曰斑魚曰雞魚曰推車一名折鯡釘曰王箸曰黑魚曰鱔曰鰻曰鰍曰鰕水雞附焉

介之屬九曰蟹出汾湖者佳名紫鬚蟹元郭鄖詩請君聽說吳江蟹除却吳江無處買豈無鬱州與上海獨許汾湖十分倍佳如負笈行披鐙夫者

忽斗吁可怪爬沙蟹倒兒女駭黃金塡
胷高堀磊十月尖臍更精彩玻璃瑪瑙
光璀璀髓香骨脆味瀟灑坐令華堂厭
烹宰[illegible]糟丘與醯醢醒精風流無不
改介夫作傳傳千載
曰蜆曰白蜆出白蜆江曰蚌曰螺
螄曰田螺曰龜出菱湖曰黿曰鼈

貨之屬十七曰絲曰綿曰絹曰羅曰紵絲
曰綾曰紬曰又紗曰綿布曰苧布曰熟
苧布曰鎌絲布曰麻布曰黃草布曰燈
品類甚多互見風俗類曰箄曰蒲鞋宋劉章詩吳江浪浸白蒲

春越女初挑一様新繞自繡窓離玉指
便隨羅襪上輕塵石榴花下從容久歌
琩筵前整頓頻今日高樓鶯苑上不知
拋擲是何人撥出詩則所製極精今[illegible]
粗惡精不同也曰煙火
飲饌之屬十四曰酒曰醋曰醬曰魚鮓郡志
云出吳江以荷葉裹而熟之味勝罌缶
名荷包鮓或有就池中荷葉包之者白
樂天詩就荷葉上包魚鮓今無此製曰竈煎曰薰楊梅圖經
滋周詩摘落高林帶雨枝碧煙薰處紫
纍纍肉多不走凡微瘦津對加乾味轉
滋鳥口奪生鮮恐爛籠晴藏熟久還宜
珍食品作楊家贈報苛須當費我辭

曰松花餅張雨詩怪來粔籹作雞黃渾是蒼髯九粒香甜味中邊唯食蜜苦心早晚待休粮仙人騏驥啚稍取道士嵩陽遠寄將笑比紅綾春餤巧齒牙根底嚼糖霜曰餻有鬆實重陽數品曰餅有糖粉數品曰角黍曰油堆曰圓子曰餳曰荳生郡人甚珍之

工作之屬十七曰繡作曰皮作曰裱褙曰裁縫曰雕刻曰銀作曰漆作曰鐵作曰錫作曰銅作曰木作曰船作曰石作曰

泥水作曰窰作止燒石灰簡村平望皆有之曰筏作曰仵作

貢賦

税糧宋初盡削錢氏白配之目遣右補闕王永高象先乘傳均定税額分中下兩等中田一畝夏税錢四文四分秋米八升下田一畝錢三文三分米七升四合歛於民者可謂薄矣自熙豐更法崇觀

多事靖炎軍興隨時增益始不一焉祥
符中夏稅丁身鹽錢二千六百貫有奇
絹九千六百疋有奇紬四百五十疋有
奇綿七千六百斤有奇秋白粳米五萬
二千石有奇元豐三年歲輸帛一萬三
千疋苗五萬八千斛纊四千一百兩免
役錢一萬四千緡各有奇淳熙十一年
苗五萬七千二百石夏稅折帛錢七萬

三千貫上供諸色錢二十萬二千貫各
有奇寶祐五年加增苗額自後有稅管
關子苗米續管贍軍米等目民間始多
事矣元延祐四年夏稅絲三千七百六
十斤秋租糧二十二萬二千八百三十
石輕賚二十二錠三十兩各有奇所入
視宋實相倍蓰　大明洪武十年夏稅
小麥二千石有奇絲三千四百兩有奇

鈔六百六十貫有奇農桑一萬八千七百株有奇秋糧三十五萬七千石有奇二十四年夏税麥二千八百石絲四萬三千四百兩鈔六百四十貫秋糧四十二萬七千一百石各有奇永樂十年夏税麥二千九百石絲四萬三千八百兩鈔六百六十六貫各有奇秋糧五十五萬一千六百六十二石宣德七年　詔

減官田重額正統二年知府况公鍾累
疏　奏減二萬五千四百二十八石九
斗四升九合三勺天順六年夏稅麥二
千九百石絲四萬五千三百兩鈔六百
八十貫農桑絲四千四百七十兩秋粮
三十八萬九千九百石各有奇馬草七
萬八千九百包戶口食鹽鈔六十萬二
千貫各有奇弘治十六年夏稅麥二千

九百石絲四萬五千三百兩鈔六百八十貫農桑絲折絹二百四十疋秋糧四十六萬一千八百六十石馬草七萬八千九百包戶口鹽鈔五百八十兩義役銀四千九十兩馬役銀二千八百四十兩驛傳水夫米三千一百八十石各有奇嘉靖中夏稅小麥二千九百五石一斗七升二合二勺絲四萬五千三百四

十六兩七釐五毫鈔六百八十三貫二
百八十七文九分八釐四毫農桑絲折
絹二百四十八疋一丈八尺一寸秋糧
三十八萬七千七百一十石八斗二升
八合六勺馬草七萬八千九百八包四
斤一十兩丁口鹽鈔銀一千四百四十
三兩二錢七分四釐四毫義役銀四千
九十六兩八錢九分二釐九毫四絲驛

傳馬役銀二千八百四十兩二錢水夫米三千一百八十六石十七年知府王儀刊定書册秋粮八事一曰以原額稽其始原額正米三十八萬七千七百一十石八斗一升八合六勺奉例清出改正田正米二千五百七十石三斗一合八勺共正米三十九萬二百八十一石一斗二升四勺二曰以事故除其虛原額內除公古正米五十七石三斗七升七勺原勘塒湖田正米三千八百一十八石五斗七升二合六勺續勘塒湖等田正米四千九百九十三石二斗二升五合三勺以

上三項共除正米八千八百六十九石
一斗六升八合六勺於内奉例清出捏
報公占墹荒田正米一百七十三石一
斗一升二合五勺覈實公占田米一百
石五斗四升五合五勺墹湖田米五千
六百五石三斗二升四合七勺積荒田
米一萬四千一百四十石一斗二升四
合四勺以上三項共除正米一萬九千
八百四十五石九
斗九升四合六勺
三曰以分項別其異
止徵正粮蕩漊正米九百一十二石四
斗九升九合六勺原免科加耗六斗以
上田正米一萬四千九百二十六石五
斗八升五合七勺今免科加耗五斗以
上田正米一十二萬二千一百七十石
三斗四升七合八勺該科加耗四斗以

上至一斗以下田正米二十四萬八二三十二石二斗一升六合九勺耗米一十萬八千五十六石九斗六升八勺八抄夏稅麥折米二千二百四十六石六斗六升二合一勺科租召佃增收等米三千七十石四斗五合二勺奉例清查止徵正粮蕩正米九百一十二石四斗九升九合六勺肥瘦相等田正米三十六萬九千五百二十二石六斗二升六合二勺每畝攤正耗米三斗七升六合該平米四十一萬七千二百三十三石三斗四升四合八勺内隱米一萬五百九十一石七斗六升九合九勺另項科麥地原麥一千一百二十六石八合三勺議與秋粮田一例每畝派徵正耗米三斗七升六合該平米一萬三千六百

三十五石一斗二合七勺又科租田地
蕩租米五千四百七十四石二斗八升
一合一勺
四曰以歸總正其實
原定實徵正耗平米四十
九萬二千二百一十五石六斗七升八
合一勺八抄驗派本色米二十三萬六
千二百六十三石五斗二升五合五勺
折色銀九萬八千九百三十兩三錢
五分一釐三毫准米二十五萬五千九
百五十二石一斗五升二合六勺八抄
嘉靖十七年添入京糧耗脚兌軍本折
又南京菜芃及北運夫船米改折銀該
減本色米四千八十五石三斗九升一
勺該加折色銀四千一十一兩五錢五
分七釐八毫議將金花等銀裒益扣筭
每銀一兩均准平米二石減派米五萬

合四勺四抄輕賫蒲脚木板銀一萬八千六百二十三兩九錢八分九毫九絲二忽八微每銀一兩准米二石該准米三萬七千二百四十七石九斗六升一合九勺八抄五撮六圭戶部坐派准安常盈倉米正米七千四百三十六石三斗一升加三二耗米二千三百七十九石六斗一升九合二勺蘆蓆銀四十二兩一錢三分九釐九絲木板銀九兩八錢五分三釐一毫一絲八微共該本色正耗米九千八百一十五石九斗二升九合二勺折色蓆木板銀五十一兩九錢九分二釐三毫八微准米一百三石九斗八升四合四勺一撮二圭戶部坐派德府白熟粳正米五十石一斗四升准糙粳米五十五石一斗五升四

合每白正米一石加一六耗米八石二升二合四勺共正耗白米五千八石一斗六升二合四勺加二舂辦該准糙平米六十九石七斗九升四合八勺八抄又船錢米二斗五升雇夫米三斗該糙米二十七石五斗七升七合共該本色正耗夫船平米九十七石三斗七升一合八勺八抄又每白正米一石腳費銀三錢該銀一十五兩四分二釐准米三十石八升四合○糙粳正米一百二十六石九斗一升每石加二五耗米三十一石七斗二升七合五勺又船錢米二斗五升雇夫米三斗該米六十九石八斗五勺共該本色正耗夫船平米二百二十八石四斗三升八合又每正米一石腳費銀三錢該銀三十八兩七分三

蘆准米七十六石一斗四升六合內官監白熟粳正米五百三十一石二斗供用庫白熟粳正米二千六百五十五石七斗五升光祿寺白熟粳正米二千四百七十八石七斗七升白熟糯正米二百四十三石一斗酒醋麵局白熟糯正米三百七十九石八升京倉白熟糯正米一十二石四斗共白熟粳糯正米六千三百石三斗准糙粳米六千九百三十石三斗三升每白正米一石加三該耗米一千八百九十石九升共正耗白米八千一百九十石三斗九升加二舂辦該准糙平米九千八百二十八石四斗六升八合又船錢雇夫米八斗內本色一半該糙米二千五百二十石一斗二升折色一半該銀一千二百六十兩

六分又每白正米一石脚費銀四錢該
銀二千五百二十兩一錢二分共該本
色正耗夫船平米一萬二千三百四十
八石五斗八升八合折色夫船脚費銀
三千七百八十兩一錢八分准米七千
五百六十石三斗六升

府部院等衙門

糙粳正米三千八百八十二石八斗每
石加三該耗米一千一百六十四石八
斗四升又船錢雇夫米八斗內本色一
半該米一千五百五十三石一斗二升
折色一半該銀七百七十六兩五錢六
分又每正米一石脚費銀四錢該銀一
千五百五十三兩一錢二分共該本色
正耗夫船平米六千六百石七斗六升
折色夫船脚費銀二千三百二十九兩
六錢八分准米四千六百五十九石三

斗六升宗人府等衙門派剩折銀正米
二千八十八石四斗每石折銀七錢該
銀一千四百六十一兩八錢八分准米
二千九百二十三石七斗六升京倉折
銀正米一十九萬五千四百六十一石
七升每石折銀二錢六分該銀四萬八
千八百六十五兩二錢七分七釐五毫
准米九萬七千七百三十石五斗三升
五合兩京公侯駙馬伯并五府六部都
察院等衙門俸米六百二十二石九升
祿米二十六石四斗四升八合八勺共
正米一千六百四十八石五斗三升八
合八勺每石折銀七錢該銀一千一百
五十三兩九錢七分七釐一毫六絲准
米二千三百七石九斗五升四合三勺
二抄戶部坐派南京光祿寺白熟粳正

米一十二石四升次等白粳正米一千五百九斗七升白熟糯正米二十二石四斗八升南京酒醋麵局白熟糯正米一百二十三石九斗四升南京會同館次等白粳正米一千六百八十九石九斗九升准糙粳米一千八百五十八石九斗八升九合每白正米一石加二該耗米三百三十七石九斗九升八合共正耗白米二千二十七石九斗八升八合亦加二舂辦該准糙平米二千四百三十三石五斗八升五合六勺又夫船盤用米四斗該糙米六百七十五石九斗九升六合共該本色正耗夫船盤用平米三千一百九石五斗八升一合六勺南京神樂觀正米一百六石二斗三升南京各衙倉正米七千八十二石三

斗共正米七千一百八十八石四斗五升每石加二該耗米一千四百三十七石六斗八升六合又夫船盤用米四斗該米二千八百七十五石三斗七升二合共正耗夫船盤用平米一萬一千五百一石四斗八升八合南京儀徵所渠黃一百六石二斗三升每石連耗脚折銀七錢該銀七十四兩三錢六分一釐准米一百四十八石七斗二升二合鳳揚府倉折銀正米一千四百一十六石四斗四升每石折銀六錢該銀八百四十九兩八錢六分四釐准米一千六百九十九石七斗二升八合揚州府倉折銀正米二千一百五十七石四斗二升每石折銀六錢該銀一千二百九十四兩四錢五分二釐准米二千五百八十

八石九斗四合六曰以運餘撥其存本府永豐倉本色正米三千六百五十五石四斗四升每石蒂脚米三升該米一百九石六斗六升三合二勺共該平米三千七百六十五石一斗三合二勺〇折銀正米三千六百五十五石四斗四升每石折銀三錢五分該銀一千二百七十九兩四錢四釐准米二千五百八石八斗八合太倉軍儲倉折銀正米八千八百五十石三斗六升每石折銀三錢五分該銀三千九十七兩六錢二分六釐准米六千一百九十五石二斗五升二合鎮海軍儲倉本色正米九千八百五十一石九斗四升每石蒂脚米三升該米二百九十五石五斗五升八合二勺共該平米一

萬一百四十七石四斗九升八合二勺
○折銀正正米一萬三千二百七十四石
三斗四升每石折銀三錢五分該銀四
千六百四十六兩一分九釐准米九千
二百九十二石三升八合本縣儒學倉
正米三百五十石每石加耗蓆脚米五
升該米一十七石五斗共該本色平米
三百六十七石五斗本縣存留倉正米
一千七百四十五石五斗
二斗四升六合八勺七曰以存餘考其
積
夏稅原額小麥二千九百五石一斗
七升二合二勺絲四萬五千三百四
十六兩六分十釐五毫鈔六百八十三
貫二百八十七文九分八釐四毫農桑
絲折絹二二百四十八疋一丈八尺一寸
内起運京庫麥二千八百五十七五石四

千四升一合四勺折銀七百一十三兩
八錢六分三毫五絲准米一千四百二
十七石六斗二升七勺**南京倉**麥三十
二石三斗三升八勺折銀一十二兩九
錢三分二釐三毫二絲准米二十五石
八斗六升四合六勺四抄**鳳陽府倉鎮**
**江府倉**各麥八石七斗各折銀三兩四
錢八分共准米一十三石九斗二升**京**
**庫**絲每絲一十八兩折絹一疋該絹一
千七百三十五疋價銀一千三百一兩
二錢五分准米二千六百二石五斗**南**
**京庫**農桑絲折絹二百四十八疋一丈
八尺一寸每疋折銀七錢該折銀一百
七十四兩二分二釐三毫三絲准米三
百四十八石四升四合六勺六抄**存留**
**本府織染局**本色絲一萬四千一百一

十六兩六分七釐五毫每絲一百兩價銀五兩該銀七百五兩八錢三釐四毫准米一千四百一十一石六斗六合八勺 本府豐盈庫 鈔六百八十三貫二百八十七文九分八釐四毫每鈔一千貫價銀三兩該銀二兩四分九釐八毫六絲准米四石九升九合七勺六抄 馬草 七萬八千九百八包四斤一十兩內 起運京庫 折銀草七萬七千四百六十七包一斤七兩每包折銀三分該銀二千三百二十四兩一分四釐三毫一絲准米四千六百四十八石二升八合六勺二抄 南京內官監 齊頭稻草一百五十八束每束價銀三分該銀四兩七錢四分准米九石四斗八升 南京戸部定場草一千二百八十三包三斤三兩每包

折銀一分八釐該銀二十三兩九分九釐七毫四絲准米四十六石一斗九升九合四勺八抄**戶口食鹽鈔**六十三萬三千四百一十二貫內本色一半鈔每千貫原定價銀一兩七錢折色一半鈔每千貫折錢二千文續奉例每鈔一千貫及銅錢二千文該一塊折徵銀四兩該銀一千二百六十六兩八錢二分四釐准米二千五百三十三石六斗四升八合內一半起運京庫一半存畱本府支用**義役**銀四千六百三十五兩一錢二分准米九千二百七十石二斗四升以備兩京戶禮工部坐派物料并織造段疋及蘇太鎮三衛軍器淺船料銀等項支用**驛傳馬役馬價鋪陳工食草料**銀二千八百四十兩二錢准米五千六

百八十石四斗驛遞水夫工食祇應修船米三千一百八十六石內撥松陵平望二驛水夫工食各米一千三百五十三石祗應過關各米一百九十五石修船各米四十五石餘積本色米一千三百三十八石五斗七升九合八抄折色銀一千三百七十四兩二錢三分三釐九毫三絲六忽四微準米二千七百四十八石四斗六升七合八勺七抄二撮八圭內續查田蕩改科粮租除截上抄勺外應減本色米四百三十八石八斗六升四合五勺折色銀一百九十一兩九錢三分四毫實餘積本色米九百五石七斗一升四合五勺八抄折色銀一千一百八十二兩三錢三釐五毫三絲六忽四微準米二千三百六十四石六

斗七合七抄二撮八圭八曰以徵一定其則每平米一石派徵本色米五斗三升折色銀二錢三分五釐

徐師曾曰邑中賦稅輕重不均易主之後照戶推收而圩田原額竟置不講故愚民求售往往以重作輕徒知邀一時之高值而不顧後世子孫之害吁弊也久矣自我王公釐正之後加以攤耗之法由是戶無虛粮人有成筭信世守之

度也但其中欺隱之弊亦不能無卽如肥瘦相等田隱米一萬五百九十一石七斗六升九合九勺而僅取止徵正粮蕩漊補之其所補者不過正米九百一十二石四斗九升九合六勺而巳是田蕩抵補之計雖同而平米則不同也詳見土田類此外又有另項科麥地平米一萬三千六百三十五石一斗二合六勺科

租田地蕩租米五千四百七十四石二斗八升一合一勺俱未入會計其後歲有增減總除減免米四十七石九斗八升五合二勺外十九年實增米二百六十五石二斗九升八合三勺二十年又增六十九石四斗二升二合四勺二十一年又增二石五斗三升一合三勺二十六年又增四十二石四斗七合四勺

二十七年又增二石七斗七升六合二十八年又增一十八石一斗四升五合二勺二十九年又增三十八石九斗七勺三十年又增三十二石四斗九合七勺三十一年又增三十七石四升一合一勺三十二年又增五十五石四升九合四勺三十五年又增一百一十五石四斗一升八合共增平米六百七十九

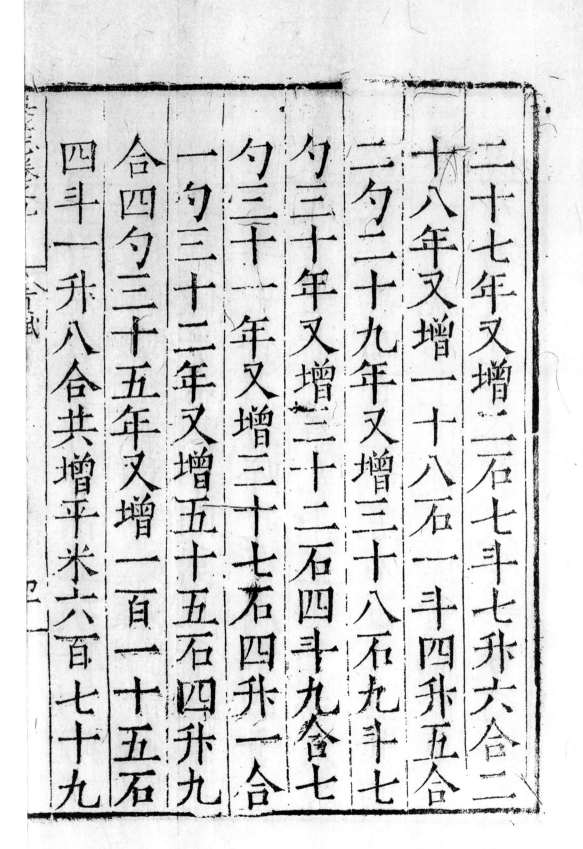

石三升九合五勺合前五項一項止徵正糧蕩漊
米一項肥瘦桐等田米一項科麥地米一項科細田地蕩米一項新增告佃陞
科米共實徵平米四十四萬八千五百七
石五斗七合七勺除起存用米四十三
萬八千七十一石九斗五升三合六勺
餘米一萬四百三十五石五斗五升四
合一勺既不上供徒爲虛費嗚呼東南
民力竭矣寬一分則民受一分之賜爲

人上者苟能以其羨餘磨入會計以足
國課則肥瘦相等田科麥地二項必有
升合之減以少甦疲困之民特在乎加
之意而已余於良牧深有望焉
商稅鈔宋吳江務歲辦鈔一萬一千貫有
奇元則吳江平望震澤同里四務辦鈔
四千貫有奇　大明洪武中置吳江同
里二局以收商稅等項鈔貫本折對收折色每鈔

一貫折收銅錢二文一曰商稅洪武十年鈔二千一百八十八萬二千四百四十六貫有奇二十四年鈔七千七百三十八錠五貫有奇永樂十年鈔八千三百三十九錠二貫有奇天順六年鈔五千二百八十錠二曰竹木炭成化二十三年鈔一千八錠三貫四百四十三文三曰花果樹成化二十三年鈔九十五錠三貫九百四十文四曰門攤成化二十三年鈔二千七百三十五錠七百二十三文五曰契本工墨成化二十三年鈔一錠七貫六曰茶法引由成化二十三年鈔一百錠歲辦鈔九千二百一十

九錠一十三貫二千一百六文後並同
里一局弘治十八年辦鈔一百二十九
萬四千四百二十一貫有奇嘉靖四年
知府胡纘宗改議於城市各行鋪戶辦
納門攤課鈔差其上中下爲三等三年
一編十七年知府王儀刊定書册歲辦
課鈔銀二百四十三兩九錢七分五蠒
遇閏月加銀一十八兩七錢三分六蠒

八毫一絲
酒醋鈔宋無酒課止徵麴錢數無考元延祐七年鈔三千五錠四十一兩有奇大明成化二十三年辨鈔一萬四千二百八十一錠六貫一千八百四十四文弘治十八年鈔一十七萬八千六百一十八貫嘉靖十七年知府王儀刊定書册議折銀二十八兩三錢四分一釐五毫

五絲

房地鈔宋樓店務地錢九千貫有奇元延祐七年房地鈔一十八錠六十九兩六錢五分閏月增辦二兩五錢　大明洪武十年鈔五十四萬九百六十七文有奇永樂十年鈔六百七十三錠六百文成化八年鈔七百三十五錠二貫八百七十三文有奇嘉靖十七年知府王儀

刋定書册不載唯載長吳二縣數目則本縣免徵可知

土貢宋無考元貢貉皮一百張狐狸皮二百張羊皮十尺鴈翎三千四百根各有奇餘物無考　大明歲辦雜皮八百張翎毛十六萬根獐六隻鵚鶖七隻鴈五十隻黃蠟五百三十七斤燈草二百二十七斤白匾豆四十六斤黑牽牛二百斤白牽牛十五斤八兩紫蘇二百十五

斤荆芥一百九十五斤陳皮五百七十
八斤青皮二百五十五斤紫蘇子四斤
八兩薄荷二百十五斤蟬蜕七斤罌粟
殼二十二斤八兩小茴香十五斤八兩
枇杷葉三斤香附子七十八斤烏梅三
十斤山茨菰七斤八兩海金沙一斤成
化二十二年雜皮折造胖襖一百五十
件翎毛折鈔六百四十錠獐鷀鵝鴈折

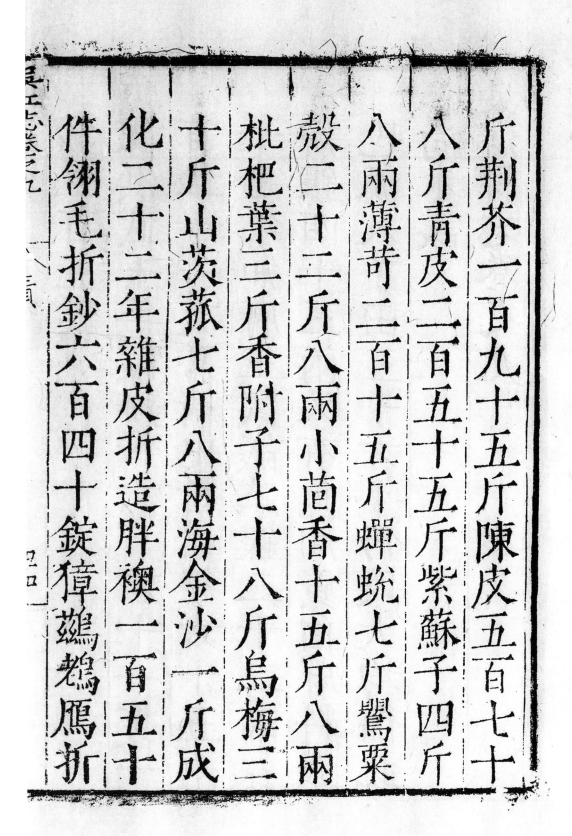

鈔二百五錠

魚課洪武十年額辦鈔六百六十一貫一百二十一文嘉靖中折辦銀六十五兩十七年知府王儀議减銀二十二兩實辦銀四十三兩又有魚油黄白蔴料銀已派入丁田三十六年仍改大均傜此尚未議

吴江縣志卷之九

# 吳江縣志卷之十

## 食貨志二

### 徭役

#### 宋役制

押録○貼書○縣市坊正○祗候○分手○貼司○引事○廳子○書司○[illegible]力○鄉司○鄉戛○戛刺○當直人○[illegible]雜職○弓手○牢子○禁子○市巡所

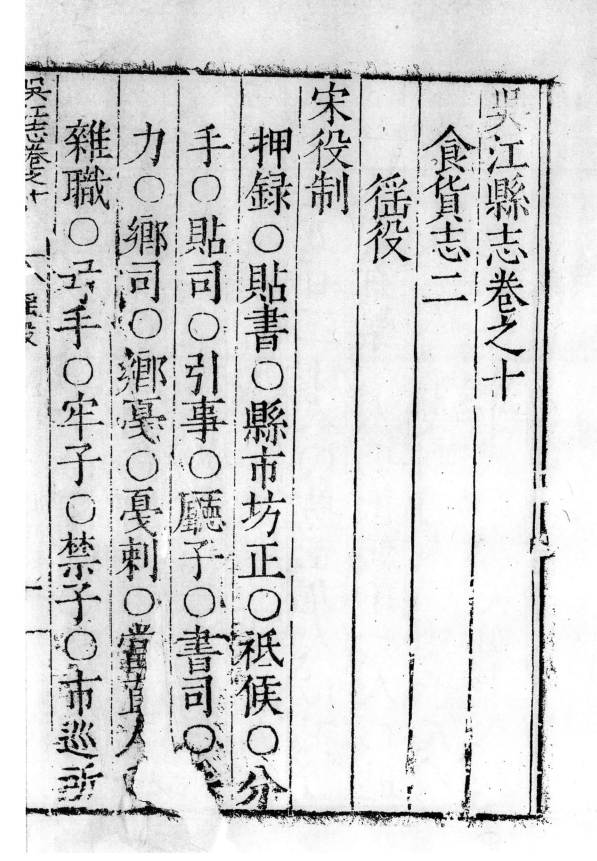

由〇㪷級〇㪷子〇欄頭〇務司〇遷
匠〇柵子〇直司〇鄉力〇僧直司[illegible]

僉法無攷

元役制

里正五百三十人〇坊正九人〇王醫
一人〇直學一人〇祗候十六人〇貼
役二十二人〇曳刺四人〇禁子五人
〇弓兵二百七十人〇房夫四十八人

○攔頭五人○塩軍二百九十二人○織染匠六百十一人○雜造匠二百九人以上僉法亦無攷

大明役制

册役　每十年一造黄册每里差其丁糧上戸十家編爲里長次百家爲甲首輪年應役里中催徵勾攝供應之事皆責焉又歲輪一人爲經催以顓催徵書筭

二人以掌稅額皆豫造定外又歲僉老人一人以斷鄉曲而又按區設糧長以收稅糧扇書以稽出納塘長以修水利別有縣總書筭以主起存之數而糧長之中又復審其上者役之雖非册定然皆與里長從事貢賦之間故總名之曰册役云

一都一區一十八里糧長二人扇書二

人塘長二人里長十八人老人十八
人經催十八人書筭三十六人
二都南六里里長六人老人六人經催
六人書筭十二人
二都北二區十二保十五里糧長四人
扇書四人塘長四人保長十二人里
長十五人老人二十七人經催二十
七人書筭五十四人

三都東二區十五里糧長四人扇書四
人塘長四人里長十五人老人十五
人經催十五人書筭三十人
三都西一區十三里糧長二人扇書二
人塘長二人里長十三人老人十三
人經催十三人書筭二十六人
四都一區二十里糧長二人扇書二人
塘長二人里長二十人老人二十人

經催二十人書筭四十人
五都一區二十二里糧長二人扇書二
人塘長二人里長二十二人老人二
十二人經催二十二人書筭四十四
人
六都一區十八里糧長二人扇書二人
塘長二人里長十八人老人十八人
經催十八人書筭三十六人

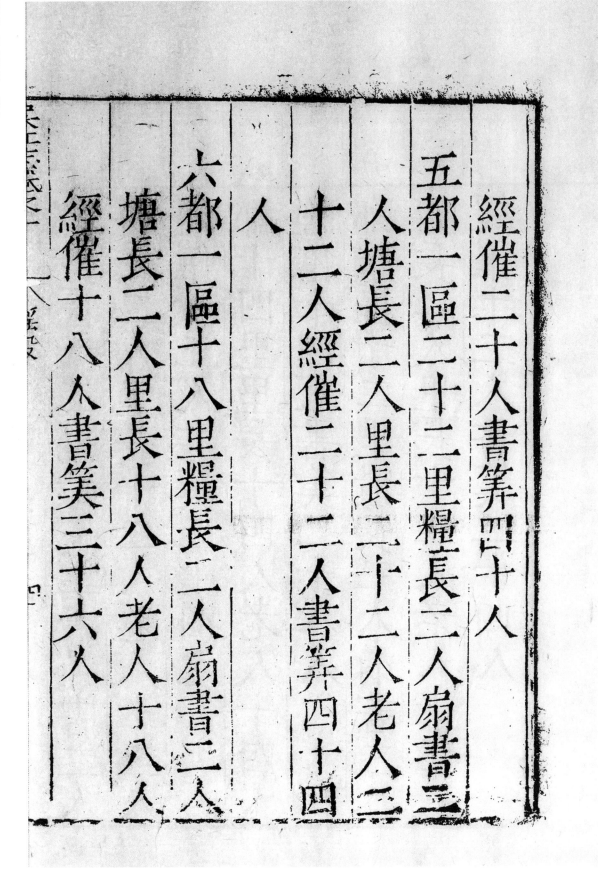

七都一區十二里糧長二人扇書二人
塘長二人里長十二人老人十二人
經催十二人書筭二十四人
八都十四里里長十四人老人十四人
經催十四人書筭二十八人
九都一區十二里糧長二人扇書二人
塘長一人里長十二人老人十二人
經催十二人書筭二十四人

十都二區二十里糧長四人扇書四人
塘長四人里長二十人老人二十人
經催二十人書筭四十人
十一都二區二十三里糧長四人扇書
四人塘長四人里長二十三人老人
二十三人經催二十三人書筭四十
六人
十二都五里里長五人老人五人經催

五人書筭十人

十三都一區十五里糧長二人扇書二人塘長二人里長十五人老人十五人經催十五人書筭三十人

十四都二區十里糧長四人扇書四人塘長四人里長十人老人十人經催十人書筭二十人

十五都十四里里長十四人老人十四

人經催十四人
十六都十三里里長十三人老人十三
人經催十三人書筭二十六人
十七都二區十八里糧長四人扇書四
人塘長四人里長十八人老人十八
人經催十八人書筭三十六人
十八都一區十九里糧長二人扇書二
人塘長二人里長十九人老人十九

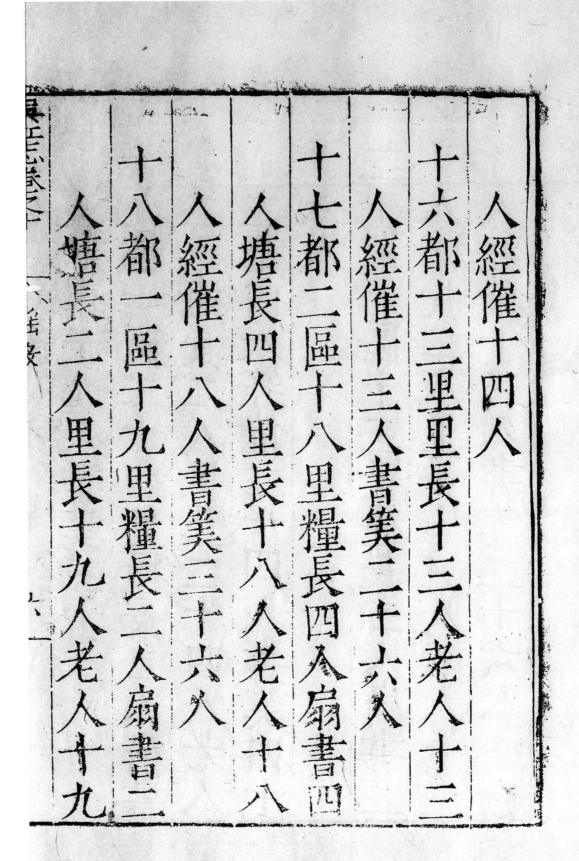

人經催十九人書筭三十八人
十九都一區二十四里糧長二人扇書
二人塘長二人里長二十四人老人
二十四人經催二十四人書筭四十
八人
二十都一區十三里糧長二人扇書二
人塘長二人里長十三人老人十三
人經催十三人書筭二十六人

二十一都一區八里糧長二人扇書二
人塘長二人里長八人老人八人經
催八人書筭十六人
二十二都一區八里糧長二人扇書二
人塘長二人里長八人老人八人經
催八人書筭十六人
二十三都東二區二十里糧長四人扇
書四人塘長四人里長二十人老人

二十人經催二十人書筭四十人
二十三都西二區十五里糧長四人扇
書四人塘長四人里長十五人老人
十五人經催十五人書筭三十人
二十四都一區十九里糧長二人扇書
二人塘長二人里長十九人老人十
九人經催十九人書筭三十八人
二十五都二區二十二里糧長四人扇

書四人塘長四人里長二十二人老
人二十二人經催二十二人書筭四
十四人
二十六都二區二十七里糧長四人扇
書四人塘長四人里長二十七人老
人二十七人經催二十七人書筭五
十四人
二十七都二區二十一里糧長四人扇

書四人塘長四人里長二十一人老
人二十一人經催二十一人書筭四
十二人
二十八都六區四十二里糧長十二人
扇書十二人塘長十二人里長四十
二人老人四十二人經催四十二人
書筭八十四人
二十九都四區一扇三十三里糧長九

人扇書九人塘長九人里長二十二
人老人三十三人經催三十三人書
筭六十六人
糧長運役
北京庫米麥折觧戶即金花觧户一十五名
北京總部二十名
北京公侯禄觧戶六名
北京宗人府觧戶三名

北京絹解戶一十二名

北京馬草解戶三名

南京倉麥折解戶一名

南京農桑絲折絹解戶二名

南京公侯祿解戶一名

南京總部六名

南京馬草解戶一名

南京犧牲所解戶一名

楊州府倉米麥折觧戸三名
鳳陽府倉米麥折觧戸三名
鎮江府麥折觧戸一名
鎮海倉運頭八名
永豐倉運頭六名
鎮海倉米折觧戸一名
永豐倉米折觧戸一名
大倉軍儲倉米折觧户一名

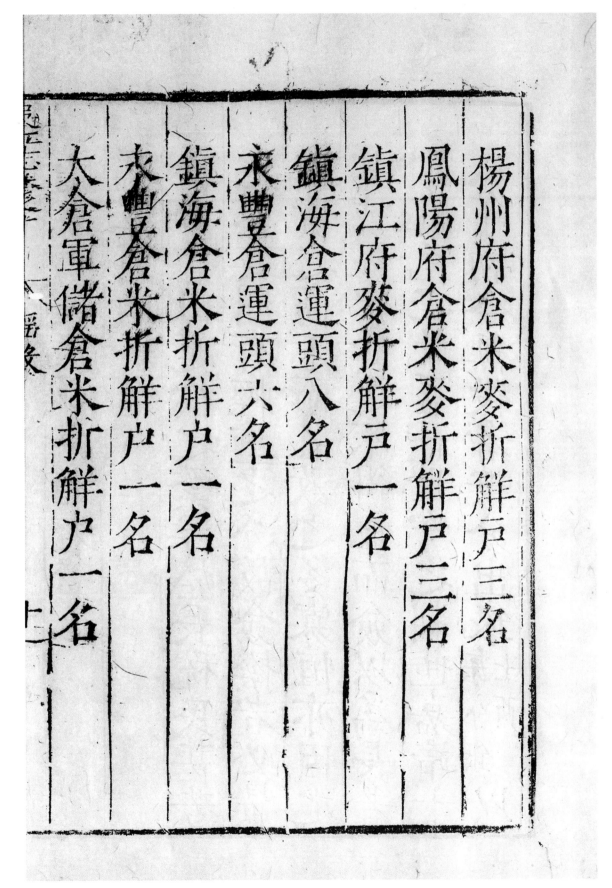

山東馬役銀鮮户七名

儒學運頭一名

徐師曾曰運役之繁浮於長稅民甚苦之然其間有輕重之分故僉撥者必量其貲之高下而名數之多寡恒亦因之其或區中貧乏不得已而僉以爲長者則直免之此吾邑世守之制也嘉靖十八年初令無役者按分出銀每分銀七兩以

供別貲謂之空役自是歲以爲常又兵興以來他役雜出民益病焉司牧者誠能罷此無名之徵或請損之使與此役協力相助則庶乎其可也

差役　黄册既定則按册輪年差其丁糧上中者役之下者貼之名曰均徭厥後那移飛走百計規避正德中巡按御史朱寔昌廉其弊總計里中丁糧均爲十

甲獘用稍除嘉靖十七年知府王儀建議總計邑中人丁九萬五千六百六十有七官民田地一萬八百五十頃八十五畝三分八釐蕩一千一百四十八頃一十一畝三分九釐五毫令民歲出丁銀三分田一畝銀一分二釐蕩一畝銀四釐凡得銀一萬六千三百五十兩二錢八分二毫仍於該年應役甲中差其

上戶中戶役之費以前銀貼焉其銀差
則但徵銀而已均徭之外餘銀二千八
百八十九兩三錢六分二毫別僉上戶
收貯以供祭祀鄉飲科貢恤政公費備
用之費又以縣總書筭磨其數而派之
刊定書冊分均徑爲三事

一曰銀差

本縣柴薪皂隸十五名每名銀一十

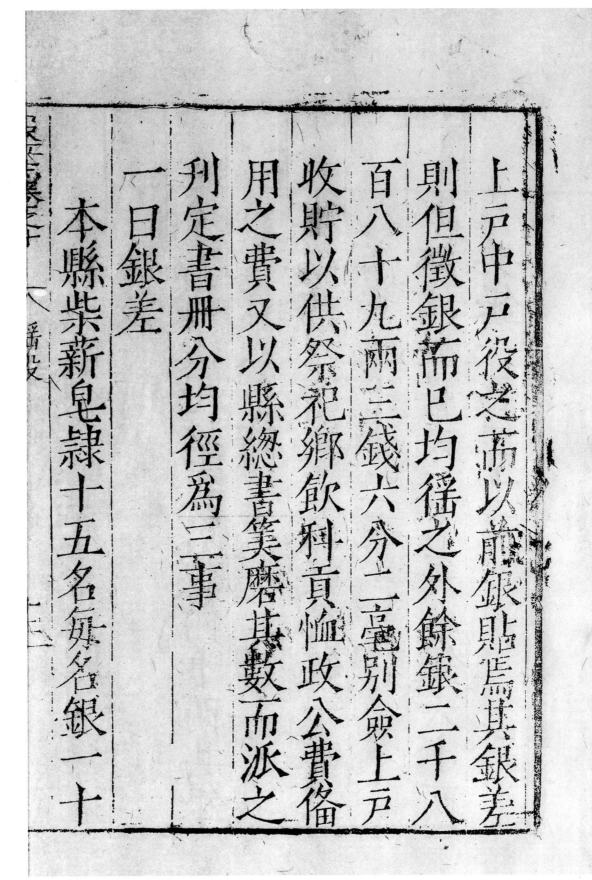

二两共銀一百八十两閏月每名
加銀一两
本縣馬夫七名每名銀四十两共銀
二百八十两
本縣儒學齋夫六名每名銀一十二
两共銀七十二两
本縣儒學膳夫二名每名銀六十两
共銀一百二十两

松陵驛平望驛祗應舘夫各十二名
每名銀四十兩共銀九百六十兩
閏月及　朝覲開科之年各加一
名
松陵驛舖陳銀二十九兩九錢
平望驛舖陳銀七兩二分
松陵驛平望驛斗級各二名每名銀
一百兩共銀四百兩閏月　朝覲

開科之年各加一名
两京各料解户貼解十二名每名銀
不等共銀七百十二两
二曰力差
都察院門子二名每名銀四两共銀
八两
察院門子二名每名銀四两共銀八
两

分司門子二名每名銀三两共銀六
两
公舘門子二名每名銀三两共銀六
两
迎　恩舘門子一名銀二两
三忠祠門子一名銀二两
兵備道皂隸一名銀八两
本府走遞皂隸八十名每名銀七两

二錢共銀五百七十六两
本府司獄司禁子六名每名銀八两
共銀四十八两
本縣門子十八名每名銀三两共銀二
十四两
本縣直堂弓兵二十五名每名銀六
两共銀一百五十两
本縣禁子八名每名銀八两共銀六

十四两

本縣庫子二名每名銀二十两共銀

四十两

鍾鼓夫二名每名銀三两共銀六两

本縣儒學門子六名每名銀五两共

銀三十两

本縣儒學庫子三名每名銀五两共

銀一十五两

啓聖公祠　敬一箴亭門子各一名
每名銀五兩共銀十兩
本縣儒學斗級五名每名銀五兩共
銀二十五兩
濟農倉斗級約粟三千石編一名見
編十六名每名工食并搬盤銀一
十五兩七錢見共銀二百五十一
兩二錢

河下夫隸五百五十四名每名銀七
两二錢共銀三千九百八十八两
八錢
巡塩民壯二十名每名銀一十两共
銀二百兩
八巡檢司弓兵各三十名每名銀一
十两共銀二千四百两
差操民壯二百八十名每名銀七两

二錢共銀二千一百四十五兩六

錢

觀瀾鋪司兵一十一名廟涇徽浦梟

腰長老黎涇雙里六鋪司兵各九

名道成諸家衆安思范曹村五鋪

司兵各七名每名銀六兩共六百兩

松陵驛造飯舘夫八名每名銀六兩

共銀四十八兩

平望驛造飯館夫六名每名銀六两

共銀三十六两

稅課局巡攔四名每名銀三两共銀

一十二两

三曰馬差

走遞馬夫八名每名工食并草料鞍

轡銀一十四两共銀一百一十二

两如馬倒死及鞍轡損壞者俱馬

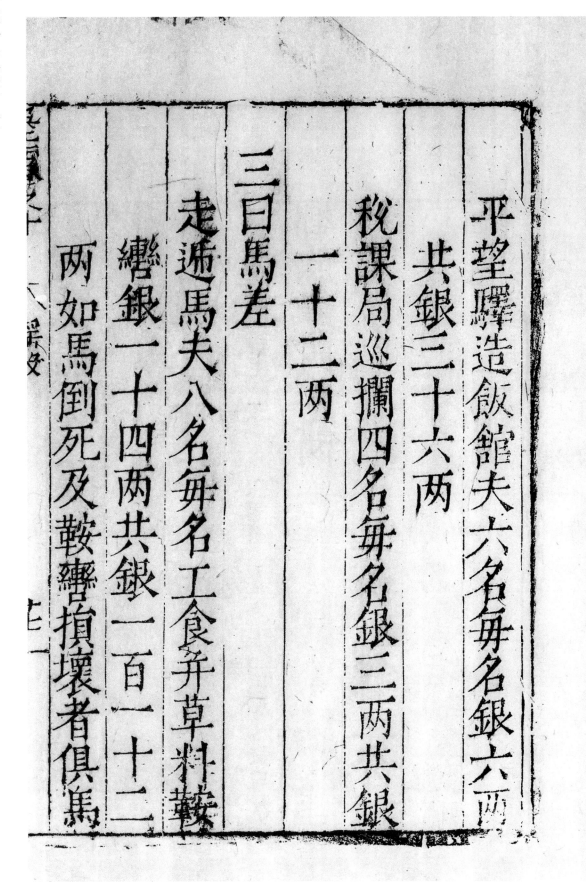

夫買補

餘撥

祭祀銀二百三十二兩三錢五分三

釐五毫

鄉飲銀四十兩

科貢銀二百三十五兩三錢三分四

釐

恤政銀三百兩

公費銀一千一百七十九兩四錢八
分一釐
存留備用銀八百五十二兩一錢九
分一釐七毫
二十九年知府金城議立十段均徭未
幾乞致仕去不果行三十五年知府温
景葵議復舊規大要均徭歸於該甲里
甲歸於見年加編歸於會計如銀力等

差係爲均徭則派徵該甲入公費備用廠夫等項係爲里甲則派徵見年織造海防軍需兵餉一切不係均徭里甲之内者係爲加編則派徵會計使銀力二差各從其實舊額新增不相混淆又書冊所載本縣每人一丁編銀三分每官民田地一畝編銀一分二釐蕩并租田地一畝編銀四釐今當以此爲準贏餘則

通爲遞減不足則通爲遞增設立徭總即便革退應用書筭人役出其不意而取之又當隨事關防無使售其奸以爲民害

均徭

銀差

本縣柴薪皁隷一十五名每名銀一十二两共銀一百八十两閏

月每名加銀一两

本縣馬夫七名每名銀四十两共

銀二百八十两

本縣儒學齋夫六名每名銀十二

两共銀七十二两閏月每名加

銀一两

本縣儒學膳夫二名每名銀六十

两共銀一百二十两

驛遞舖陳銀三十六两九錢二分

以上照舊

都察院門子二名每名銀四两共銀八两

察院門子二名每名銀四两共銀八两

分司門子二名每名銀三两共銀六两

公館門子一名銀三两

迎　恩館門子一名銀二两

寅賓館門子一名銀三两

三忠祠門子一名銀二两

本府司獄司禁子六名每名銀八两共銀四十八两

本縣門子八名每名銀三两共銀三十两

鐘鼓夫二名每名銀三两共銀六两

本縣儒學門子六名每名銀五两
共銀三十两

本縣儒學庫子三名每名銀五两
共銀一十五两

本縣儒學斗級四名每名銀五两
共銀二十两

啓聖公祠　敬一箴亭門子一名
銀五兩
夾浦橋渡夫一名銀七兩二錢
稅課局巡攔四名每名銀三兩共
銀一十二兩
姑蘇驛造飯館夫二名每名銀六
兩共銀一十二兩
平望驛造飯館夫八名每名銀六

兩共銀四十八兩

本縣皁堂弓兵二十五名每名銀

六兩共銀一百二十兩

本縣禁子八名每名銀八兩共銀

六十四兩

走遞馬八匹每匹工食草料鞍轡

銀一十二兩共銀九十六兩

差操民壯二百八十名今議每名

銀一十兩八錢共銀三百二兩
四錢內扣解操江衙門三十名
巡塩民壯二十名每名銀一十二
兩共銀二百四十兩
八司弓兵共二百四十名司各三十名
每名銀一十兩共銀二千四百
兩以上三項俱召募應役不僉徭户
導河夫銀三百兩原議聽備水利今改作修舡銀

所用有存剩仍聽水利支用○以上改正

操江水手二名每名銀一十二两

共銀二十四两

本府新增練兵同知員下皂隸四

名每名銀六两共銀二十四两

兵備道門皂工食書吏廩給貼寫

人口糧銀三十六两一錢二分

總督衙門供應銀二十五两

提督軍門供應銀七十一两八錢

總兵府供應銀七十七两一錢八

分三釐四毫六絲

叅將衙門供應銀二十六两八分

以上新增

力差

本縣庫子二名每名銀二十两共

銀四十两

濟農倉斗級二名每名銀一十五
兩七錢共銀三十一兩四錢
觀瀾鋪司兵一十名廟涇徹浦梟
腰黎涇雙里長老六鋪各八名
道成諸家衆安思范曹村五鋪
各六名共八十八名每名銀六
兩共銀五百二十八兩以上照舊
平望驛祗應斗級二名每名銀一

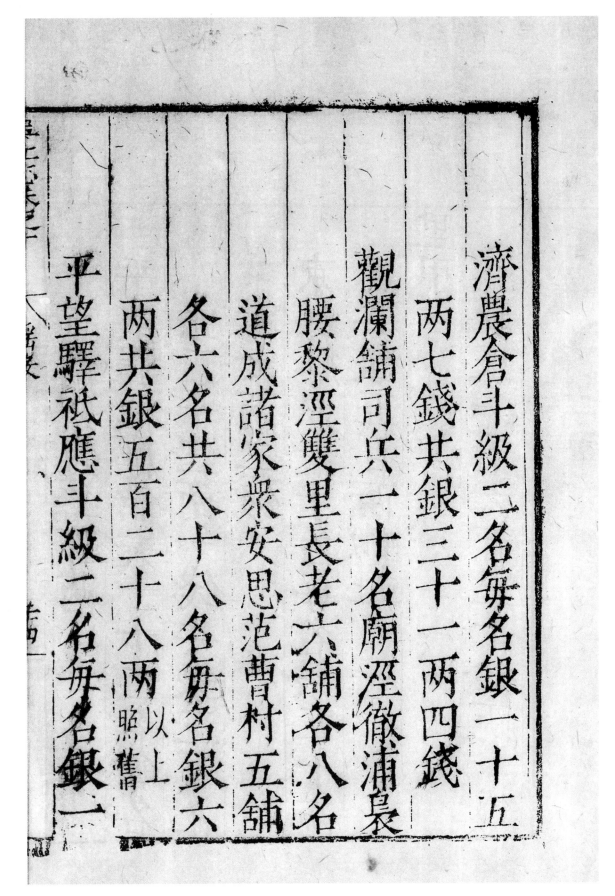

百两共銀二百两
平望驛祗應館夫一十二名每名
銀三十三两一錢共銀三百九
十七两二錢
京料解户一十名每名銀五十两
共銀五百两以上隊班

里甲
公費銀一千六百二十七两一錢

六分八釐五毫
備用銀二百二兩一錢九分一釐
八毫
河下夫隸五百五十四名又走遞
皂隸八十名俱每名銀七兩二
錢該銀四千五百六十四兩八
錢
均徭役入會計

織造段料銀四千五百二十七两
三分六釐六毫八絲四微
募兵糧餉銀數闕

雜役

總甲二十人轄小甲一百人
圩甲俗呼圩長三千一百五十八人
魚甲俗呼魚頭目三十三人轄魚船户二千
四百六十二

吳江縣志卷之十

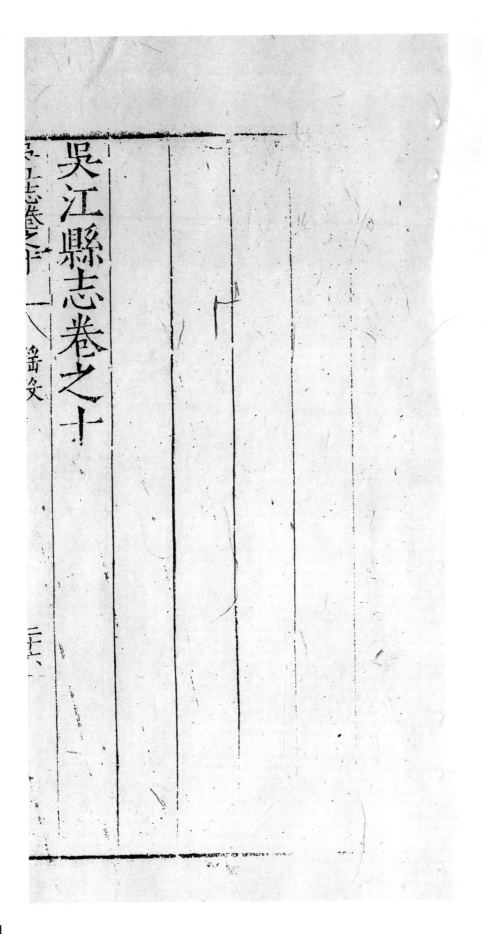

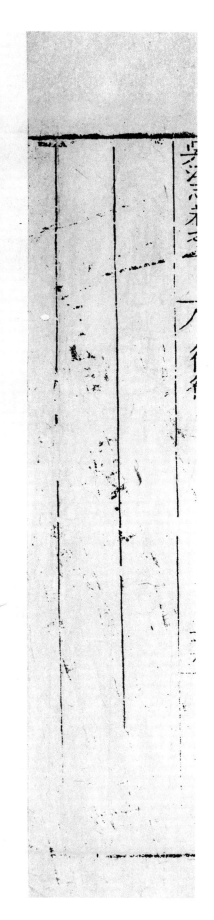

# 吳江縣志卷之十一

## 典禮志一

### 官制

宋制

縣

知縣一員歲支俸米三百八十九石四斗五升

縣丞一員歲支俸米三百一十九石七斗七升

主簿一員歲支俸米一百二十七石六斗八升

尉一員歲支俸米一百一十七石一斗八升

儒學

教諭一員

訓導二員俸俱無考

長橋平望簡村同里爛溪震澤汾湖因

瀆八巡檢司

巡檢八員每員歲支俸米一百六十八石九斗五升

震澤鎮稅務

監務一員歲支俸米一百二十五石四升

酒務

監務一員歲支俸米一百一十七石九斗七升

元制

州

達魯花赤一員蒙古人任秩正五品職田四頃俸鈔四十兩後革職田增鈔二十錠

知州一員漢人任秩正五品俸與達魯花赤同

同知二員蒙古漢人雜任秩正六品每員職田二頃俸鈔二十兩後革職田增鈔十錠

判官二員蒙古漢人雜任秩正七品每員職田一頃五十畝俸鈔一十五兩後革職田增鈔七錠

提控按牘一員蒙古漢人雜任秩正八品職田一頃俸鈔十兩後革職田增鈔二錠二十五兩

都目一員秩俸無考

## 鎮守長橋水軍萬戶府

萬戶一員禄米八石四斗俸鈔八錠二十兩

副萬戶二員每員禄米六石五斗六升俸鈔五錠三十兩

經歷一員禄米二石五斗俸鈔二錠五十兩

知事一員禄米一石五斗四升俸鈔一錠二十七兩

照磨一員禄米一石二斗俸鈔一錠二十三兩

鎮撫二員每員禄米三石五斗俸鈔二錠三十兩

平望鎮千戶所

千戶一員禄俸無考

儒學

教授一員

訓導四員俸俱無考

震澤鎮儒學

教諭一員

訓導二員俸俱無考

蒙古字學

教授一員月支俸鈔一錠

學正一員

學錄一員俸俱無考

陰陽教授司

教授一員

學正一員

學錄一員俸俱無考

醫學

教授一員月支俸鈔二十八兩一錢

學正一員

學錄一員俸俱無考

官醫提領所

提領一員俸無考

八巡檢司仍宋舊

巡檢八員每員職田一頃俸鈔十兩

吳江平望水馬四站

提領四員俸俱無考

吳江同里二稅課局
大使二員
副使二員俸俱無考
吳江平望同里震澤四務
大使四員
副使四員俸俱無考
平望鎮抽分場
提領一員

大使一員

副使一員俸俱無考

大明制

縣

知縣一員正七品歲支俸米九十六石

縣丞三員清軍治農管糧俱正八品每員歲支俸米七十八石

主簿二員巡捕管糧俱正九品每員歲支俸米六十六石

典史一員未入流歲支俸米二十四石

儒學

教諭一員

訓導二員俱未入流歲支俸米二十四石廪米一十二石

八巡檢司仍宋舊

巡檢八員俱從九品每員歲支俸米六十石

平望驛

驛丞一員未入流歲支俸米二十四石舊有松陵驛亦設驛丞一員嘉靖二十八年知府金城奏革互見公署類

## 稅課局

大使一員 未入流[illegible]文俸米與驛丞 同舊有[illegible]里稅課局亦設

大使一員又二[illegible]各設副使一 員今俱革互見[illegible]署學校類

## 陰陽學

訓術一員 土人[illegible]不 入流[illegible]俸

## 醫學

訓科一員 土[illegible]米 入[illegible]俸

## 僧會司

僧會一員土僧任入流無

道會司

道會一員土道士入流無

末

吏額

元額

州

吏十二人

攢典五人

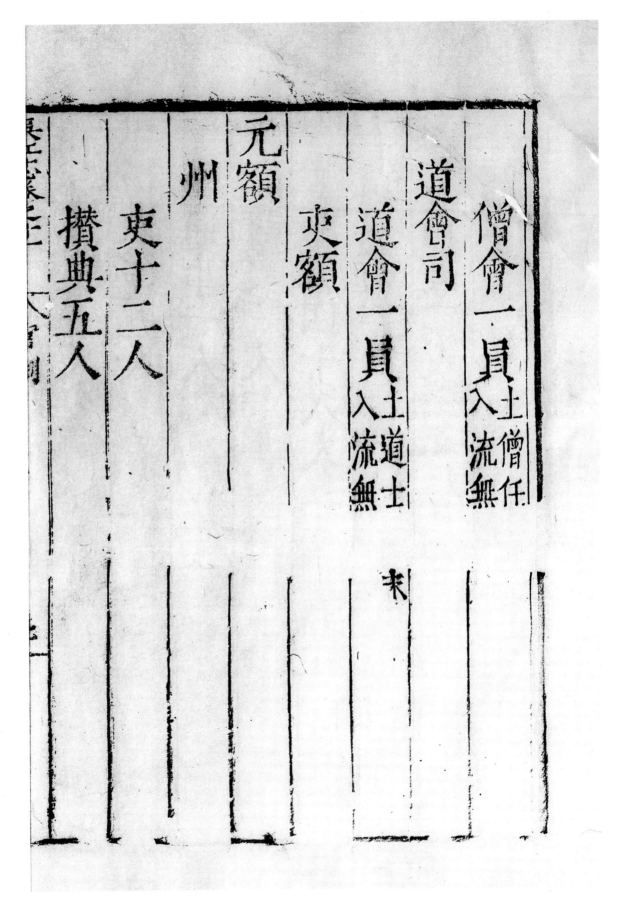

令史一人

奏差五人

通事一人

譯史一人

貼書四十八人

鎮撫所

司吏二人

儒學

司吏一人

蒙古字學

　司吏一人

水馬二站

　吏四人

大明額

縣

　吏房司吏一人典吏二人

戶房司吏一人典吏二人
粮房司吏一人典吏二人
禮房司吏一人典吏二人
兵房司吏一人典吏二人
刑房一科司吏一人典吏二人二科
司吏一人典吏二人
工房司吏一人典吏二人
鋪長司鋪長一人

承發科典吏一人
架閣庫典吏一人

儒學
司吏一人

八巡檢司
司吏八人

平望驛
攢典一人

凡司吏月支俸米三斗餘俱無俸
舊有松陵驛設攢典一人二稅課
局設司吏各一人僧道會司設掌
書各一人今並革

吳江縣志卷之十一

# 吳江縣志卷之十二

## 典禮志二

### 祀典

文廟祀先師孔子及四配十哲從祀諸賢諸儒廟在學宮左建置詳學校類中有司歲以春秋二仲上丁日致祭儀物祝文如制嘉靖十七年知府王儀刊定書册每祭編銀三十九兩五錢九分四釐

啓聖祠祀孔子父及配享諸賢從祀諸儒
祠在學儀門外建置見學校類中有司
歲以春秋二仲上丁日致祭儀物祝文
如制嘉靖十七年知府王儀刋定書册
每歲編銀五兩六錢七分一釐
社稷壇以祀縣社縣稷之神壇舊在縣治
西　大明洪武四年典史張居敬移置
西門外成化八年知縣王廸修嘉靖三

年知縣王紀重建有司歲以春秋二仲
上戊日致祭儀物祝文如制嘉靖十七
年知府王儀刊定書册每祭編銀九兩
二錢九分八釐

風雲雷雨山川壇祀風雲雷雨本縣境内
山川及城隍之神壇舊在縣治西南
大明洪武四年典史張居敬移置南門外
成化八年知縣王迪修嘉靖三年知縣

王紀重建有司歲以春秋二仲上旬擇
日致祭今多用祭社稷之明日儀物祝
文如制嘉靖十七年知府王儀刊定書
册每祭編銀與社稷壇同
邑厲壇祀邑中無祀鬼神壇在北門外
大明洪武五年知縣許琎建成化八年知
縣王廸修有司歲以春清明日秋七月
十五日冬十月一日致祭先期三日今多

用本日意也請城隍廟發告文至日仍設神位于壇上以主其祭儀物告祭文如制嘉靖十七年知府王儀刊定書册每祭編銀十五兩一錢九分九釐五毫其鄉厲壇五百八十六所城中凡十有五鄉村凡五百七十有一雖不盡存而祭多不闕亦可以致治法云

城隍廟奉本縣城隍之神神即主此城池

者俗傳神爲昭靈侯謬也廟在縣治北一里　大明洪武三年知州孔克中奉詔建宣德五年縣丞王懋本重建進士葉銘記景泰四年燬知縣賈亮再建成化八年知縣王廸修嘉靖四年巡按御史許中誤毁邑人建學生陳廷恵記二十二年知縣喻時重飾神像喻時補繪神像象贊文維神代天降祉鑒物揚靈澤國之障　明朝之猗雲山煌煌聖典維衷冠袍峩峩民

心維崇廼坡廼緝廼垢廼澄以銷陰悒以底幽宂願焉終吉民也允臧我奠我虔是石是皇

三十三年燬知縣楊芷率民重建

副使沈啓重建廟記

嘉靖三十五年歲在丙辰吳江重建城隍廟成邑之耆老請記於予予惟城隍有廟所以祀城隍之神也國朝自兩京畿而郡而州而縣凡一千一百三十有奇有有廟而無城隍未有城隍而無廟者制也法在禦災捍患而衛民是故歲有凶荒兵戎札瘥究不能自隱不能鉤宣與民必禱而禳之亦制得爲而非僭且濫也吳江神廟襟江帶湖中土是宅風雨所會神以靈著者素矣而其額獨以昭靈侯稱圖經有云侯爲唐太宗第十四子

國於曹刺於蘇祠於吳淞後梁開平三年淮寇圍蘇刺史禱而賊破請册爲侯郎城隍廟而祀之歷代相因至今爲烈保元聖饑有禱輒應善者恃而惡者懼其有裨於政化也夫豈一朝夕已哉先乙酉歲廟一日忽盡毀以署縣者誤對監司之問也士民駭愕共爲構締及完而毀者盡斃神之不爽播動京國逾年自壬子海寇倡亂據我華土歲侵月犯郡邑僅以城保城之外兔於懷燼者無幾甲寅之夏賊屯角直逼我淞滸邑大夫楊公禱於神而討之斬馘速進創挫其鋒議者咸謂東南首功大夫慮賊入之無常也又告于神畀力崇城以備之乙卯城甫完正月二十有四日賊寇抗湖頻于平望大夫告于神而禦之是夜

廟災次日賊氣沮而南走四月復大舉由松江而嘉興統制聚兵於茲莫能遏賊直趨王江涇以至盛墩東南震慄大夫復告于神率兵扼其長驅之勢於唐家湖大而三日賊敗而奔土兵乘之戲刈殆盡陽設陰施謂非默相之功乎賊退而議新神廟或者曰城新廟亦宜新故災予曰若而然是乘危厲民以自奉非一靈之昭也即時觀變得無以一廟而代一邑之災也乎習俗淳漓天爲賞罰轉禍造福厲有攸存昔天降殷旱成湯身請爲犧而天雨邾之遷也不利君而利民卒遷以存國則夫廟之灾也寧無爲耶不然何賊至而災災而賊敗耶又不然崑常嘉太郭外子無遺椽而何神廟之無恙耶天人倚伏機不容掩民心

有神經始孔亟仰惟大夫捐俸以倡之擇官以董之而尤須藉以稽之貧富樂輸褎然充帑承事者度用鳩工物萃材良凡五易月而落成門殿宮廡宏嚴偉麗視舊加隆神妥威揚翼乎捍衞烝庶其有依乎嗚呼唐湖如沼賊艘方張鯨奔鯢視視目何全吳之有睢陽無沮天下其免於鞞鼓之擅乎東南幾輔賴以保全近免陵寢之驚遠寬宵旰之慮功在海防幽明競偉茲在幽者民得自展其圖廟食百世以爲之報而在明者則刻在民心播在民口竟以沒沒民力不能達于天閽神庸弗之鑒乎神能自毀以庇民必知神之不安於自享而忘同事之功也旌別彰癉有功食報時其風雨褻其豐年戢其兵喪保其土宇則

天之紀國之制於是昭矣巍乎廟貌郁乎香火與金湯斯相承乖邑大夫不有其功惟民心之不能忘也容不存之血食之所是爲記歲無常祭惟春秋二仲上旬附祭于山川壇三月清明日七月十五日十月一日主祭于邑厲壇及新官到任應朝考績水旱祈禱皆特設祭

太湖廟祀太湖之神俗傳神爲郁使君諱也廟在江南醋坊橋北宋祥符中建紹

興十五年賜額永利元至元三十年千
戶杜福　大明宣德十年知縣賈忠相
繼重建成化八年知縣王廸修嘉靖間
重修有司歲以春秋二仲上庚日分官
致祭嘉靖十七年知府王儀刊定書册
每祭編銀二兩九錢二分祝文曰惟靈
赫奕鎮此具區萬頃之廓百川所瀦蛟
龍不驚風濤晏如民居安堵農田以畬

神之休庇祠祀無違

甘泉祠祀甘泉龍神鐫額曰龍王祠故俗呼龍王堂祠在石塘第四橋北禱雨輒應

元鄧善之甘泉祠禱雨記

吳縣以水爲國東出而爲吳江其州郭低窪人烟聚落於浦漵之間左江右湖雲濤烟水其爲神龍之宮靈怪之宅尚何異哉自非神龍依人以著靈而人託龍之庥以爲命則其四封之内呼吸而沼之者無難也州之東行涉江湖而爲梁者相望獨第四橋之下水最深味最甘唐陸羽所品第六水也世傳有龍居之州人卽橋北水之中沚置祠享焉謂之甘泉祠

其來久矣至正三年夏大旱禾焦然就槁時高昌禼雅實理公爲達魯花赤憂心惻然乃宿齋戒致情祠下再拜稽首爲民請命昭靈觀道士富如心用其教法役神召龍煉鐵符投禱下符入而雷自水起玄雲四垂雨隨至公驚喜以手加額曰神明不遠如此哉船迎龍水至州署有赤鯉躍入船中雨既告足即昭靈醮謝迎牲祠下合樂大祭以答靈貺州遂有年於是州民驩然曰吾州依龍爲命故水旱必禱然未有若我公乎合響應若執左券交相付者先是公爲溫州長天久雨公箋詞請於上帝曰甘減一州紀之壽祿願起百姓於泥塗詞焚而雨霽公之臨政愛民所至不惜身命如此至是洲民請紀其事作甘泉龍祠禱

雨記此碑書法清雅頗有晉人風骨初建無考　大明弘治十三年知縣孫傑重建莫旦記嘉靖三十一年知縣鍾崇武修有司歲以春秋二仲上庚日分官致祭嘉靖十七年知府王儀刊定[illegible]每祭編銀與太湖廟同祝文曰松陵之南具區之衝衆水所集神龍之宫欽承　聖代祀典尊崇歲時旱潦致禱必從波濤不驚利澤無

窮兹當仲春秋，式陳常祭，神其鑒之。元闡子述

歌　龍王之堂龍作主，棟宇青紅照江渚。歲時奉事不敢違，求晴得晴雨得雨。平生好奇無與伍，訪水尋山徧吳楚。扁舟一葉過垂虹，濯足滄浪浣塵土。神龍有心慰勞苦，驅駕風雲快覩靚。髻亂蜿蜒玉柱垂，鱗甲光芒錄鏡舞。村中稽首朝翁媪，船上焚香拜商賈。共說神龍素有靈，降福除災敢輕侮。我登龍堂共龍語，至誠感格龍應許。汲挽湖波作酒漿，採擷江花當肴脯。大字如拳寫庭戶，過者驚疑居者怒。世間不識謫仙人，笑別神龍指歸路。

大明胡奎詩　第四橋頭夕照紅，妝帆買紙謝龍公。酒從今夜賒明月，船到來朝借便風。樹色蒼茫晴雨外

波光明滅有無中今來古往
東流水無限閑情逐去鴻

顧公廟祀陳黄門侍郎顧野王事詳人物志中廟在北門外三里巷側或云廟即野王所居故其地名顧墟初建無考制甚卑陋宋建中靖國元年知縣石處道改建

處道自撰廟碑

建中靖國元年秋九月知吳江縣事石處道以事至顧墟見古祠陋甚問之顧公廟也及進謁祠下惟繪形於板衣冠不正尤可駭焉於是撤除腐敝改作基構立其像設榜以位號春秋祀之按南史公名野王

吳郡人精記默識博究載籍天文地理卜筮占候異書奇字莫不貫通其所撰集並傳於後篤誠至性厲精力行言無過辭動無失色志踰其貌勇溢於義內孝外忠罔見其闕當是時中原沒於胡虜而東南繼統不一典章制度總緝僅存使後世可考而知焉公與諸儒之力也惟顧陸朱張吳之舊姓其顯人高士有德有功不爲少矣而祀於今者甚寡公之此祠迺立於窮閻之濱獨以名存而不廢亦豈偶然乎哉新廟既成民愈知敬皆以爲不可復嘿嘿而無傳也因書其大畧作詩以刻之庶幾有誦歌以祀公者辭曰臺城赫赫東南雄畧朝文采諸賢功公之堂堂儒者宗詞學炳煥虎與龍幼則穎悟非常童丹青著蔡

靡不通字書淵海藏心胷廣吞且區及吴淞入竭我孝出盡忠勇奮以義於其躬黄扉棘寺咸維容國史邦禮任獨隆論著深博堅莫攻特立於世衡盧峯崇寥誰可詢靈蹤烟靄漠漠江波中一新祠像人益恭衣冠髣髴瞻遺風公惠斯民年屢豐德祀永永傳無窮

大明宣德二年知縣賈忠重建成化八年知縣王迪修有司歲以春秋二仲上庚日致祭嘉靖十七年知府王儀刊定書册毋祭編銀亦與太湖廟同祝文曰惟公居陳國之顯官任

黄門之清職製篇韻以深裨於士教捍
潮勢以廣益於農田兹其美功合登祀
典式陳蘋藻鑒此微誠
宋莫子文贊偉
矣顧公古之英
時方幼而奇才異能既長而精記默識
其報國也則仗義援鄰而君臣之義明
其事親也則執喪過哀而父子之倫立
著述富矣而玉篇爲經世之書丹青美
哉而古賢爲名世之筆仕宦歷登于顯
榮聲譽永垂乎竹帛此所以廟食百世
而不忝東家
於吾邑也
名宦祠祀唐王仲舒宋李問向子韶石公

轍元甯王張顯祖　大明夏原吉周忱况鍾孫鼎朱勝陳選十二公王仲舒字弘中祁人也少孤家於江南讀書著文有名於時元和中由峽州刺史遷婺州在職五年有治政加金紫轉蘇州邑本澤[illegible]無陸道仲舒始築堤以絕阻滯白[illegible]直抵嘉興環匝百餘里爲一邑無窮之利夏秋賦調自爲書與人期吏

不及門而集化成爲天下守最時朝廷以其文誥有古風拜中書舍人復觀察江南西道卒于官　甯玉河陽人身長九尺膂力絶人從伯顔下江南累擢領軍千戶鎮守長橋位至鎮國上將軍浙西道都元帥時方卹勤吳人賴其保障之功復新孔廟學宫禮賢下士有古良將風卒贈太尉追封魏國公謚武宣

夏原吉字惟哲湘陰人洪武中以鄉薦入太學授户部主事歷遷至本部尚書永樂初兩浙大水　詔原吉往治令僉都御史俞士吉持水利集賜之凡再錫命原吉每至詢延耆老講究法制身先而勞之却蓋徒步焦苦胼胝恒廢寢食目爲發赤役兵民數萬人人樂趨之疏壅滯築堤塍瀹溝洫葺杠梁道溪水以入

於海水患大平奏發粟三十萬賑饑人分牛給種播時百穀有謂水退淤肥請召民佃耕以益賦者事下原吉原吉歎曰民疲極矣救死不暇況重役乎卽馳奏曰車屖則徒勞民種植則已失時何益於國　上悟事遂寢三年召總部政卒贈太師謚忠靖　周忱字恂如吉水人永樂二年進士宣德五年擢工部右

侍郎　賜璽書巡撫南畿總督粮賦忱
與知府况鍾奏減粮額七十餘萬石九
年歲歉有司報饑民三百餘萬口　詔
忱賑恤忱以乏儲思廣義倉以爲水旱
常備乃與况鍾究極其法創置水次倉
場令民持帖輸注以革里胥掊尅之弊
籍其撥運羡餘而貯之又　奏令北京
武職月俸就府關支得省南京運耗六

十萬以實濟農倉遇民乏食則以給之又可借償起運失損之數　上從其言又嘗大建廟學及三里諸橋起百廢墜動成駿功而公帑民財初不知費人謂其善計似劉晏庶幾有古良相之風蒞江南凡十九年遷位尚書而巡撫如故景泰三年致仕歸卒謚文襄　況鍾字伯律靖安人始以吏事尚書呂震震薦

其才授禮部主事進郎中宣德初以雄
劇十郡闕守愼擇良牧衆舉鍾守蘇郡
復請　賜勑以便行事乘傳赴郡　奏
除邑中瀕湖田六百頃八十三畝盡蠲
其額又減重額官田正賦二萬六千有
奇辯明平民誣入軍者七百餘家招復
逃亡萬户其他簡詘貪虐捜逐奸胥鉏
抑豪强扶惠單弱凡所罷行皆綱紀大

務民到於今受其賜　朝廷累有褒勞述職陛辭　上爲錫宴賜詩恩寵甚至而以蘇人仰藉倚以守御不遷其官鍾亦無倦丁内艱去任民上　請乞還鍾治復除仍舊任正統五年九載滿去上章扣　闕乞畱者八萬餘人遂再遣任七年無疾卒于位　孫鼎字宜鉉廬陵人永樂閒以鄉薦爲松江教授以楊溥

薦擢監察御史提督南都學政先德行
而後文藝置本原錄錄諸生善行以身
爲帥不事防察巡行所部令勿先報從
單輿卒至諸生既集卽闔門面試一文
或止破題數首隨閱隨定畢卽開門呼
名而出案牘隨之先後允愜私囑者不
及入也庚午秋試時　上北狩鼎小試
罷謂諸生曰諸君從有司當簪花燕餞

令日爲臣子枕戈之秋老夫不敢啗諸君於不義乃與飲茶令從中道行自步送出門既而詰　闕上疏請隨所用以效死不報乃自矢於文信公祠去復蒞所部道遇尚書金濂慷慨對泣有萬里丹衷扶日月兩人清淚對山河之句

朱勝字仲高金華人起鄉薦累官刑部郎中知東昌府正統中移知府事爲人

廉靜少欲勤政愛人政尚中和而吏法精練聽訟不待箠朴物無遁情兩造簡備廷無疑囚案無滯牘非重犯不遣入囹圄胥徒惟奉行文書隸皂拱列而已嘗曰吏貪吾詞不付房隸卒貪吾不行杖獄卒貪吾不繫囚人歎服之在官數年鎮定不擾民安俗化景泰初擢江西右布政使去久而民思之　陳選字士

賢臨海人成化中以進士拜監察御史提學南畿言稱古昔動著儀則至誠相臨物莫不動條須冠祭射儀俾諸生時習之每按部就止學宮徐行審觀周旋磬折絃歌豆登古風郁然勸導講誦士心感切成就興起不可縷數前後三年變色之語不見於衿佩折箠之笞不下於阜輿仕至廣東左布政使論中官不

法被逮至　京事白而卒餘詳名宦類
中祠在學儀門外建置見學校類中有
司歲以春秋二仲上丁日致祭嘉靖十
七年知府王儀刊定書冊每祭編銀三
兩三分三釐知縣喻時撰定祝文[illegible]於
皇列神江海之傑耀迹清時宣徽笠澤
維惠維威而明而哲僄者迪安蹙者導
悅餒者遺粒焚者歸節遺愛耿耿芳功

旹旹循良之風百世不滅我酒維馨我牲維潔神之聽之昭假嘒嘒大明莫旦贊卓哉偉人生各異世德師聖賢才兼經濟踵宦游于吾鄉皆於民而有惠至今棠陰尚存遺思弗替肅肅祠堂濟濟冠佩世有牧羊自狼守舍自鼠者能不惕然自訟而驚汗浹背耶

鄉賢祠祀宋魏憲王蘋陳長方楊邦弼王份沈義甫元王原傑　大明馬逵徐琛吳璋莫旦趙寬王哲十三公事詳人物

志中祠在學儀門外建置見學校類中有司歲以春秋二仲上丁日致祭嘉靖十七年知府王儀刊定書册毋祭編銀與名宦祠同知縣喻時撰定祝文曰猗嗟諸公鱸鄉誕生洞庭擁休太湖匯英德聲婉嫿賢軌峭嶸揚烈楓陛翩翩鵷鶵傳芳梓里藹藹在衢後學之望先民之程萬祀血食綏我思成

大明莫旦贊

三江五湖鍾

奇毓秀挺生人豪泰山北斗功名事業
道德文章古今輝映日月爭光泮水有
祠寒鴉古木歲薦
蘋蘩清風肅肅

三高祠祀越范蠡晉張翰唐陸龜蒙范蠡
字少伯楚宛三戶人事越王句踐與句
踐深謀二十餘年竟滅吳報會稽之耻
北渡兵於淮以臨齊晉句踐以霸而蠡
稱上將軍還反國以爲大名之下難以
久居且句踐爲人可與同患難以處安

爲書辭句踐曰臣聞主憂臣勞主辱臣死昔者君王辱於會稽所以不死爲此事也今既以雪恥臣請從會稽之誅句踐曰孤將與子分國而有之不然將加誅於子蠡曰君行令臣行意乃裝其輕寶珠玉自與其私徒屬乘扁舟浮於五湖終不反變名易姓適齊爲鴟夷子皮之陶爲朱公云　張翰字季鷹本縣人

晉時屬吳縣故郡志稱吳縣人大鴻臚儼之子也有清才美望博學善屬文詞義新麗造次立成而縱任不拘時人號爲江東步兵賀循赴命經吳閶門於船中彈琴翰初不相識乃就循言譚便大相歡悅問循知其入洛翰曰吾亦有事北京便同載即去而不告家人齊王冏辟爲大司馬東曹掾冏時執權翰謂同

郡顧榮曰天下紛紛禍難未已夫有四海之名者求退良難吾本山林間人無望於時子善以明防前以智慮後秋風起乃思吳中菰菜蓴羹鱸魚膾曰人生貴得適志何能羈宦數千里以要名爵乎遂命駕而歸俄而冏敗人皆謂之見幾翰任心自適不求當世或謂之曰卿乃可縱適一時獨不爲身後名耶答曰

使我有身後名不如即時一杯酒年五十七卒龜蒙見人物志中祠舊在底定亭南宋元祐中知縣王辟建元符二年主簿程俱重建三年知縣石處道始塑其像而祀之處道自撰記畧吳江有古畫三軸筆法頗工傳者以爲真其前人作堂於斯就圖其壁目爲三高繪事滅裂稱號舛差不崇不嚴人玩視之余至官邑佐咸謂此宜葺久矣於是像而祠之三人者金玉始終異代同趣遺芳餘懿溢於無窮可以懲貪而道廉可以激俗而厲時後世有識之士莫

不樂聞其風而想見其爲人然則肖形辯位因故增新使人得以致其敬焉亦禮之莫敢廢者也

紹興中縣尉楊同祝師龍重建

括蒼祝鑰記畧

易稱知幾其神乎君子見幾而作不俟終日湏之則後矣是維成功之下不可以久君亡道之人不可與久處兵亂之世不可以苟仕知斯三者則知幾矣如三先生可謂知幾君子哉吳江舊有長橋好事者立三先生祠於橋梁之上榜曰三高蓋其平生所遊居也始橋之建在慶曆中建炎初載胡寇南牧并及祠宇火之無餘後六年當紹興癸丑歲今吳郡楊君同與今御史單父祝君師龍爲邑尉蓋因其廢址寔規而新之復立祠如故云

乾

道三年邑人王份獻雪灘地知縣趙伯虛爲堂遷之今祠即其地也乾道三年范成大記二月吳江縣新作三高祠三高者越上將軍姓范氏是爲鴟夷子皮晋大司馬東曹掾姓張氏是爲[illegible]步兵唐贈右補闕姓陸氏是爲甫里先生三君生不並世而鴟夷子皮又嘗一用人之國功大名顯而去之季鷹魯望蕭然臞儒使有爲於當年其所成就固不可揄度要皆以得道見微脫屣天刑清風峻節相望於松江大湖之上故天下同高之而吳江之獨私得奉烝嘗以夸於四方若曰此吾東家丘云爾邑大夫趙伯虛以故祠偪陋將改作鄉老王份獻地雪

灘乃築堂其上告遷而奠焉且屬石湖范成大爲之辭噫不有君子其能國乎今乃自放寂寞之濱掉頭而弗顧人又從而以爲高此豈盛際之所願哉後之人高三君之風而跡其所以去爲世道言者可以懼矣至於豪傑之士或肆志乎軒冕宴安留連卒悔於後者亦將有感於斯堂而成大何足以述之然屈平既從彭咸而桂叢之賦猶招隱士疑若隱處林薄不死而仙况如三君蟬蛻溷濁得全於天者肯試倚楹而望水光浮天雲日下上風驅烟蓬飄忽晦明意必往來其間成大亦何足以見之姑效小山作歌三章以招焉遂從而歌之歌曰若有人兮扁舟撫湖海兮遠遊衆芳媚兮高丘忽獨君兮不可留長風積兮浪

波白蕩搖空明兮南極一色鏡萬里兮
鞭魚龍列星歘歘兮其下孤蓬耿顧懷
兮斯路與京月兮入滄浦戰爭蝸角兮
昨夢一笑水雲得意兮弄虹可以艤櫂
仙之人兮壽無期樂哉垂虹兮去復來
載歌曰若有人兮橫大江秋風起兮歸
故鄉鴻冥飛兮白鷗舞吳波鱗鱗兮而
在下嗟人胡爲兮天地四方美無度兮
吾之土膾脩鱸兮雪霏登菰蓴兮芼之
水仙嬪兮胥命君可望兮不可追顛倒
景兮揮碧寥娭宴息兮江之皐萊蘋堂
兮廡杜若一杯之酒兮我爲君酌又歌
曰若有人兮北江之渚披雲而晞兮頹
烟雨菊莎兮杞棘歲晼晚兮何以續君
食篚五鼎兮腥腐羞三泉兮終古千秋
飡露兮歸來故墟月明無人兮蒼石與

語牛宮迦兮生蒲荷潮西東兮下田一
波訪南徑兮隣曲山川良是兮丘隴多
稼九畹兮今共刈聊舂容兮茲里是歲
六月既望書遺邑人使胥以餙祠伯虛
請遂以爲郡此碑文既雅馴書亦美
邑中珍物也攷姚讀三高祠記詩三高
之風天與高三高之靈或可招小山以
後無此作具區笠澤空寥寥幾從垂虹
蕩雙槳寓月滄浪獨惆悵筆端不倒三
峽流欲遽招之恐長往前身陶朱兮董
孤標抱磊落吞江湖現辭三章妙天下
大書深刻江之隅我來誦詩凜生氣若
有人兮在江水扁舟獨釣膾鱸魚茶竈
筆牀歸甫里先生固是丘壑人只今方
追功與名謝公掩鼻恐未免便看林藪
生風雲他年事業滿彝鼎乞身歸來坐

佳境不嫌俗士三斗　寶祐三年知縣曹
塵容我漁簑理烟艇
良朋重建份孫栗又割地以廣之山陰
陸壑記淳熙六年知縣陳翥重修元泰
定元年有司請以龜蒙裔孫元吉爲主
奉於是元吉置祭田五十畝自撰田記
元季祠毀於兵　大明洪武元年知州
孔克中重建大梁趙鈞記成化八年知
縣王迪修有司歲以春秋二仲上庚日

分官致祭嘉靖十七年知府王儀刊定
書册每祭編銀三兩四分四釐祝文曰
功高南越遂成煙水之遊迹遠東曹遽
動蓴鱸之興官辭補闕名號天隨景仰
三公之高風激厲多士之清操事迹顯
於前代祠祀奉於　當朝潔牲旣陳惟
神是鑒

唐本傳　華亭沈蠡贊

龍蟠幽谷非時
則伏蟬蛻高枝飲露而飛進如
風行退若雲歸冥冥其幾赫赫其歸於
越霸與強吳蕩夷功成不居先生傳之

宋朱長文二高贊

恢恢至人在物無累
道用則行功成乃逝卓哉鴟夷逢此周
季觀禹之苗才可經濟深鑠雲巖爲君
一起沈幾電燭遠畧神秘動躬疚心以
呂以蔵民阜其財土溢其氣不疾不徐
乃御戎器滌越之憤墟吳之侈奮威諸
侯致貢天子倘終所施一正華裔罔使
夷吾在昔專美烏喙多猜龍泉戢銳脫
屣公卿浮雲富貴明滄江海席卷天地
世無足爲吾獨全己遁迹韜光實真育
粹萬緼一仲財擅當世退而彌高隱不
失利中古以還一人而已寥寥松陵澄
瀛天際雖日至清高爲公比○勇退維
仁前知維哲飄飄先生茂有風烈袁晋
失綱強宗搆孽盛氣方炎危機欲發衆
皆沈酣子獨超越旁睨冠佩如處縲紲

何鷗忽飛一去寥泬水無洛塵身並江
月我厭蓴鱸彼懼鈇鉞潘石難追機雲
永訣莫如先生遠禍安節千載清風華
貪思潔○退不期進文不下紫古之真
隱見於先生先生之時唐棣將傾綱紀
不紊戈矛欲與子維布衣草與盈廷超
然遠引遯於松陵右觀震澤左瞰滄溟
鱸登秋網蓴薦春羨疇不憂慄我獨安
行疇不諂笑我獨潔清放懷蕭散養疾
秤平言奇而古金石厥聲逍遙終年孰
敢羇嬰歌聞接輿醉有淵明觴歟君子
異代同稱

季鷹贊

矯矯朱公當世英雄
卓然先識力避成功種也不悟語已旋
亟越壤千里齊祿萬鍾取如拾芥棄若
飄蓬五湖長往千載清風○翹翹季鷹
江東步兵抗心世務俛首塵纓頷時多

艱無日昇平秋風動地鱸膾馳情載惟
羊酪不似蓴羹終焉故國江水長清○
營營魯望志復疏曠時謂散人月比元
亮清不恥耕貧不輟釀簑笠扁舟烟雲
白浪皓首藏書焦心絕唱遺編如新可
見高尚

石處道贊

范子三徙才惟所施
功就名顯閉關家肥進退在我卷舒隨
時鴟夷爲器盛酒以皮多所容受弛張
咸宜達哉若人是亦似之○季鷹曠達
清才絕倫見幾未然棄官如塵任心杯
酒適志鱸蓴脫身於難篤孝於親步兵
之流江東一人行不越禮尤得其醇○
魯望高放身與世疏心專論撰跡寓耕
漁饋張不足詞章有餘江湖遊隱惟我
笠居召命雖至其守莫渝先生如在肯
生伍墟

[illegible]贊

詔將射御教毋見長笑

申公爲夏姬却遣姑蘇有麋鹿更憐夫子得西施○浮世功名食與眠季鷹真得水中仙不須更説知幾事只爲鱸魚也自賢○千首文章二頃田囊中未有一錢看却因養得能言鴨驚破王孫金彈丸

**劉季孫詩**

太湖際天天碧浩蕩浮萬象中有洞庭山天作蓬壺樣蘆葦秋蕭蕭時聞發魚唱風順如可尋月明迷所向有人在扁舟髮白貌夷曠扣舷了不顧出沒信波浪心已類木石何繇知得喪遺名至如此自古唯越相初爲吳都囚君臣憂醢醬忍恥人謂愚祈生世知妄厓癯脫萬死歸國奇謀擲行師舞群姓下令躍諸將夜半覆姑蘇夫差始悲愴安測寬晷刻反掌成霸王江山入會稽功高誰與抗寵利速禍敗忠臣半誅

放遯去舉邦求君王鑄形狀寂寥數十
年相見霜縑上○吳江淨如鏡吳艇輕
如飛吳山遠如畫此景天下稀秋風晚
槭槭秋雨涼霏霏誰將菰菜擷正是鱸
魚肥時有季鷹者懷此知□歸浩歌有
餘樂肯樂首陽饑親朋不可挽飄忽雲
邊衣亦閒有富貴大第嚴朱扉食必列
鐘鼎侍妾鳴珠璣簪裾望□色賓從生
光輝一言轉造化枯朽成□□功高責
更重勢或干天威福深禍□□顛覆如
知幾斯人悟茲理弔世潛□□浮沈顧
寵祿安能與心違滄波浩無□□木何
依依可以縱幽步白雲藏釣□□引一
杯酒高懷憐昨非數峯太□□□陽明
翠微虛亭展遺像見者猶□□□人物
盛東南莫如吳郡陸漢季逮□□□□

開史牘門庭迭輝赫龍虎爭馳逐風流郁蘭桂氣象鮮車服魯望乃其裔清標映宗族文章及者鮮意趣超然獨寧從一瓢飲不枉萬鍾祿雲烟謁巾袖星斗燦胷腹來居笠澤傍蕭蕭數間屋廚中甑起塵筆下珠盈斛吟須僧舍題醉就友人宿酲將太玄俯門把離騷讀心雖在漁釣迹亦混樵牧韻高誰可聽皮子往還熟唱酬數百篇名流必雌伏叢書類有道不賦長沙鵩晚泊松江上遺圖見眉目分明孤鶴姿軒昂駭雞鶩 **楊友**

**夔詩** 長橋度已盡有亭枕江湄常時閑其門爲問居者誰范蠡具名哲功成學鴟夷烟波五湖上風月一西施張翰輕紱冕歸及鱸魚時生前一杯足何以身後爲魯望棲甫里有田常苦饑不應州

府郡彰此胥中奇並爲吴越人名與日月垂相去二千載乃今同一祠璧間面如生凜然人在兹我本江湖客於焉起遐思死者不可作來者詎可期手持一釣竿浩歌孰從之**袁儒詩**功成但可將身去逃難安貧適所遭三子有靈應共笑一時何意故爲高**劉寅詩**江流東去日滔滔誰把功名等一毫若使今人同古調不應江上只三高。人謂吴癡信不虚逮崇越相果何如千年亡國無窮恨只合江邊祀子胥**姜夔詩**越國霸來頭已白洛陽歸後夢猶驚沈思只有天隨子蓑笠寒江過一生。不貪名爵伐功勞勇退深虞後患遭甫里閒居耕釣樂范張高處陸尤高**孫寅甫詩**靚粧一笑縛英雄老大扁舟計已窮客子不

爲兒輩事醉呼明月酒杯中張漁詩遇
主皆知爲國謀及成功處罕回頭五湖
烟靜不歸去直待風波却又愁○兩鬢
蕭然衣漬塵西風瑟瑟水滮滮蓴鱸一
箸無多子此味能知有幾人○有田可
種豈爲貪爭似江湖樂最真一旦未能
全免俗筆牀茶竈且隨身元陳孚詩君
不見洛陽記室雙鬢皤不恐荆棘埋銅
駝西風忽憶鱸魚膾歸來江上眠秋波
又不見甫里先生心更苦河朔生靈半
黄土夕陽蓑笠二頃田口誦羲皇思太
古二君隱淪豈得已一生不及鴟夷子
吳宮鹿走越山高脫纓徑濯滄浪水丈
夫此身繫乾坤豈甘便老菰蒲根古今
得失一卮酒我欲起酹汀鷗魂僧善住
詩越國謀臣去國讐如何廟食此江頭

扁舟載得蛾眉後却作三江汗漫遊。
季鷹倦作東曹掾千里思歸獨向東鱸
膾蓴羹暫時事不知塵世幾秋風。聞
說松陵此度過長虹偃蹇卧晴波往來
不見天隨子落日西風有棹歌 **襲贊元**
**詩** 舟繫小橋楊柳月帆移平浦芰荷風
當時不向烟波老伯業功名一掃空。
鱸魚色鮮盤膾縷蓴羹香滑煑龍涎可
憐水月交光夜一笛西風自捲簾。醉
夢幾經芳草渡吟魂飛上月明樓散人
已出形骸外肯作緋聲效楚囚 **大明高**
**[illegible]** 功成不戀上將軍一舸歸遊笠澤
雲載去西施豈無意恐留傾國更迷君
。洛陽忽憶膾鱸肥便趁秋風問釣磯
猶恨季鷹歸未早不邀二陸共船歸。
鴨群無食水田荒風雨孤蓬載筆牀猶

有新詩鷺太守醉中揮翰木蘭堂

三忠祠祀吳伍員唐張巡宋岳飛伍員字子胥楚人父奢兄尚奢事楚平王爲太子傅費無忌讒奢於平王王怒囚奢欲殺之又恐其二子在終爲楚患使謂奢曰能致汝二子則生不能則死奢曰尚爲人仁必來員爲人剛戾忍詢能成大事彼見求之并禽其勢必不來王不聽

以其父質而使人召二子曰來吾生汝父不來今殺奢也尚欲往員曰楚之召我兄弟非欲以生我父也恐有脫者後生患故以父爲質詐召二子二子到則父子俱死何益父之死往而令讎不得報耳不如奔他國借力以雪父之耻俱滅無爲也尚曰汝能報殺父之讎我將歸死遂就執員乃奔宋及鄭更奔吳圖

公子光以見王僚說以破楚光沮之員知光有内志欲殺王而自立未可說以外事乃進專諸於光而退耕於野及僚襲楚光令專諸襲刺之而自立是爲吳王闔廬闔廬既立得志乃召員以爲行人而與謀國事員請爲三師以肄楚楚出則歸楚歸則出佚楚敝而後以三師乘之乃興師使員伐楚是時楚平王薨

子昭王立員伐取六與潛及楚伐吳吳使員迎擊大破楚軍于豫章取居巢居三年吳悉興師伐楚走其將子常乘勝而前五戰遂至郢昭王出奔始員與申包胥爲友員之亡也謂包胥曰我必覆楚包胥曰我必存之吳兵入郢員求昭王既不得乃掘平王墓出其尸鞭之三百然後巳申包胥亡於山中使人謂員

曰子之報仇其以甚乎員謝曰吾日暮
途遠吾故倒行而逆施之當是時吳以
伍員之謀西破彊楚北威齊晉南服越
人其後五年伐越越王句踐迎擊敗吳
于姑蘇闔廬病創死太子夫差立立二
年而伐越敗越于夫椒句踐乃以餘兵
五千人棲於會稽之上使大夫種厚幣
遺吳太宰嚭以請和夫差許之員諫不

聽卒與越平後五年吳北伐齊員又諫亦不聽大敗齊師於是益疎員其後四年吳將伐齊句踐用子貢之謀乃率其衆以助吳而重寶以獻遺太宰嚭嚭日夜爲言於夫差夫差信用嚭計員諫曰夫越腹心之病今信其浮辭詐僞而貪齊破齊譬猶石田無所用之願王釋齊而先越若不然後將悔之無及而夫差

不聽使員於齊員臨行謂其子曰吾數
諫王王不用吾今見吳之亡矣汝與吳
俱亡無益也乃屬其子於齊鮑牧而還
報吳嚭既與員有隙因讒曰子胥爲人
剛暴少恩猜賊其怨望恐爲深禍也前
日王欲伐齊子胥以爲不可王卒伐之
而有大功子胥耻其計謀不用乃反怨
望而今王又復伐齊子胥專復彊諫沮

毀用事徒幸吳之敗以自勝其計謀耳今王自行悉國中武力以伐齊而子胥諫不用因輟謝佯病不行王不可不備此起禍不難且嚭使人微伺之其使於齊也乃屬其子於齊之鮑氏夫爲人臣內不得意外倚諸侯自以爲先王之謀臣今不見用常鞅鞅怨望願王早圖之夫差曰微子之言吾亦疑之乃使使賜

員屬鏤之劍曰子以此死員仰天歎曰嗟乎讒臣嚭爲亂矣王乃反誅我告其舍人曰必樹吾墓上以梓令可以爲器而抉吾眼懸吴東門之上以觀越寇之入滅吴也乃自刎死吴王聞之大怒乃取員尸盛以鴟夷革浮之江中吴人憐之爲立祠于江上因命曰胥山後九年句踐果滅吴殺夫差而誅太宰嚭　張

巡河東人聰悟有才幹舉進士三以書判拔萃入等以文行知名天寶中調授清河令有能名重義尚氣節人以危窘告者必傾財以恤之祿山之亂巡爲眞源令與單父尉賈賁各召募豪傑同爲義舉引衆入雍丘居數日賊來攻城賁出鬬而死巡合賁衆城守賊攻圍累月傷夷大半祿山乃於雍丘北置杞州築

城壘以絕餉路自是內外隔絕又相持累月賊鋒轉熾城中益困時潁川靈昌城皆陷獨睢陽堅守賊將尹子奇攻圍經年巡以雍丘小邑儲備不足大寇臨之必難保守乃列卒結陣詐降玄宗聞而壯之授巡主客郎中兼御史中丞尹子奇攻圍既久城中糧盡易子而食折骸而爨人心危恐慮將有變巡乃出其

妾對三軍殺之以饗軍士曰請公爲國家戮力守城一心無二經年乏食忠義不衰巡不能自割肌膚以啖將士豈可惜此婦人坐視危迫將士皆泣下不忍食巡強令食之乃括城中婦人既盡以男女老小繼之所食人口二三萬人心終不離變時賀蘭進明以重兵守臨淮巡遣帳下之士南霽雲夜縋出城求援

於進明進明日與諸將張樂高會無出師意霽雲自臨淮還睢陽繩城而入城中將吏知救不至慟哭累日城卒陷巡爲賊所執巡神氣慷慨每與賊戰大呼誓師眥裂血流齒牙皆碎城將陷西向載拜曰臣智勇俱竭不能戍遏強寇保守孤城臣雖爲鬼誓與賊爲厲以答明恩及城陷尹子奇謂巡曰聞君每戰眥

裂嚼齒皆碎何至此耶巡曰吾欲氣吞逆賊但力不遂耳子奇以大刀剔巡口視其齒存者不過三數巡大罵曰我爲君父義死爾附逆賊犬彘也安能久哉子奇義其言將禮之左右曰此人守義必不爲我用素得士心不可久畱遂被害

岳飛字鵬舉湯陰人少負氣節沈毅寡言有神力未冠挽弓三百斛弩八

在高宗時以戰伐功歷官都統屢陳恢復大計高宗慮欽宗之返而攘己也陽獎而陰憾之丞相秦檜揣知帝旨遂力主和議會兀朮寇拱亳詔飛往援飛大敗金人追及于朱仙鎮中原響應飛謂其部下曰直抵黃龍與諸君痛飲耳方指日渡河而檜欲割淮以北棄之乃召張俊楊沂中先歸言飛孤軍不可久畱

以金牌十二召之班師飛憤惋泣東向拜曰十年之力壞於一旦矣明年兀朮寇淮西張俊畏敵不敢進詔飛往援兀朮遁俊忌之飛遂力請解兵柄會兀朮遺檜書言飛不死和議終不成檜乃諷臺臣何鑄羅汝楫等交章論飛言金人攻淮西飛至舒蘄而不進與張俊按兵淮上又欲棄山陽而不守張俊又劾王

偽證飛令張憲岳雲通書協謀冀以兵
柄還飛檜遣使捕飛父子下獄令諫議
大夫万俟卨鞫成之會歲暮獄無佐證
檜一日獨居書室食柑翫皮若有思者
其妻王氏窺笑曰老漢一何無決擒虎
易縱虎難也檜犂然當心致片紙獄中
即日報飛死矣蓋措殺之年三十九雲
憲皆棄市紹興末金人益猖獗太學生

程宏訟飛寃詔還飛宗屬徙邊者孝宗
時詔復飛官謚武穆嘉定四年追封鄂
王祠在長橋　大明洪武元年知州孔
克中立趙鈞記嘉靖四年知縣王紀重
立郎中陸金記有司歲以春秋二仲上
庚日致祭十七年知府王儀刊定書册
每祭編銀四兩九錢五分六釐祝文曰
嗚呼三公其迹不同其所同者惟在一

忠太守之忠由孝以發直諫被讒仁成身殺中丞之忠割愛保障江淮之民賴以無恙乃若岳王志在恢復大功垂成權奸肆毒三公之廟固各有所景仰同心誰曰不可今茲仲春秋禮宜祈報祀

徐師曾曰吳江舊有畫像三軸筆法頗工不知作於何人蓋即三高像而其名未立也宋熙寧中縣令林肇賡其本而

繪之鱸鄉亭榜曰松陵三高畫像自是始有三高之名然未祀也塑而祀之自石處道始厥後孔公克中顧瞻祠下以爲人如三高誰與爲國乃立三忠祠以配之相沿至今四百餘年人方仰其遺風而於祭法則未暇議也惟宋蘇軾劉寘元瞿祐謝應芳我　朝謝常莫旦數公議之瞿佑之辭雖跌宕剴切蓋寓言

以斥之耳然怪誕不經不足録也謝氏上饒叅政書大畧以爲禮不祀非族况可祀讎敵乎范蠡進美女獻寶器以惑吳之君臣積謀二十年而墟其宗社吳人之讎莫大於此雖其勇退一節或有可稱而私西施事營殖猶未離乎貪穢之迹尚何風節之足慕乎吳人欲祀高士當以太伯爲主配以仲雍季札而張

陸二公列之從祀黜范蠡而去之則得之矣其論甚善而饒竟不省豈禮樂待人而後行歟舊志又載彈文有云匿怨友其人丘明所耻非其鬼而祭聖經是誅今有竊高人之名處衆惡之所有識之士莫不共憤無知之鬼豈當久居又云越則謀臣吳爲敵國以利誘太宰嚭而脫彼句踐鼓兵却公孫雄而滅我夫

差既遂厥謀反疑其主鄙君如烏喙累
大夫種以伏誅目已曰鴟夷載西施子
而潛遁又云變姓名爲陶朱詭蹤跡於
江海語其高節則未可謂之智術則有
餘假扁舟五湖之名居笠澤三高之首
況當此無邊勝地之上豈應著不共戴
天之讎此文不知誰作要足以服輿情
而扶風化雖蠡復生恐亦無以自解而

近時張公明道之論乃曰范蠡熟識越王之爲人又恐其惑於西施以蹈吳轍故假貨色以自愚耳春秋書于柯之盟傳曰蔽惠蔽怨不在後嗣入吳自春秋戰國而下幾三千餘年人之君人而死之吾焉得而死之事不近情非春秋之義祀之可也或疑吾虹雪灘相峙而祠子胥之靈不能無憾焉者予謂不然蠡

以鳴夷自號其傷於胥者又有甚焉兒東門抉眼之觀胥亦知事幾之必然英雄神交酹之以幽厲之公雖慈孝者不能相掩此李左車不深讎於淮陰皆英雄之善於權義也其辯雖詳然終無解於非族之議由此言之蠡之當黜於吳無疑矣至於三忠則亦有可議者夫郡於子胥既有專祀復祀於我近侈然先

儒謂其所浮之江即我松江則是祭於死所猶可說也彼二公者何與於我而祀之邪昔漢丞相忠武侯之歿蜀人求爲立廟朝議以禮秩不聽百姓遂因時節祭之道陌上言事者或謂可聽於成都立之帝禪不從習隆向充拜章言巷祭野祀非所以存德念功若盡順民心則瀆而無典建之京師又偪宗廟止可

今其近墓爲之所親以時設祭故吏欲奉祠者皆限至廟斷其私祀以從正禮於是始從之爲廟於沔陽漢人於忠武侯其難之也如是非以禮秩之不可紊乎今二公之祠旣各有所不應侈祀一至此極也若但取其忠與高而不稽諸祀典則巢由箕比之徒當先之矣然非司風紀者按祭法而是正之則何以瀆

前人之謬釐新斯民之耳目哉莫氏又欲以王份易范蠡以向子韶陳瓘易張岳與謝氏不同夫由謝氏之說則幾於瀆由莫氏之說則近於僭今亦未敢輕議然竊以爲二祠之謬在拘其數而妄取足焉卽使去蠡與巡與飛雖二高一忠亦奚不可豈必盡三其數而後爲得乎姑著其說以俟君子

縣土地祠祀縣土地之神建置詳公署類
中有司歲以春秋二仲上旬及新官到
任日致祭嘉靖十七年知府王儀刊定
書册歲止春一祭編銀二錢七分
學土地祠祀儒學土地之神建置詳學校
類中學官歲以春秋二仲上丁及新官
到任日致祭
倉土地祠祀倉場土地之神建置詳公署

類中有司歲以冬十月上旬開倉日致
祭知縣喻時撰定祝文曰繄米廩之飈
紛兮寔民命其攸屬復徵紙之泐迭兮
將王國乎待施胡縣長之瑕穢兮侈抱
鴞而自訑越里胥之譎詭兮紛豺虎而
爲瘼俾賦額之廣逋兮撫空倉而凄其
播民怨以籲天兮苦敲朴無完肌憶十
室之一空兮四奔竄而恐遲嘖在官之

作尊兮肆索神而結祠仰靈光之繼照
兮類潔垢而罔遺一蹄弛之不率兮逮
鬼誅於靡辭庚血食之償能兮傳千祀
乎奚疑愧不穀之受命兮允神明而監
茲僾昭假於一卣兮諒勿爽乎此辭辭
曰肅奏金兮鳴鼓馥焚蘭兮薦鮪秋或
或兮廣穫舟那那兮輸稌共　王賦兮
克豐贍　國儲兮匪宴饗鴻慶兮奚依

維明神兮是撫

旗纛祭軍牙六纛之神舊[illegible]此祭嘉靖中知縣張明道始創行之用霜降日祭於總收倉場以邑中演武皆於倉場故也儀物祝文悉倣　令制近年用兵遂踵行之徐師曾謹按　令制惟守禦官得祭旗纛我邑雖有民兵然無衛所則不當祭知禮者必能考而革之但於出

師之日特設一祭可也

吳江縣志卷之十二